蘭臺國學研究叢刊 第一輯 2

增補諸子十家平議述要

毛鵬基 編著

蘭臺出版社

總序

夫國學者，一國固有之學術思想也；此乃民族精神之所基，國家靈魂之所依，文化命脈之所寄。吾泱泱中華之所以卓然傲立於世數千載，端賴於此道統思想薪火相傳，燈燈無盡，代代傳衍，不絕如縷。故四大文明古國，獨中國存世於今，此誠世界文明之奇蹟，亦吾國歷代知識份子之功也。然自清末列強交侵，民初之「五四運動」以來，西潮如浪，澎湃洶湧，傳統之學術思想受到極大的衝擊，頗有「經書緒亂，書缺簡脫，禮壞樂崩」之勢。

中國自上古時代起即有史官記事之傳統，綿歷於今數千年不衰；歷代知識份子亦皆有傳承道統思想之自覺。傳統學術思想之傳承，有賴於斯。更切要者，乃在中國傳統之學術思想與人生關係密切，無一不可於日常生活中確實篤行，且隨其歲月歷練淺深之不同，而有不同之感悟，如張潮於《幽夢影》中所言：「少年讀書，如隙中窺月；中年讀書，如庭中觀月；老年讀書，如臺上玩月，皆以閱歷之淺深，為所得之淺深耳。」此乃吾國學術思想之特色和引人入勝處，亦是與西方之純哲學與人生決無關涉所不同者。

於今物質勃發，人心飄搖無著之際，中國哲學當有所裨益於世，所謂「求其放心」，進而能「為天地立心，為生民立命；為往聖繼絕學，為萬世開太平」。更有甚者，在於一國之復興，必先待國學之復興；一國之強盛，必先待國學之強盛！未見一國之富強而國學不興盛者。國學興盛，民族精神方有基礎，國家靈魂方有依憑，文化命脈方有寄託。

蘭臺於此時出版「蘭臺國學研究叢刊」，除傳承固有之國學命脈，亦是為故國招魂，更深信東方哲學是本世紀人類文化的出路，在舊傳統裡尋找新智慧，將大有益於世。希冀此叢刊的出版，能收「雲蒸霧散，興化致理，鴻猷克贊」之效。

蘭臺出版社

毛鵬基教授全集序

毛鵬基教授，江蘇宜興人，民國前三年（1909）生，享壽八十六歲。家世耕讀，1928年入「無錫國學專門學院」，後改為「無錫國學專修學校」，畢業旋即攷入上海商務印書館編審部工作，與同學王紹曾等人參與校印「四部叢刊」、「百衲本二十四史」等巨著。於先秦學術思想興趣濃厚，用力最多，在商務印書館任內廣泛涉獵，曾與同學馮書耕有約：共同編寫「四部鑰」，為「四部叢刊」提要勾玄，作為導讀，經七年努力，已近完成。怎奈抗戰軍興，回鄉率領青少年子弟毛鴻基等二十餘人，徒步向大後方轉進，經長途跋涉，多次涉險，終於抵達重慶，曾有「避難日記」，詳加敘述，可惜早已佚失，余幼時於父摯輩閒談中，尚略聞一二。「四部鑰」的原始文稿，也在日後的遷徙中丟失，曾為此懊惱不已。

文化和教育乃國家命脈所繫，重慶商務印書館是當時全國最大的出版機構，日寇軍機多次地毯式轟炸，商務印書館也是重要目標，在一次轟炸中，曾險些喪命。旋應召從軍，帶筆從戎；抗戰勝利，受聘南京國民大會祕書，尚未到職又奉命隻身來台在警備總部，創辦「民眾服務站」，擔起民眾組訓與調解糾紛之責，與當時工商業者相知甚稔，因熱忱服務，清廉自持，普受民眾信賴和敬重。以上校副處長除役，轉任黨職，在臺北市黨部工作時與同事馬鶴凌，理念相同，相知相惜。分離多年後，在芝山岩相遇，曾蒙題詩相贈，茲錄於后：

歸隱泥塗意自如，芝山岩下結廬居。聖徒舊是薪傳者，嘯傲林泉合著書。
菊徑松坡扉半開，扶筇親引故人來。烹茶細說還山後，傳道傳經亦快哉。
一別都門廿五年，舊時風骨更清堅。欣聞徹夜燃藜事，想見山居不羨仙。
我亦泥塗衛道人，甘為赤子老風塵。海天握手情何限，放眼乾坤且自珍。

在離開黨職後，重回學術天地，應張其昀之聘在文化學院任教，即今之中國文化大學，近三十年之久。其間曾自設「雅言出版社」，便利出刊國學專書。

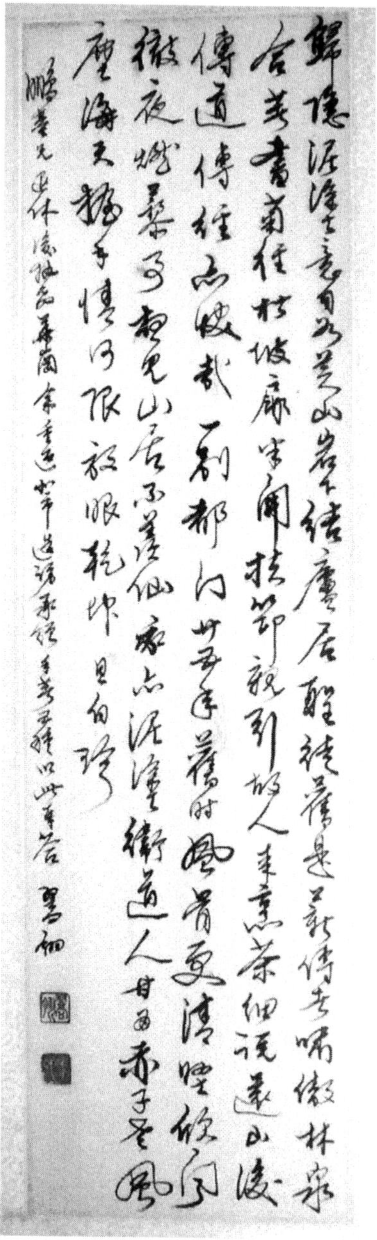

馬鶴凌〔翯翎〕先生題詩

無錫國專與民國以來國學的命脈密不可分，校長唐文治，字蔚芝，以救國救民為宗旨，抱捨我其誰的胸襟，以堅毅不撓之精神，首先創辦南洋大學，師法西洋，發展科技；繼而創辦無錫國專，傳承優良固有文化。科技與人文並重，希冀本末兼治，特從教育著手，致力培植振興國家民族的基礎人才。抗戰時期，國專也輾轉搬遷，雖然物質條件極度困窘，顛沛流離，仍弦歌不輟，絕不放棄！而唐校長當時雙眼已失明，靠助教為其讀文和板書，加上嚴重的糖尿病，身體衰弱，但仍親自授課！

錫國專招生，除嚴格筆試之外，唐校長都親自口試，精挑細選，入學者絕無僥倖，因此招生不多，卻人才輩出。「敦品勵節，修身養性」，是國專所強調的，非但在平時，而在危難之時，尤其能堅持不違。自校長以下，教師與學生都能以「孰讀精審，循序漸進，虛心涵泳，切己體察。」作為辦校和求學的圭臬。新生入學先求博覽，厚植基礎之後，再由博返約，集中在興趣相近的專項，不抄捷徑，不尚空談，不趨時尚，不畏批判，都能以發揚我國固有文明，為「舍我其誰」的終身職志！基於國專的傳統，畢業生在社會上給人的觀感，當然與眾不同。雖然不是個個「博古通今，學究天人」，但是都可以稱得上經師人師，足以表率群倫！

中華文化以人為本，重點在講求個人和社會的和諧關係，強調的就是「人倫」，是最務實的哲理。禮義道德為人生的基址，知識學問如同建築在基址上的屋宇。沒有強固的基礎，不可能有宏大的建築；沒有道德的人，學問反而更助其為惡。知識份子要學以致用，濟世利民，不泥古，不矯情，不欺暗室，去偽存誠，躬行實踐，為民表率！文化涵蓋生活中的一切，包括物質和精神兩個層面：有從橫切面看到某一時期的社會，也有從縱切面看到歷史的演變。其中支配著整個文化進程的，就是人文思想。中華文化在先秦，就已有多樣而且成熟的哲思，有文字記錄在典籍，延續了數千年之久，是世界文明史上最光輝的一頁。歷代的戰禍，對古籍的破壞，固然是無可彌補的損失，而近世國人對自身文化的蔑視，才是最大的危機！

整理古籍是目前當務之急，若不能將有學術價值的著述保存下來，時間一久就會被遺忘，甚至被煙滅。普及國學，不能祇喊口號，第一件事就要保存古籍，但是古籍浩瀚，要能精擇細選，避免遺珠之憾。第二步是要整理古籍，把內容散亂的重新編排，使之易於閱讀，便利初學者。第三步，在古籍的基礎上，配合當代的環境，闡發其精義，而不是以現代人的眼光，作狂妄的批判。有人認為，社會不斷在進步，為什麼要抱殘守缺，應該順應新時代的潮流。乍看似乎有理，但若以生物演化的速度來看，幾千年或幾萬年，在自然界只算是一瞬間而已，人類在最近一萬年內基因結構的改變，實在微乎其微。雖然人類發明了許多前人沒有的工藝技術，物質條件不斷改進中，但是今人和兩三千年前古人的遺傳基因並無差異！人與人相處的基本關係，並沒有改變：人們要追求理性和平的社會，要仰賴互助合作的關係，要父慈子孝兄友弟恭的親情，要誠信互敬的友誼，要有關心民生疾苦的政府，要有道德素養高深的領袖，諸如此類，並沒有今古或中外之別！那麼為什麼要拒絕學習前人的智慧？排斥先人的教訓？

「博學、審問、慎思、明辨、篤行」，是做學問的步驟，以現代語言來說，就是要大量涉獵，小心假設、虛心求證、實踐篤行。先要大量收集資料，瞭解其中的內容，有了充分的背景資料，再小心選定要探討的主題。主題的選定非常重要，不可以輕率大膽假設，若是弄錯方向，將是失之毫厘，差之千里。經過了謹慎思攷和研討，虛心接受事實，証明真相，確認無誤，就要切實奉行。

書固然要博要精，更重要的是能融會貫通：通情達理，捨短取長，師法先哲，以為己用。先秦諸子百家，處衰周之亂世，其言論皆以救世濟民，除弊安邦為宗旨。著眼處不同，主張也相異，做法當然也不一樣。春秋戰國是中國文化史上的大黃金時代，百家爭鳴，門戶各立，各是其是，而非其所非。各家主張自有獨到之處，但也難免一偏之譏。「諸子十家平議述要」，扼要說明各家立論的主旨和矯正當時社會亂象的方法。就各家相互批評和爭議之中，整理出各家學說的優劣點。實際上，百家之說雖然不同調，甚至相互譏評，勢同水火，但各有所用，如偏執於一家之言，就會像沈滯於泥濘之中，難以自拔。反之，若能摘取各家之長，偏者裁之，缺者補之，各家都可取法；相反又能相成，相滅亦能相生！

「論孟會通」是「論語會通」和「孟子會通」兩書的合訂本。古本論語因編次體例，均無定則，學者茫無頭緒，教者也難作有系統之講述。論語為孔子學說之精髓，孟子一書則為繼孔子之後，最能發揚儒家精神的代表，均為研習固有文化學術所必讀。為便於研習與講述，經過重新編目，以類相從，次第相關，各有所歸，不需苦思力索，即能得其融會貫通。

不語：怪力亂神，並非否定其存在，而是對未知事物，持保留態度，並非劃地自限。以孔子的智慧，尚且無法解釋許多現象，所謂知之為知之，不知為不知，不強不知為知。對一般人而言，實在沒有必要在這些方面浪費時間和精力。「齊諧選編」與「異夢選編」二書，是把古人神道設教的精神，加以宣揚，以勸善濟世存心，在物慾橫流人性墮落之世，有矯正世俗的偏差，端正人心的作用，千萬毋以迷信視之。迷信是若本無其事，卻盲從而附會之；

若確有其事，經親身體驗之奇事，不能因無法解釋，而歸之於迷信。兩書之編，旨在鍼薄俗而砭澆世，藉以有所警惕，亦有助於教化。

「傳記文述評」一書，為「傳記」與「文」正名，攷鏡源流，區別傳記文為經學、歷史、文學三大類，並詳述其原起、流裔、作法等，為傳記文體之特識創獲。

臺北市「蘭臺出版社」為宏揚中華文明，不計工本，重刊民國以來國學專著，不使日久湮滅，厥功至偉。為所當為，勇氣可嘉！謹向盧瑞琴女士與蘭臺全體仝人致敬！

中華民國壹佰零壹年壬辰上元日毛文熊謹記於臺北旅次

自序

孔子云：「道不同，不相為謀」。墨子亦云：「吾亦是吾意，而非子之意」。故凡學術之自成一家者，莫不入主出奴，排他說以信己說也。先秦諸子，門戶各立，宗尚不同，所以各是其所是，而非其所非。莊子所謂：大言炎炎，小言詹詹，如衆竅之怒號，而各據其調調刁刁，以相爭於靡然之途者也。延及漢世，此風猶熾，孔鮒詰墨；桓寬非鞅、論鄒；王充問孔、刺孟、非韓；劉陶匡老、反韓、復孟。聚訟紛紜，難衷一是。

「夫物不通方則國窮，學不通方則見陋。」諸子之書，風格高嚴，重仞難盡，其言雖殊，要皆在於備世之急。譬猶鍼灸者然，其術雖異，而攻疾均焉，譬猶耳目口鼻，雖不相同，但各有所用。如偏嗜一家，伐異黨同，「無異游井忽海，鮮有不蹶躓於泥濘之中，而沈滯於不移之困者」。

司馬談云：「易大傳，天下一致而百慮，同歸而殊途。夫陰陽、儒、墨、名、法、道德，此務為治者也，直所從言之異路，有省不省耳」。漢志亦云：「諸子十家，其篇雖殊，譬猶水火，相滅亦相生也。仁之與義，敬之與和，相反亦相成也」。曾文正公嘗言：「周末諸子，各有極至之詣。其所以不及孔子者，非此有所偏至，卽彼有所獨缺，亦猶夷惠之不及孔子耳。若游心能如老莊之虛靜，治身能如墨翟之勤儉，齊民能如管商之嚴整；而又持之以不自是之心，偏者裁之，缺者補之，則諸子皆可師，不可棄也」。江氏讀子卮言並謂：「大抵天下之學，有分必有合，有合必有分。不分則無以考見其精微，不合則無以通知其博大。自其分者言之，不特百家不同，卽每家之中，亦一人一義，十人十義，不能強使之合。若自其合者言之，則固不論東海南海西海北海，人同此心，心同此理，可合天地之萬有，同冶於一鑪。此學者所宜知也」。

爰本斯旨，纂成是書，首述各家學術之要旨，次列先秦諸子相互之訾議，最後彙集秦漢以來之學者，對先秦諸子之論評，相提並論，述而不作。務於聚訟紛紜之中，而求得其至是，俾學者舍短取長，知所從違。惟典籍浩浩，有如煙海，聞見有限，耳目難周，疏漏之虞，實所不免，尚希高明，有以教焉。

中華民國六十年元旦宜興毛鵬基於台北

例言

一、莊子云：「天下大亂，賢聖不明，道德不一，天下多得一察焉以自好」。呂氏春秋云：「老聃貴柔」，「孔子貴仁」，「墨翟貴兼」。漢志亦云：「九家之說，蠭出並作，各引一端，崇其所善」。所謂：「得一察焉以自好」、「貴柔」、「貴兼」、「各引一端崇其所善」者，皆謂諸子之學術，各有所偏也。諸子學術雖各有所偏：但均持之有故，言之成理。而其雄辭詭辯，陸離光怪，尤足以眩惑視聽，讀者往往見其長而忽其短，知其得而忽其失。甚或長其所短，而得其所失。欲明所長短得失，而用之不失其宜，必須尋繹各家之宗旨，與其學術之起因。尤須參閱諸子相互之訾議，並折衷後人之論評。故本編首述各家之宗旨，與其學術之起因。次及其相互之訾議。終則彙列後人之論評。詳徵博引，正反並陳，俾讀者對各家之學術，得有明確之了解。

二、本編列入平議之諸子，以先秦為限。且均在各家中有代表性者：儒家爲孔子、孟子、荀子。道家為老子、莊子、楊朱。墨家為墨子，而以晏子附焉。法家為愼到，申不害、商鞅、韓非，而以管子附焉。名家為惠施、公孫龍，而以鄧析、尹文子附焉。陰陽家為鄒衍。縱横家為鬼谷子、蘇秦、張儀。農家為許行。小說家爲宋牼，而以淳于髡附焉。雜家則但述呂氏春秋，而不及呂不韋其人。蓋呂氏春秋，為呂不韋門下士所共輯，而非不韋所自撰。且不韋無善行，人多不齒也。

三、孔子集先聖之大成，其學術所包者廣，所立者多。不但為儒家所崇敬，本不宜同列於諸子；惟其開儒家之先河，爲學者之所宗，且當時諸子亦頗有對其譏議者。故亦列入，俾便研究。

四、十家之中，卓然自立，對學術影響最大者，為儒、道、墨三家。其次為法家、名家。故本編於此五家，言之較詳，且分別以次列於前端。此外陰陽、農、小說三家，其書均已散佚，僅其事散見於各書。雜家為雜取各家學說之所長，縱横家乃政客之流。均不足以與儒、道、墨、法諸家抗衡。故均語焉而不甚詳。

五、本書為節省篇幅減少閱覽時間計，原所引述之文，類皆節取要點；惟窺豹一斑，難睹全貌，用特再將先秦諸子書之必須研讀者，補列附錄，並作書目解題及內容述要，俾一目了然於全書之梗概。如再進而研讀原書，則可事半功倍

六、漢以後諸子百家之著述，為數尤夥，本書限於篇幅，原所引述者，僅十之一二。為便學者研習，亦再擇要分列附錄。

七、本書原僅對諸子，予以分別平議，兹再增列綜合論評一篇，選列對諸子有綜合性之言論著述十有五篇，俾學者對諸子之學說有綜合之認識。

八、先秦諸子之書存於今者，儒家有論語、孟子、荀子、中庸、樂記、大學、學記、禮運、孝經。道家有老子、莊子。墨家有墨子。名家有公孫龍子。法家有商君書、韓非子、管子。雜家有呂氏春秋。餘則或後人綴輯，或由依託，或為僞造，難盡採信。惟間有足資參證者，亦時或引述；如列子一書

，雖為後人彙集而成，但楊朱、力命各篇，則詳述為我之意，足爲孟子所云「楊子爲我」之參證也。

九、本篇以彙集各家之說曁後人論評為主，故凡有所引述，均頂格而書，餘則均低二格，以資識別。

目次

諸子十家平議述要

第一篇　儒　家

第一章　儒家學術述要

第一節　儒家學術之起因

諸子十家學術之起因，說者不一，要不外乎下述二端：

一、受當時環境之影響

漢書藝文志云：「諸子十家，皆起於王道既微，諸侯力政，時君世主，好惡殊方。是以九家之說，蠭出並作，各引一端，崇其所善，以此馳說，取合諸侯」。

按：此言諸子十家之說，皆受當時環境之影響。淮南要略亦謂：「管子之諫」，「縱橫修短之說」，「申子刑名之書」，「商鞅之法」，皆因受當時環境之影響而產生。蓋春秋戰國之際，五霸七雄，興師動衆，兵連禍結，民不聊生。當時之政治經濟社會，均因此而發生劇烈變化。同時王官失守，典籍播傳，私家講學，著述自由。故有志之士，紛紛興起，立說著書，以期革新制度，救民濟世也。

二、因襲

莊子天下篇云：「古之道術有在於是者，墨翟、禽滑釐、聞其風而悅之。……」

章學誠文史通義云：「戰國之文，其源皆出於六藝。何謂也？曰道體無所不該，六藝足以盡之。諸子之書，其持之有故，而言之成理者，必有得之道體之一端，而後乃能恣肆其說，以成一家之言也。所謂一端者，無非六藝之所該，故推之而皆得其本。非謂諸子果能服六藝之教，而出辭必衷於是也。老子說本陰陽，莊列寓言假象，易教也。申韓刑名，旨歸賞罰，春秋教也。其他楊墨之言，孫吳之術，辨其源委，挹其旨趣，九流之所分部，七錄之所敍論，皆於物曲人官，得其一致，而不自知爲六典之遺也」。

惲敬大雲山房文稿二集目錄序云：「儒家體備於禮及論語孝經。墨家變而離其宗。道家陰陽家，支駢於易。法家名家，疏源於春秋。縱橫家雜家小說家，適用於書。孟堅所謂詩以正言，書以廣聽也。惟詩之流，復別爲詩賦家，而樂寓焉。農家兵家術數家，聖人未嘗專語之。然其體亦六藝之所孕也。是故六藝要其中，百家明其際會。六藝舉其大，百家盡其條。其流失者，孟堅已次第言之；而其得者，窮高極深，析事剖理，各有所屬。故曰修六藝之文，觀九家之言，可以通萬方之略」。

江氏讀子卮言云：「道學至巨，變動不居。徹上徹下，亦實亦虛。道家之徒，學之不得其全，遂分途而異趨。故得道家之實踐一派者爲儒；得道家之慈儉一派者爲墨；得道家之齊萬物平貴賤者爲農；得道家玄虛一派者爲名，爲陰陽；得道家陰謀一派者爲兵，爲縱橫；得道家寓言一派者爲小說；傳道家之學而純，更參以諸家之所長者爲雜」。

按：以上四說，均謂諸子之學，皆有所因襲也。

儒家學術之起因，亦不外受當時環境之影響與因襲二者。茲擇要引述如下：

孟子云：「世衰道微，邪說暴行有作，臣弑其君者有之，子弑其父者有之。孔子懼，作春秋」（滕文公篇）。

按：孔子志在春秋，此爲孟子說明孔子學說，是受當時環境之影響者。史記太史公自序云：「上大夫壺遂曰：『昔孔子何爲而作春秋哉』？太史公曰：『余聞董生曰：周道衰微，孔子爲魯司寇，諸侯害之，大夫壅之。孔子知言之不用，道之不行也，是非二百四十二年之中，以爲天下儀表。貶天子，退諸侯，討大夫，以達王事而已』。」此說可作孟子所言之疏證。

孟子云：「聖王不作，諸侯放恣，處士橫議，楊朱墨翟之言盈天下。天下之言，不歸楊，則歸墨。楊氏爲我，是無君也。墨氏兼愛，是無父也。無父無君，是禽獸也。楊墨之道不息，孔子之道不著。是邪說誣民，充塞仁義也，仁義充塞，則率獸食人，人將相食。吾爲此懼，閑先聖之道，距楊墨，放淫辭，邪說者不得作。作於其心，害於其事；作於其事，害於其政。聖人復起，不易吾言矣」（滕文公篇）。

按：此爲孟子自言其學說受當時環境影響者。

孔孟生於衰周之末，目擊王綱解紐，異說蜂起，急謀解救。所以栖栖遑遑，席不暇暖，轍環天下，脣焦舌敝；雖菜色陳、蔡，困於齊、梁，而不辭者，皆爲此也。

謝墉云：「荀子生孟子之後，最爲戰國老師。顧以嫉濁世之政，而有性惡一篇」（荀子箋釋序）。

按：性惡論，爲荀子之中心思想。性惡篇之作，由於嫉濁世之政。是荀子之學說，亦受當時環境影響也。史記孟子荀卿列傳，亦有類此記載。荀子堯問篇並云：「孫卿迫於亂世，鰌於嚴刑，上無賢主，下遇暴秦」。與鹽鐵論毀學篇所云：「方李斯之相秦也，始皇任之，人臣無二。然而荀卿爲之不食，覩其罹不測之禍也」。皆爲荀子「嫉濁世之政」之明證。

以上均言儒家學術，受當時環境影響者。

× × ×

論語：「衛公孫朝問於子貢曰：『仲尼焉學』？子貢曰：『文武之道，未墜於地，在人。賢者識其大者，不賢者識其小者，莫不有文武之道焉。夫子焉不學？而亦何常師之有』！」

淮南要略云：「孔子修成康之道，述周公之訓，以教七十子，使服其衣冠，修其篇籍」。

孟子云：「由堯舜至於湯，五百有餘歲，若禹、臯陶，則見而知之；若湯，則聞而知之。由湯至於文王，五百有餘歲，若伊尹、萊朱，則見而知之；若文王，則聞而知之。由文王至於孔子，五百有餘歲，若太公望、散宜生，則見而知之，若孔子，則聞而知之。由孔子而來至於今，百有餘歲，去聖人之世，若此其未遠也。近聖人之居，若此其甚也。然而無有乎爾，則亦無有乎爾」。

按：以上三說，均謂儒家之學，繼承中國固有道統，亦卽說明儒家之學，有所因襲也。蓋一家學說之形成，攸關綦多，不特儒家爲然，其他各家，亦莫不皆然。至於道統之說，起於韓昌黎原道：「堯傳之舜，舜傳之禹，禹傳之文、武、周公、孔子」。此由孟子「五百」之運而來。而孟子又本之孔子祖述堯、舜，憲章文武。後人頗有異議。嚴格言之，道無乎不在，本無所謂統；但師法古人，爲其願學之向往，自古迄今，未嘗有異。世既有是說，姑以此言之。於此可知孔子師法堯、舜、禹、湯、文、武、周公，而孟子私淑孔子，亦足以見其學術思想之一脈相承也。

莊子云：「其明而在數度者，舊法世傳之史，尙多有之。其在詩書禮樂者，鄒魯之士，縉紳先生，多能明之」（天下篇）。

司馬談云：「夫儒者，以六藝爲法」（論六家要旨）。

按：上述二說謂儒家之學，本於六經。儒家助人君順陰陽，明教化，遊文於六藝之中，留意於仁義之際，其學本於六經，自無疑義也。

漢書藝文志云：「儒家者流，蓋出於司徒之官」。

按：此謂儒家之學，濫觴於王官。周禮大司徒以鄉三物敎萬民：一曰六德，二曰六行，三曰六藝。六德者，智、仁、聖、義、中、和；六行者，孝、友、睦、婣、任、卹；六藝者，禮、樂、射、御、書、數。儒家遊文於六藝之中，助人君明敎化，六經原藏於官府，爲王官職掌之舊典，經孔子整理後，爲儒家敎人之典籍。漢志所云，蓋以此也。

史記孔子世家云：「魯南宮敬叔言魯君曰：『請與孔子適周』。魯君與之一乘車兩馬，一豎子，俱適周，問禮，蓋見老子云。辭去，而老子送之曰：『吾聞富貴者送人以財，仁人者送人以言，吾不能富貴，竊仁人之號，送子以言曰：聰明深察而近於死者，好議人者也；博辯廣大危其身者，發人之惡者也。為人子者，毋以有己，為人臣者，毋以有己」。孔子自周返於魯，弟子稍益進焉」。又孔子弟子列傳云：「孔子之所嚴事，於周則老子，於衛蘧伯玉，於齊晏平仲，於楚老萊子，於鄭子產，於魯孟公綽」。禮記曾子問曰：「葬引至於堩，日有食之，則有變乎？且不乎」？孔子曰：『昔者吾從老聃助葬於巷黨，及堩，日有食之，老聃曰：『丘！止柩就道右，止哭以聽變，既明反而後行，曰禮也』……吾聞諸老聃云」。

按：此即所謂問禮於老聃，實則聖人無常師，「子入太廟，每事問」。「子曰：三人行，必有我師焉，擇其善者而從之，其不善者而改之」。固無時不學，無地不學也。

以上均謂儒家之學有所因襲也。

第二節　孔子之中心思想

孔子名丘，字仲尼，春秋末年，魯國陬邑昌平鄉人。好古敏求，發憤忘食，樂以忘憂，不知老之將至。明禮樂，删詩書，贊周易，而筆削春秋。上集先聖之大成，下開諸子之先河。自天子王侯，中國言六藝者，莫不宗之；不但為儒家所崇敬而為一家之學也。其學術所包者廣，所立者多；而其所願，則在使「老者安之，朋友信之，少者懷之」。

一、仁

仁字爲孔子學說之中心。仁者、人也，卽爲人之道也，亦卽道德之中心。孔子特別重視，祇就論語一書而言，記其論仁者，凡五十有八章。仁字之見於論語者，凡百有五。茲擇要引述如後：

子路篇：「剛毅木訥，近仁」。學而篇：「巧言令色，鮮矣仁」。里仁篇：「觀過，斯知仁矣」。憲問篇：「克伐怨欲，不行焉，可以爲仁乎？子曰：『可以爲難矣，仁則吾不知也』。」「若聖與仁，則吾豈敢」？「君子而不仁者，有矣夫？未有小人而仁者也」。「桓公九合諸侯，不以兵車，管仲之力也，如其仁！如其仁」！陽貨篇：「宰我問三年之喪，期已久矣！孔子曰：予之不仁也」。八佾篇：「人而不仁，如禮何？人而不仁，如樂何」？公冶長篇：「子張問曰：『令尹子文，三仕爲令尹，無喜色，三已之，無慍色。舊令尹之政，必以告新令尹，何如』？子曰『忠矣』！曰：『仁矣乎』？曰：『未知，焉得仁』？」「崔子弒齊君，陳文子有馬十乘，棄而違之，至於他邦，則曰猶吾大夫崔子也，違之；之一邦，則又曰：猶吾大夫崔子也，違之。如何？子曰：『清矣』！曰：『仁矣乎』？曰：『未知，焉得仁』？」「維仁者，能好人，能惡人」。

按：孔子言仁，有因人因事而發者，故所言之仁，有淺深詳略之不同。以上各節，爲言仁之本質。

× × ×

雍也篇：「夫仁者，己欲立而立人，己欲達而達人。能近取譬，可謂仁之方也已」。「樊遲問仁，子曰：『愛人』！『居處恭，執事敬，與人忠』。」「仁者先難而後獲」。「宰我問曰：『仁者雖告之曰，井有人焉，其從之也』？子曰：『何謂其然也？君子可逝也，不可陷也；可欺也，不可罔也』。」述而篇：「仁遠乎哉？我欲仁斯仁至矣」。「志於道，據於德，依於仁，游於藝」。里仁篇：「我未見好仁者，惡不仁者；好仁者，無以尚之，惡不仁者，其為仁矣，不使不仁者加乎其身。有能一日用其力於仁矣乎？我未見力不足者」。「君子無終日之間違仁，造次必於是，顛沛必於是」。「里仁為美，擇不處仁，焉得知」？顏淵問仁，子曰：『克己復禮為仁，一日克己復禮，天下歸仁焉，為仁由己，而由人乎哉』？」「仲弓問仁，子曰：『出門如見大賓，使民如承大祭，己所不欲，勿施於人』。」季氏篇「子張問仁於孔子，子曰：『能行五者於天下，為仁矣』。『請問之』！曰：『恭寬信敏惠』。」衛靈公篇：「子貢問為仁，子曰：『工欲善其事，必先利其器；居是邦也，事其大夫之賢者，友其士之仁者』。」「當仁不讓於師」。「志士仁人，無求生以害仁，有殺身以成仁」。微子篇：「微子去之，箕子為之奴，比干諫而死。孔子曰：『殷有三仁焉』！」

按：以上各節為言行仁之方法。

× × ×

論語衛靈公篇：「民之於仁也，甚於水火，水火吾見蹈而死者矣，未見蹈仁而死者也」。「知及之，仁不能守之，雖得之，必失之」。子罕篇：「智者不惑，仁者不憂，勇者不懼」。里仁篇：「苟志於仁矣，無惡也」。「不仁者，不可以久處約，不可以長處樂；仁者安仁，智者利仁」。憲問篇：「仁者必有勇」。堯曰篇：「欲仁而得仁，又焉貪」。雍也篇：「回也，其心三月不違仁，其餘則日月至焉而已」。

按：以上各節爲言行仁之效用。

× × ×

綜觀上所引述，可知仁之精義，與其重要性。此外論語記載孔子弟子言仁之處尙多，茲不備述；惟曾子所謂：「夫子之道，忠恕而已矣」。與孟子所謂：「惻隱之心，仁之端也」。尤足以闡明仁字之精義。惻隱之心，卽所謂同情心，忠恕之道，爲孔子「一以貫之」之道，亦卽行仁之根本。盡己之心爲忠，推己及人爲恕；推己及人，爲行仁之方法；盡己之心，爲行仁之精神。吾人於行仁之先，必須於忠恕之道與惻隱之心，三致意焉。

二、君　子

以上所述之「仁」字，是孔子所定道德之標準，「君子」爲孔子所定人格之目標；孔子雖常言聖人、仁人，但理想過高，非人人所能企及。孔子嘗自言：「若聖與仁，則吾豈敢」？子張問令尹子文與陳文子之爲人，孔子僅許其「忠與淸」，而不輕許以仁。孟武伯問子路與公西赤仁乎？孔子均答以不知其仁。其所期望於人，並爲陶冶人格之標準者，爲次於聖人仁人之君子；故曰：「聖人吾不得而見之矣，得見君子者，斯可矣」！但以論語一書而言，記孔子論君子者，凡七十有九，君子二字之見於論語者，凡九十有六。茲擇引如次：

論語爲政篇：「君子周而不比，小人比而不周」。又八佾篇：「君子無所爭，必也射乎？揖讓而升，下而飮，其爭也君子」！衛靈公篇：「君子固窮，小人窮斯濫矣」。「君子病無能焉，不病人之不己知也」。「君子疾沒世，而名不稱焉」。「君子求諸己，小人求諸人」。「君子矜而不爭，羣而不黨」。「君子不以言舉人，不以人廢言」。「君子不可小知，而可大受也；小人不可大受，而可小知也」。「君子貞而不諒」。子路篇：「君子和而不同，小人同而不和」。「君子易事而難說也；說之不以道，不說也。及其使人也，器之」。「君子泰而不驕；小人驕而不泰」。憲問篇：「君子上達，小人下達」。「君子道者三，我無能焉；仁者不憂，智者不惑，勇者不懼」。述而篇：「君子坦蕩蕩，小人長戚戚」。「文莫吾猶人也，躬行君子，則吾未之有得」。顏淵篇：「司馬牛問君子，子曰：『君子不憂不懼』！」里仁篇：「君子去仁，惡乎成名」！「君子之於天下也，無適也，無莫也，義之與比」。「君子懷德，小人懷土；君子懷刑，小人懷惠」。「君子喻於義，小人喻於利」。學而篇：「人不知而不慍，不亦君子乎」？

按：以上各節爲言君子之本質。

學而篇：「君子不重，則不威，學則不固。主忠信，無友不如己者，過則勿憚改」。「君子務本，本立而道生；孝悌也者，其爲仁之本與」？爲政篇：「子貢問君子，子曰：『先行其言，而後從之』。」衛靈公篇：「君子謀道不謀食，耕也，餒在其中矣。學也，祿在其中矣。君子憂道不憂貧」。「君子義以爲質，禮以行之，孫以出之，信以成之，君子哉」！憲問篇：「子路問君子，子曰：『修己以敬』。曰：『如斯而已乎』？曰：『修己以安人』！曰：『如斯而已乎』？曰：『修己以安百姓；修己以安百姓，堯舜其猶病諸』？」「君子思不出其位」。「君子恥其言而過其行」。堯曰篇：「不知命，無以爲君子也」。里仁篇：「君子欲訥於言，而敏於行」。公冶長篇：「子謂子產，有君子之道四焉：其行己也恭，其事上也敬，其養民也惠，其使民也義」。雍也篇：「子謂子夏曰：『汝爲君子儒，無爲小人儒』！」「君子博學於文，約之以禮，亦可以弗畔矣夫」！顏淵篇：「君子敬而無失，與人恭而有禮，四海之內，皆兄弟也」！季氏篇：「君子有三戒：少之時，血氣未定，戒之在色；及其壯也，血氣方剛，戒之在鬥；及其老也，血氣既衰，戒之在得」。「君子有三畏：畏天命，畏大人，畏聖人之言。小人不知天命，而不畏也；狎大人，侮聖人之言」。「君子有九思：視思明，聽思聰，色思溫，貌思恭，言思忠，事思敬，疑思問，忿思難，見得思義」。陽貨篇：「子路曰：『君子尚勇乎』？子曰：『君子義以爲尚；君子有勇而無義爲亂，小人有勇而無義爲盜』。」「子貢曰：『君子亦有惡乎』？子曰：『有惡，惡稱人之惡者，惡居下流而訕上者，惡勇而無禮者，惡果敢而窒者』。」衛靈公篇：「君子哉！蘧伯玉，邦有道則仕，邦無道，則可卷而懷之」。

按：以上各節爲言君子之言行。

× × ×

孔子所言陶冶人格之標準，已如前述，茲再略述孔子陶冶人格之方法於後：

論語先進篇：「德行：顏淵、閔子騫、冉伯牛、仲弓。言語：宰我、子貢。政事：冉求、季路。文學：子游、子夏」。述而篇：「子以四教：文、行、忠、信」。「子所雅言：詩、書、執禮，皆雅言也」。

「志於道，據於德，依於仁，游於藝」。「興於詩，立於禮，成於樂」。

按：此爲孔子一般性之教育科目。

論語先進篇：「子路問：『聞斯行諸？』子曰：『有父兄在，如之何其聞斯行之？』冉有問：『聞斯行諸』？子曰：『聞斯行之』！公西華曰：『由也問聞斯行諸？子曰有父兄在；求也問聞斯行諸？子曰聞斯行之。赤也惑，敢問』？子曰：『求也退，故進之；由也兼人，故退之』。」顏淵篇：「顏淵問仁，子曰：『克己復禮，爲仁』！」「仲弓問仁，子曰：『出門如見大賓，使民如承大祭，己所不欲，勿施於人』。」「司馬牛問仁，子曰：『仁者，其言也訒』！」

爲政篇：「孟懿子問孝，子曰：『無違！』」「孟武伯問孝，子曰：『父母唯其疾之憂』！「子游問孝，子曰：『今之孝者，是謂能養，至於犬馬，皆能有養，不敬，何以別乎』？子夏問孝，子曰：『色難！有事弟子服其勞，有酒食先生饌，曾是以爲孝乎』？」

按：此爲孔子因材施教，蓋孔門弟子衆多，秉性不一，資質亦異，如先進篇所謂：「柴也愚，參也魯，師也辟，由也喭」。故孔子答弟子之問行、問仁、問孝等等，均因材施教，而不擔板也。

論語述而篇：「互鄉難於言，童子見，門人惑。子曰：『人潔己以進，與其潔也，不保其往也；與其進也，不與其退也。唯何甚』？」

衛靈公篇：「陳亢問於伯魚曰：『子亦有異聞乎』？對曰：『未也！嘗獨立，鯉趨而過庭，曰：學詩乎？對曰：未也。不學詩，無以言。鯉退而學詩。他日又獨立，鯉趨而過庭，曰：學禮乎？對曰：未也！

不學禮，無以立。鯉退而學禮。聞斯二者』。」

衛靈公篇：「子曰：『有敎無類』。」述而篇：「子曰：自行束脩以上，吾未嘗無誨焉」。

按：此爲孔子有敎無類，雖親如己子，亦無所異聞，雖互鄉童子，亦見而不辭。

論語述而篇：「孔子曰：『不憤，不啓；不悱，不發；擧一隅，不以三隅反，則不復也』。」

公冶長篇：「賜也，聞一以知二；回也，聞一以知十」。

按：此爲孔子敎人注重自動自發。

三、大同

孔子旣以「仁」爲道德之標準，以「君子」爲爲人之標準，而又以「大同」爲政治之極至。其所以言「仁」言「君子」之目的，卽在實現其世界大同之崇高政治理想。玆略引述其所主張之爲政之道，與大同思想：

論語顏淵篇：「季康子問政於孔子，孔子對曰：『政者、正也，子帥以正，孰敢不正』？」「季康子患盜，問於孔子，孔子對曰：『苟子之不欲，雖賞之不竊』。」「季康子問政於孔子曰：『如殺無道，以就有道，何如』？孔子對曰：『子爲政，焉用殺？子欲善，而民善矣，君子（按此君子，係指地位言，與前述指人格言之君子不同。）之德風，小人之德草，草上之風必偃』。」

子路篇：「子曰：其身正，不令而行；其身不正，雖令不從」。「子曰：苟正其身矣，於從政乎何有？不能正其身，如正人何」？

憲問篇：「子曰：上好禮，則民易使也」。

按：以上各節言爲政必以身作則，所謂身修而後家齊，家齊而後國治，國治而後天下平也。

論語爲政篇：「哀公問曰：『何爲則民服』？孔子對曰：『舉直錯諸枉，能使枉者直』。」

子路篇：「子曰：先有司，赦小過，舉賢才」。

按：以上二節言爲政在於得人，選賢與能，則民服而國治；否則民必不服，國必不能治也。

論語學而篇：「子曰：道千乘之國，敬事而信，節用而愛人，使民以時」。

顏淵篇：「子路問政，子曰：『先之勞之』！『請益，』曰：『無倦』！」

按：以上二節言爲政在勤政愛民。

論語爲政篇：「爲政以德，譬如北辰，居其所，而衆星拱之」。「道之以政，齊之以刑，民免而無恥；道之以德，齊之以禮，有恥且格」。

子路篇：「葉公問政，子曰：『近者說，遠者來』。」「善人敎民七年，亦可以卽戎矣」！「善人爲邦百年，亦可以勝殘去殺矣」。

憲問篇：「子曰：無爲而治者，其舜也與！夫何爲哉？恭己正南面而已矣」。

按：以上三節言治國平天下，在於得民心；欲得民心，必爲政以德。

論語八佾篇：「定公問：君使臣，臣事君，如之何？孔子對曰：『君使臣以禮，臣事君以忠』。」

顏淵篇：「齊景公問政，子曰：『君君、臣臣、父父、子子』。」

子路篇：「子路曰：衛君待子而爲政，子將奚先？子曰：『必也正名乎』？」

憲問篇：「子路問事君，子曰：『勿欺也，而犯之』。」

按：以上四節言君臣之間相處之道，而正名尤爲重要；因名不正，則言不順，言不順，則事不成也。

論語顏淵篇：「子貢問政，子曰：『足食足兵，民信之矣』。子貢曰：『必不得已而去，於斯三者，何先』？曰：『去兵』！子貢曰：『必不得已而去，於斯二者，何先』？曰：『去食！自古皆有死，民無信不立』！」

按：此言信爲立國之本，國而無信，則國不立。

論語子路篇：「人之言曰：爲君難，爲臣不易；如知爲君之難也，不幾乎一言而興邦乎？……人之言曰：予無樂乎爲君，唯其言而莫予違也；如其善而莫之違也，不亦善乎？如其不善而莫之違也，不幾乎一言而喪邦乎」？

按：此言君臨萬民，任務艱難，必須虛心求治，廣開言路，不可一意孤行，剛愎自用也。

論語子路篇：「子適衛，冉有僕。子曰：『庶矣哉』？冉有曰：『既庶矣，又何加焉』？曰：『富之』！曰：『既富矣，又何加焉』？曰：『敎之』！」「子曰：以不敎民戰，是謂棄之」。

按：此言敎民之重要。

論語堯曰篇：「子張問於孔子曰：何如斯可以從政矣？子曰：『尊五美，屛四惡，斯可以從政矣』！子張曰：『何謂五美』？子曰：『君子惠而不費，勞而不怨，欲而不貪，泰而不驕，威而不猛』？子張曰：『何謂惠而不費』？子曰：『因民之所利而利之，斯不亦惠而不費乎？擇可勞而勞之，又誰怨？欲仁而得仁，又焉貪？君子無衆寡，無小大，無敢慢，斯不亦泰而不驕乎？君子正其衣冠，尊其瞻視，儼然人望而畏之，斯不亦威而不猛乎』？子張曰：『何謂四惡』？子曰：『不教而殺，謂之虐；不戒視成，謂之暴；慢令致期，謂之賊；猶之與人也，出納之吝，謂之有司』。」衛靈公篇：『顏淵問爲邦，子曰：『行夏之時，乘殷之輅，服周之冕，樂則韶舞。放鄭聲，遠佞人；鄭聲淫，佞人殆』。」

按：以上二節詳言爲政之道與禮樂制度根本大法。

禮記禮運篇：「孔子曰：大道之行也，天下爲公，選賢與能，講信修睦；故人不獨親其親，不獨子其子，使老有所終，壯有所用，幼有所長，矜寡孤獨廢疾者，皆有所養。男有分，女有歸。貨惡其棄於地也，不必藏於己；力惡其不出於身也，不必爲己。是故謀閉而不興，盜竊亂賊而不作，故外戶而不閉，是謂大同」。

按：此卽孔子最崇高之政治理想，亦卽尸子廣澤篇所云：「孔子貴公」也。趙普曾謂以半部論語治天下，今觀上所引述，論語一書，確爲修齊治平之要道，有國者，如能實行其一二，雖不能立至大同之境界，而國家社會之安謐，當不難蹻足以待也。

第三節 孟子之中心思想

孟子名軻，字子輿，鄒人，師事子思，治儒術之道，通五經，尤長於詩書。孔子以後，儒家鉅子，皆推孟子為道統之繼承者。惟生當周衰之末，戰國縱橫，用兵爭强，以相侵奪。當世取士，務權謀，先王大道，淩遲墮廢，異端並起，若楊朱墨翟放蕩之言，以干時惑衆者非一。孟子憫悼堯舜禹湯文武周孔之業，將遂湮微，正塗壅底，仁義荒怠，佞偽馳騁，紅紫亂朱，於是則慕仲尼，周流憂世，遂以儒道游於諸侯，思濟斯民；然不肯枉尺直尋，時君謂之迂闊，終莫能聽納其說。於是退而論集所與高第弟子公孫丑萬章之徒疑難問答，又自撰其法度之言，著書七篇；包羅天地，揆敍萬物，仁義道德，性命禍福，粲然靡所不載。茲略引述其學說主旨：

一、道性善

性善論，為孟子之中心思想，其認為人人性中，均同具善端，心有同然；其所以為不善者，由於外物陷溺，內心放失，非本性之罪也。

孟子告子篇：「惻隱之心，人皆有之；羞惡之心，人皆有之；恭敬之心，人皆有之；是非之心，人皆有之。惻隱之心，仁也；羞惡之心，義也；恭敬之心，禮也；是非之心，智也。仁、義、禮、智，非由外鑠我也，我固有之也，弗思耳矣！故曰求則得之，舍則失之，或相倍蓰，而無算者，不能盡其才者也」。

公孫丑篇：「所以謂人皆有不忍人之心者，今人乍見孺子將入於井，皆有怵惕惻隱之心，非所以內交於孺子之父母也，非所以要譽於鄉黨朋友也，非惡其聲而然也。由是觀之；無惻隱之心，非人也；無羞惡之心，非人也；無辭讓之心，非人也；無是非之心，非人也。惻隱之心，仁之端也；羞惡之心，義之端也；辭讓之心，禮之端也；是非之心，智之端也。人之有是四端也，猶其有四體也。有是四端，而自謂不能者，自賊者也；謂其君不能者，賊其君者也。凡有四端於我者，知皆擴而充之矣，若火之始然，泉之始達；苟能充之，足以保四海，不能充之。不足以事父母」。

盡心篇：「人之所不學而能者，其良能也；所不慮而知者，其良知也。孩提之童，無不知愛其親也；及其長也，無不知敬其兄也。親親，仁也；敬長，義也。無他，達之天下也」。

按：以上三節言人情有善端，有良知良能，可知人性爲善；惟所謂端者，如火之始然，泉之始達，必須擴而充之，善端方能發揮；否則雖有善端，聽其自然，受外物引誘，以致喪失，亦無濟於事。故曰：「苟能充之，足以保四海；不能充之，不足以事父母」也。

孟子告子篇：「…………故凡同類者，舉相似也，何獨至於人而疑之？聖人與我同類者，故龍子曰：『不知足而爲屨，我知其不爲蕢也』。屨之相似，天下之足同也。口之於味，有同嗜也；易牙先得我口之所耆者也。如使口之於味也，其性與人殊，若犬馬之於我不同類也，則天下何耆皆從易牙之味也？至於味，天下期於易牙，是天下之口相似也。惟耳亦然，至於聲，天下期於師曠，是天下之耳相似也。惟目亦然，至於子都，天下莫不知其姣也；不知子都之姣者，無目者也。故曰：口之於味也，有同耆焉；耳之於聲也，有同聽焉；目之於色也，有同美焉。至於心，獨無所同然乎？心之所同然者，何也？謂理也，義也，聖人先得我心之所同然耳！故理義之悅我心，猶芻豢之悅我口」。

離婁篇：「堯舜與人同耳」！

按：此言人心有同然，堯舜亦與人同，惟聖人先得人心之所同然也。人心既有同然，則人同此心，心同此理，是說明人性有善徵也。

孟子滕文公篇：「………民之爲道也，有恆產者，有恆心；無恆產者，無恆心；苟無恆心，放辟邪侈，無不爲已」！告子篇：「富歲子弟多賴，凶歲子弟多暴。非天之降才而殊也，其所以陷溺其心者然也」。「牛山之木嘗美矣，以其郊於大國也，斧斤伐之，可以爲美乎？是其日夜之所息，雨露之所潤，非無萌櫱之生焉；牛羊又從而牧之，是以若彼濯濯也。人見其濯濯也，以爲未嘗有材焉，此豈山之性也哉？雖存乎人者，豈無仁義之心哉？其所以放其良心者，亦猶斧斤之於木也，旦旦而伐之，可以爲美乎？其日夜之所息，平旦之氣，其好惡與人相近也者幾希。則其旦晝之所爲，有梏亡之矣；梏之反覆，則其夜氣不足以存；夜氣不足以存，則其違禽獸不遠矣。人見其禽獸也，而以爲未嘗有才焉者，是豈人之情也哉」？「耳目之官，不思而蔽於物，物交物，則引之而已矣。心之官則思，思則得之，不思則不得也」。

按：此言人性既善，而社會何以仍不乏不善之人存在？是由於外物之陷溺，與內心之放失，非本性之罪也。

二、重存養

孟子既認爲人人性中均同具善端，同此理義，人皆可以爲堯舜，而所以爲不善者，是由於外物引誘，良知喪失。故特別倡導存養功夫，擴充善端：

孟子離婁篇：「孟子曰：君子所以異於人者，以其存心也；君子以仁存心，以禮存心」。「大人者，不失其赤子之心者也」。人之所以異於禽獸者幾希！庶民去之，君子存之」。

告子篇：「……故苟得其養，無物不長；苟失其養，無物不消。孔子曰：『操則存，舍則亡，出入無時，莫知其鄉，惟心之謂與』？」「仁、人心也，義、人路也；舍其路而弗由，放其心而不知求，哀哉！人有雞犬放，則知求之；有放心，而不知求。學問之道無他！求其放心而已矣」。「養其小者爲小人，養其大者爲大人」。

盡心篇：「存其心，養其性，所以事天也。殀壽不貳，修身以俟之，所以立命也」。「養心莫善於寡欲；其爲人也寡欲，雖有不存焉者寡矣；其爲人也多欲，雖有存焉者寡矣」。

公孫丑篇：「孟子曰：我善養吾浩然之氣！『敢問何謂浩然之氣』？曰：『難言也！其爲氣也，至大至剛，以直養而無害，則塞於天地之間；其爲氣也，配義於道；無是，餒也，是集義所生者，非義襲而取之也。行有不慊於心，則餒矣。我故曰：告子未嘗知義，以其外之也。必有事焉而勿正，心勿忘，勿助長也』。」

按：孟子之所謂性善，是因人情有善端；但善端必須「存養」，方能擴而充之。所謂「存養」者：

「存」即「存心」，亦即所謂「求放心」，不失其「赤子之心」；所謂「養」，即「養心」「養氣」；養心莫善於寡欲，養氣在集義，以求理得心安。孟子所以道性善，重存養者，實因當時人心陷溺，自暴自棄者多，故特以是說，以警覺而鼓舞之也。

三、行王道

孔子言仁，孟子兼言仁義。孔子之政治理想爲大同，孟子創王道而輕霸業。嘗謂：「仲尼之徒，無道桓文之事者」。

孟子離婁篇：「得天下有道，得其民，斯得天下矣；得其民有道，得其心，斯得民矣；得其心有道，所欲與之聚之，所惡勿施爾也」。

梁惠王篇：「樂民之樂者，民亦樂其樂；憂民之憂者，民亦憂其憂；樂以天下，憂以天下，然而不王者，未之有也」。「保民而王，莫之能禦也」。「不嗜殺人者，能一之」。

公孫丑篇：「人皆有不忍人之心，先王有不忍人之心，斯有不忍人之政矣。以不忍人之心，行不忍人之政，治天下，可運於掌上」。

按：以上三節言爲政之道，在得民心；得民心之道，在好民之所好，惡民之所惡；尤須以不忍人之心，行不忍人之政，如文王之「視民如傷」，則天下必歸心焉。

孟子梁惠王篇：「……穀與魚鼈，不可勝食，材木不可勝用，是使民養生喪死無憾也；養生喪死無憾，王道之始也」。「是故制民之產，必使仰足以事父母，俯足以畜妻子，樂歲終身飽，凶年免於死亡；

然後驅而之善，故民之從之也輕」。「昔者文王之治岐也，耕者九一，仕者世祿，關市譏而不征，澤梁無禁，罪人不孥。老而無妻，曰鰥；老而無夫，曰寡；老而無子，曰獨；幼而無父，曰孤。此四者，天下之窮民而無告者；文王發政施仁，必先斯四者」。

按：此言爲政之首要，在使民養生喪死無憾，尤須對鰥寡孤獨之窮民而無告者，先施仁惠，則驅民之善，甚易易矣。

孟子滕文公篇：「是故賢君，必恭儉禮下，取於民，有制」。

盡心篇：「易其田疇，薄其稅斂，民可使富也」。「今之事君者曰：我能爲君辟土地，充府庫，今之所謂良臣，古之所謂民賊也。君不鄉道，不志於仁，而求富之，是富桀也」。「古之爲關也，將以禦暴，今之爲關也，將以爲暴」。

按：以上二節言取於民，應有限制，反對聚斂之人；所謂「百姓足，君孰與不足也」。

孟子滕文公篇：「設爲庠序學校以敎之；庠者、養也，校者、敎也，序者、射也。夏曰校，殷曰序，周曰庠；學則三代共之，皆所以明人倫也。人倫明於上，小民親於下」。「后稷敎民稼穡，樹藝五穀；五穀熟，而人民育。人之有道也，飽食煖衣，逸居而無敎，則近於禽獸。聖人憂之，使契爲司徒，敎以人倫：父子有親，君臣有義，夫婦有別，長幼有序，朋友有信」。

告子篇：「不敎民而用之，謂之殃民；殃民者，不容於堯舜之世」。

按：以上二節言民既得安居樂業，必須施以敎育；否則逸居無敎，則近於禽獸。而敎育要旨，首在明人倫。此亦卽孔子所謂，「既庶加富，既富加教」之意也。

第四節 荀子之中心思想

荀卿名况，趙人，善爲詩禮春秋，道守禮義，行應繩墨，安貧賤。疾濁世之政，推儒墨道德之行事興壞，著書數萬言而卒。

一、言性惡

性惡論是荀子之中心思想，茲引述其說如下：

荀子性惡篇：「人之性惡，其善者僞也。今人之性，生而有好利焉，順是，故爭奪生而辭讓亡焉；生而有疾惡焉，順是，故殘賊生而忠信亡焉；生而有耳目之欲，有好聲色焉，順是，故淫亂生而禮義文理亡焉。然則從人之性，順人之情，必出於爭奪，合於犯分亂理，而歸於暴。故必將有師法之化，禮義之道，然後出於辭讓，合於文理，而歸於治。用此觀之，然則人之性惡明矣，其善者僞也」。「今人之性，飢而欲飽，寒而欲煖，勞而欲休，此人之情性也。今人飢，見長而不敢先食者，將有所讓也；勞而不敢求息者，將有所代也。夫子之讓乎父，弟之讓乎兄，子之代乎父，弟之代乎兄，此二行者，皆反於性而悖於情也。然而孝子之道，禮義之文理也。故順情性，則不辭讓矣；辭讓則悖於情性矣。用此觀之，然則人之性惡明矣，其善者僞也」。

按：此言人生而有好利，好聲色，有疾惡，飢而欲飽，寒而欲煖，以證明人之性惡。而所以有辭讓等善行者，是由於人爲，而非順乎本性也。

性惡雖爲荀子之中心思想，但其並不否認人可以爲善；且特別强調，人之善者僞也。僞卽人爲，亦卽所謂變化氣質也。而變化氣質，非學不可；學必崇師，隆禮樂。故荀子於此，特加注意，尤於勸學更反復言之：

二、重人爲

荀子勸學篇：「君子曰：學不可已！青、取之於藍，而青於藍；氷、水爲之，而寒於水。木直中繩，輮以爲輪，其曲中規，雖有槁暴，不復挺者，輮使之然也。故木受繩則直，金就礪則利，君子博學而日參乎己，則知明而行無過矣」。「吾嘗終日而思矣，不如須臾之所學也」。「積土成山，風雨興焉；積水成淵，蛟龍生焉；積善成德，而神明自得，聖心備焉。故不積蹞步，無以至千里；不積小流，無以成江海；騏驥一躍，不能十步，駑馬十駕，功在不舍。鍥而舍之，朽木不折；鍥而不舍，金石可鏤。螾無爪牙之利，筋骨之强，上食埃土，下飲黃泉，用心一也；蟹六跪而二螯，非蛇蟺之穴，無可寄託者，用心躁也」。「學惡乎始？惡乎終？曰：其數則始乎誦經，終乎讀禮；其義則始乎爲士，終乎爲聖人」。「君子之學也，入乎耳，著乎心，布乎四體，形乎動靜。端而言，蝡而動，一可以爲法則。小人之學也，入乎耳，出乎口；口耳之間，則四寸耳，曷足美七尺之軀哉？古之學者爲己，今之學者爲人。君子之學也，以美其身；小人之學也，以爲禽犢」。「學也者，固學一之也」。

按：此言爲學之重要，爲之則人，舍之則禽獸。而爲學之程序，始於誦經，終於讀禮，始乎爲士，終乎爲聖人。而尤注重於「積」與「一」，而忌「浮」與「躁」。爲「君子」之學，忌「小人」之學。

荀子大略篇：「國將興，必貴師而重傅；貴師而重傅，則法度存。國將衰，必賤師而輕傅；賤師而輕傅，則人有快（人有肆意），人有快，則法度壞」。「言而不稱師，謂之畔；教而不稱師，謂之倍。倍畔之人，明君不內，朝士大夫遇諸途不與言」。

按：此言學者必有師，尊師然後道重，法度存，國家興盛；賤師輕傅，則人有肆意，法度必壞，國家衰弱。

荀子大略篇：「禮者、人之所履也，失所履，必顚蹶陷溺。所失微而其爲亂大者，禮也」。

按：此卽孔子所謂：「不學禮，無以立也」。

禮論篇：「禮有三本：天地者，生之本也；先祖者，類之本也；君師者，治之本也。無天地惡生？無先祖惡出？無君師惡治？三者偏亡焉，無安人。故禮上事天，下事地，尊先祖而隆君師，是禮之三本也」。

按：論語林放問禮之本，孔子曾大其問，並告以「禮、與其奢也寧儉！喪、與其易也寧戚」！可與此禮有三本之說參閱。

樂論篇：「夫樂者、樂也，人情之所必不免也。………故樂在宗廟之中，君臣上下同聽之，則莫不和敬；閨門之內，父子兄弟同聽之，則莫不和親；鄉里族長之中，長少同聽之，則莫不和順。………夫聲樂之入人也深，其化人也速。………夫民有好惡之情而無喜怒之應，則亂。先王惡其亂也，故修其行，正其樂，而天下順焉」。

按：荀子之教育目的，在使人變化氣質；禮樂是陶冶性情，變化氣質之重要工具。故既主張崇師，又極力倡導隆禮樂。所謂：「治氣養心之術，莫徑由禮，莫要行師」也。

三、人定勝天

荀子既認為人之性惡，其善者由於人為，除勸學、崇師、隆禮、樂而外，故又極力強調人定勝天之說，以加強人行善之信心，而反對天人合一之論：

荀子天論篇：「天行有常，不為堯存，不為桀亡。應之以治則吉，應之以亂則凶。彊本而節用，則天不能貧；養備而動時，則天不能病；修道而不貳，則天不能禍。故水旱不能使之飢渴，寒暑不能使之疾，祆怪不能使之凶。本荒而用侈，則天不能使之富；養略而動罕，則天不能使之全；倍道而妄行，則天不能使之吉。故水旱未至而飢，寒暑未薄而疾，祆怪未至而凶。受時與治世同，而殃禍與治世異，不可以怨天，其道然也。故明於天人之分，則可謂至人矣」。

非相篇：「相人、古人無有也，學者不道也。………故相形不如論心，論心不如擇術；形不勝心，心不勝術。術正而心順之，則形相雖惡而心術善，無害為君子也；形相雖善而心術惡，無害為小人也。君子之謂吉，小人之謂凶。故長短小大，善惡形相，非吉凶也，古之人無有也，學者不道也。………人有三不祥：幼而不肯事長，賤而不肯事貴，不肖而不肯事賢；是人之三不祥也。人有三必窮；為上則不能愛下，爲下則好非其上，是人之一必窮也；鄉則不若，偝則謾之，是人之二必窮也；知行淺薄，曲直有以相懸矣，然而仁人不能推，知士不能明，是人之三必窮也。人有此三數行者，以爲上則必危，爲下則必滅」。

按：以上二節言天道與人相，均不足影響人之禍福吉凶。人之一切吉凶禍福，均由自取；所謂人之「三不祥」與「三必窮」，均係人爲，而與天道人相無關也。此種人定勝天之說，不但足以鼓勵人心，使其自強不息，而對國家社會之改進，亦有莫大之助焉」。

四、創禮治

荀子性惡論之根據，是因人生而有欲；有所欲，必有所求；有所求，則不能無爭；爭則亂。欲使人羣居而無爭，莫如創禮治，以明分使羣：

荀子禮論篇：「禮起於何也？曰：人生而有欲，欲而不得，則不能無求；求而無度量分界，則不能不爭；爭則亂；亂則窮。先王惡其亂也，故制禮義以分之，以養人之欲，給人之求。使欲必不窮乎物，物必不屈於欲。兩者相持而長，是禮之所起」。

大略篇：「禮之於正國家也，如權衡之於輕重也，如繩墨之於曲直也。故人無禮不生，事無禮不成，國家無禮不寧」。

富國篇：「天下害生縱欲，欲惡同物，欲多而物寡，寡則必爭矣。………離居不相待，則窮；羣居而無分則爭，窮者、患也；爭者、禍也。救患除禍，則莫若明分使羣矣」。

王制篇：「故人生不能無羣，羣而無分，則爭；爭則亂；亂則離；離則弱；弱則不能勝物。故宮室不得而居也，不可少頃舍禮義之謂也」。

按：道之以德，齊之以禮，爲孔子爲政之主旨。孟子偏重於道之以德，荀子則偏重於齊之以禮矣。亦由孟荀二氏之觀點不同所致歟？

第二章 先秦諸子對儒家之訾議

史記老莊申韓列傳：「孔子適周，將問禮於老子，老子曰：『子所言者，其人與骨，皆已朽矣！獨其言在耳。且君子得其時則駕，不得其時，則蓬累而行。吾聞之，良賈深藏若虛，君子盛德，容貌若愚，去子之驕氣與多欲，態色與淫志，是皆無益於子之身！吾所以告子者，如此而已矣』」。

按：孔子云：「如有用我者，吾其爲東周乎」！又云「苟有用我者，朞月而已可也，三年有成」！老子所謂：「多欲」與「驕氣」，似針對此類之說而言者。

老子曰：「禮者、忠信之薄，亂之首也」。「絕聖棄智，民利百倍；絕仁棄義，民復孝慈」。

按：孔子云：「不學禮，無以立」。「一日克己復禮，天下歸仁焉」！老子所謂：「禮者、忠信之薄，亂之首」者，似係針對孔子此類之說而言。孔子云：「仁者不憂，智者不惑」！「何事於仁？必也聖乎？堯舜其尤病諸」！老子所謂：「絕聖棄智」，「絕仁棄義」，亦似針孔子此類之說而言者。

莊子胠篋篇：「故曰大巧若拙，削曾史之行……攘棄仁義，而天下之德，始玄同矣。……彼曾史……者，皆外立其德，而以爚亂天下者也」。

漁夫篇：「……仁則仁矣，恐不免其身，苦心勞形，以危其眞。呼嗚遠哉！其分於道」。

盜跖篇：「……湯武以來，皆亂人之徒也。今子脩文武之道，掌天下之辯，以教後世，縫衣淺帶，矯言僞行，以迷惑天下之主，而欲求富貴焉，盜莫大於子」。

按：以上三篇，均爲訾議孔子之徒，以明老子之術者。莊子譏彈儒家，以上述三篇爲最甚，惟蘇子瞻嘗疑盜跖等篇，非莊子之言，或爲後人加入之語，但亦爲道家對儒家之訾議也。

論語憲問篇：「子擊磬於衛，有荷蕢而過孔氏之門者，曰：『有心哉，擊磬乎』！既而曰：『鄙哉，硜硜乎！莫己知也，斯已而已矣！深則厲，淺則揭』。」「子路宿於石門，晨門曰：『奚自』？子路曰：『自孔氏』！曰：『是知其不可而爲之者與』？」

微子篇：「楚狂接輿歌而過孔子曰：『鳳兮鳳兮！何德之衰？往者不可諫，來者猶可追。已而！已而！今之從政者殆而』！孔子下，欲與之言，趨而避之，不得與之言」。「長沮桀溺耦而耕，孔子過之，使子路問津焉。長沮曰：『夫執輿者爲誰』？曰：『爲孔丘』！曰：『是魯孔丘與』？曰：『是也』！曰：『是知津矣』！問於桀溺，桀溺曰：『子爲誰』？曰『爲仲由』！曰『是魯孔丘之徒與』？對曰：『然』！曰：『滔滔者，天下皆是也，而誰以易之？且而與其從辟人之士也，豈若從辟世之士哉』？耰而不輟」。「子路從而後，遇丈人，以杖荷蓧。子路問曰：『子見夫子乎』？丈人曰：『四體不勤，五穀不分，孰爲夫子』？植其杖而芸」？

按：此爲譏議孔子之徒，不能順自然，明知不可爲而爲，而徒勞形神者。純係道家之思想，楊朱貴生之說，蓋濫觴於此。

孔子云：「君子謀道不謀食，耕也，餒在其中矣！學也，祿在其中矣」！又答樊遲問學稼學圃：「

吾不如老農」！「吾不如老圃」！丈人所謂：「四體不勤，五穀不分」。似針對其此類之言而發。農家許行所倡君臣並耕之說，蓋濫觴於此。

以上爲道家者流，對儒家之訾議。

× × ×

韓非子五蠹篇：「儒以文亂法，俠以武犯禁，而人主兼禮之，此所以亂也。……故行仁義者非所譽，譽之則害功；工文學者非所用，用之則亂法」。

問辯篇：「是以儒服帶劍者衆，而耕戰之士寡」。

六反篇：「學道立方，離法之民也，而世尊之曰文學之士」。

商子說明篇：「辯、慧、亂之贊也，禮、樂、淫佚之徵也，仁、慈、過之母也，任、譽、姦之鼠也。……八者有羣，民勝其政，國無八者，政勝其民。民勝其政，國弱；政勝其民，兵强。故國有八者，上無以使守戰，必削至亡；國無八者，上有以使守戰，必興至王」。

靳令篇：「六蝨：曰禮、樂，曰詩、書，曰修善，曰孝、悌，曰誠信，曰貞廉，曰仁義，曰非兵，曰羞戰。國有十二者，上無使農戰，必貧至削。十二者成羣，此謂君之治不勝其臣，官之治不勝其民，此謂六蝨勝其政也」。

算地篇：「夫治國者，舍勢而任說，則身修而功寡。故事詩書談說之士，則民遊而輕其君；事處士，則民遠而非其上」

按：法家主張有治法，無治人，並極力主張功用與現實主義者，故對儒家所倡導之仁義與詩書禮樂，均力予訾議。

韓非子顯學篇：「今世儒者之說人主，不言今之所以爲治，而語已治之功；不審官法之事，不察姦邪之情，而皆道上古之傳，譽先王之成功」。「無參驗而必之者，愚也。弗能必而據之者，誣也。故明據先王，必定堯舜者，非愚則誣也」。

五蠹篇：「宋人有耕者，田中有株，兔走觸株，折頸而死，因釋其耒而守株，冀復得兔；兔不可復得，而身爲宋國笑。今欲以先王之政，治當世之民，皆守株之類也」。「故文王行仁義，而王天下；偃王行仁義而喪其國。是仁義用於古而不用於今也。故曰世異則事異」。

按：孟子言必稱堯舜，韓非此言似針對孟子此類之言而發。荀子法後王，韓非受業荀子，其此種思想，亦與其師說有關也。

韓非子顯學篇：「今世之學士語治者，多曰與貧窮地，以實無資；今夫與人相若也，無豐年旁入之利，而獨以完給者，非力則儉也；與人相若也，無饑饉疾疚禍罪之殃，獨以貧窮者，非侈則惰也。侈而惰者貧，力而儉者富；今上徵斂於富人，以布施於貧家，是奪力儉而與侈惰也。而欲索民之疾作而節用，不可得也」。

姦刼弒臣篇：「夫施與貧困者，此世之所謂仁義；哀憐百姓，不忍誅罰者，此世之所謂惠愛也。夫有施於貧困，則無功者得賞；不忍誅罰，則暴亂者不止。國有無功得賞者，則民不外務當敵斬首，內不急力田疾作。皆欲行貨財，事富貴，爲私善，立名譽，以取尊官厚俸」。

按：周急濟貧，爲儒家所倡導之慈惠，亦爲社會所公認之善行；而法家認爲是奪力儉而與侈惰，此太史公所以謂其「極慘礉少恩」也歟？惟其所主張不予救濟者，是：「與人相若也，無饑饉疾疢禍罪之殃，獨以貧窮者」。如因「饑饉疾疢禍罪之殃」而致貧窮者，韓非當亦不反對予以救濟矣。

以上爲法家者流，對儒家之訾議。

× × ×

墨子公孟篇：「儒之道，足以喪天下者四政焉：儒以天爲不明，以鬼爲不神，天鬼之說，足以喪天下；又厚葬久喪，重爲棺槨，多爲衣衾，送葬若徙，三年哭泣，扶然後起，杖然後行，耳無聞，目無見，此足以喪天下；又弦歌鼓舞，習爲聲樂，此足以喪天下；又以命爲有貧富壽夭，治亂安危有極矣，不可損益也，爲上者行之，必不聽治矣；爲下者行之，必不從事矣。此足以喪天下」。

按：此爲墨家訾議儒家足以喪天下之四政，此外墨子書中訾議儒家者，尙有非儒、非樂、非命等篇，尤以非儒一篇，攻擊孔子之徒爲最甚。惟此似爲墨子之徒設師言以非儒，非墨子本身之言論，故均未冠以「子墨子曰」之字樣，蓋有所顧忌，不敢以誣其師也。

× × ×

桓寬鹽鐵論論鄒篇：「鄒子疾晚世之儒墨，不知天地之弘，昭曠之道，將一曲而欲道九折；守一隅而欲知萬方。猶無平準而欲知高下，無規矩而欲知方圓也。於是推大聖終始之運，以喻王公」。

按：此陰陽家訾議儒家與墨家之末流者。

× × ×

史記秦本紀由余對秦繆公曰：「中國以詩書禮樂法度爲政，此乃中國所以亂也。夫上聖皇帝，作爲禮樂法度，身以先之，僅以上治；及其後世，日以驕淫，阻法度之威，以責督於下；下罷極，則以仁義怨於上；上下交爭，怨而相篡弑，至於滅宗，皆以此類也」。

按：此爲雜家訾議儒家，欲以詩書禮樂法度爲治者，蓋亦徒善不足以爲政之意也。

× × ×

孟子告子篇：「告子曰：性猶杞柳也，義猶桮棬也。以人性爲仁義，猶以杞柳爲桮棬」。「人性之無分於善不善也，猶水之無分乎東西也」。「食色性也，仁內也，非外也；義外也，非內也」。「公都子曰：告子曰：『性無善無不善也』。或曰：『性可以爲善，可以爲不善；是故文武興，則民好善，幽厲興，則民好暴』。或曰：『有性善，有性不善；是故以堯爲君，而有象，以瞽瞍爲父，而有舜，以紂爲兄之子，且以爲君，而有微子啓、王子比干』。今曰性善，然則彼皆非與」？

按：此爲告子訾議孟子性善之說者，此類性論，足以使自暴自棄之徒，諉諸性有不善，甘於自棄，所以孟子斥爲率天下之人而禍仁義之言也。

× × ×

以上所述，均爲主旨不同，各樹壁壘，而相訾議者；亦有學本一家，而自相訾議者，茲分述如後：

荀子性惡篇：「孟子曰：『人之學者其性善』。曰：是不然，是不及知人之性，而不察乎人之性僞之分者也。凡性者，天之就也，不可學，不可事；禮義者，聖人之所生也，人之所學而能，所事而成者也。不可學，不可事，而在人者，謂之性；可學而能，可事而成之在人者，謂之僞。是性僞之分也。……孟子曰：『人之性善』。曰：是不然！凡古今天下之所謂善者，正理平治也；所謂惡者，偏險悖亂也。是善惡之分也已。今誠以人之性固正理平治邪？則有（讀爲又）惡用聖王，惡用禮義矣哉？雖有聖王禮義，將曷加於正理平治也哉？……故性善則去聖王息禮義矣；性惡則與聖王，貴禮義矣。故檃栝之生，爲枸木也；繩墨之起，爲不直也；立君上，明禮義，爲性惡也。……人之性惡，其善者僞也」。

非十二子篇：「略法先王，而不知其統，猶然而（猶然而，當作然而猶）材劇志大，聞見雜博，案往舊造說（謂考往舊，而自造說。）謂之五行，甚僻違而無類（僻違、邪也，類、法也，言邪僻而無法也。），幽隱而無說，閉約而無解（謂其言幽隱閉結，而不能自解說。），案（案、猶則也。）飾其辭，而祇敬之曰：此眞先君子之言也（謂託辭於孔子，而自敬之也。）。子思倡之，孟軻和之。世俗之溝猶瞀儒（溝猶瞀儒四字叠韻，皆謂愚蒙。），嚾嚾然不知其非也，遂受而傳之，以爲仲尼子游爲茲厚於後世，是則子思孟軻之罪也」。

按：孟荀二氏之學，雖同出於孔子，但其根本觀點，有不同者：孟子道性善，言必稱堯舜；荀子言性惡，主張法後王。以上所述爲荀子譏彈孟子道性善，言必稱堯舜者，並謂孟子性善之說，爲不知性僞之分。惟詳硏荀子此說，似頗自相矛盾；其旣曰：「性者、天之就也，不可學，不可事」。又曰：「禮義者、聖人之所生也，人之所學而能，所事而成者也」。「人之性惡，其善者僞也」。「故檃栝之生，爲枸木也；繩墨之起，爲不直也：立君上，明禮義，爲性惡也」。性既不可學，不可事；何以又可使人性變善？且既云：「人之性惡」，則其所謂聖人者，亦爲人類之一；又何以獨能生禮義？蓋性惡之說，亦爲荀子目擊當時之環境有激而云，非其本意，待下章再詳加研討。

章炳麟諸子系統說云：「案往舊造說，謂之五行，孟子所言五行，今不可見，若子思則明有其徵。據沈約云：『中庸表記緇衣皆取子思子，尋表記云，今父之親子也，親賢而下無能。母之親子也，賢則親之，無能則憐之。母親而不尊，父尊而不親。水之於民也親而不尊，火尊而不親。土之於民也，親而不尊，天尊而不親。命之於民也親而不尊，鬼尊而不親』。此以水火土三，比父母之於其子。其後仲舒作五行對五行之義等篇，又以臣子事其君父比況五行，則子思爲之兆也。……而月令素問諸書，其論亦多與此類。其誣罔，實自子思始。此荀子所以力斥其說也」。

史記孔子世家：「景公問政孔子，孔子曰：『君君；臣臣；父父；子子』。……景公說，將欲以尼谿田封孔子。晏嬰進曰：『夫儒者滑稽而不可軌法；倨傲自順，不可以爲下；崇喪遂哀，破產厚葬，不可以爲俗；游說乞貸，不可以爲國。自大賢之息，周室既衰，禮樂缺有間；今孔子盛容飾，繁登降之禮，趨詳之節，累世不能殫其學，當年不能究其禮，君欲用之以移齊俗，非所以先細民也』。後景公敬見孔子，不問其禮」。

按：晏子、名嬰，字平仲，謚曰平，萊之夷維人。歷事齊靈公、莊公、景公，以節儉力行重於齊，名顯於諸侯，後人輯其行事，爲書八篇。劉氏七略題曰晏子春秋，漢志題曰晏子，皆列儒家。至唐柳宗元辯晏子春秋曰：「吾疑其墨者之徒，有齊人者爲之……後之錄諸子者宜列之墨家，非晏子爲墨也，爲是書者，墨之道也」。柳氏此說，信而有徵；孔子曾稱：「晏平仲善與人交，久而敬之」。「有道順命，無道衡命」。太史公史記亦稱：「晏子伏莊公之尸哭之，成禮然後去，豈所謂見義不爲無勇者邪？至於諫說犯君之顏，此所謂進思盡忠，退思補過者哉！假令晏子而在，余雖爲之執鞭，所忻慕焉」。晏子得孔子與太史公稱贊如此，則其爲人可知。而其節儉力行，尤爲墨家崇尚，墨者之徒假託而爲晏子春秋，實屬可能。且所謂繁登降之禮，趨詳之節，累世不能殫其學，當年不能究其禮者，是漢志所謂僻儒之患，非孔子及儒家本身之缺點，晏子當亦不至以此非孔子也。

第三章 對訾議儒家之平議

第一節 對訾議孔子之平議

孟子公孫丑篇：「孟子曰：宰我、子貢、有若，智足以知聖人，汙，不至阿其所好；宰我曰：『以予觀於夫子，賢於堯舜遠矣』。子貢曰：『見其禮而知其政，聞其樂而知其德，由百世之後，等百世之王，莫之能違也。自生民以來，未有夫子也』。有若曰：『豈惟民哉？麒麟之於走獸，鳳凰之於飛鳥，太山之於丘垤，河海之於行潦，類也；聖人之於民，亦類也；出於其類，拔乎其萃，自生民以來，未有盛於孔子也』。」

孟子萬章篇：「伯夷、聖之淸者也，伊尹、聖之任者也，柳下惠、聖之和者也，孔子、聖之時者也。孔子之謂集大成；集大成也者，金聲而玉振之也」。

荀子非十二子篇：「今夫仁人也，將何務哉？上則法舜禹之制，下則法仲尼子弓之義，以務息十二子之說。如是則天下之害除，仁人之事畢，聖王之跡著矣」。

解蔽篇：「孔子仁且不蔽，故學亂（亂、治也。）術，足以爲先王者也。…………故德與周公齊，名與三王並；此不蔽之福也」。

史記孔子世家：「天下君王至於聖人衆矣，當時則榮，沒則已焉，孔子布衣，傳十餘世，學者宗也。自天子王侯，中國言六藝者，折中於夫子，可謂至聖矣」。

按：以上諸說，爲孔子之定論，孟子荀子有若等，雖均爲仲尼之徒，但均爲根據事實，客觀之論，非阿其所好；太史公知人論世，亦均依據史實，無溢美之詞。此外秦漢以後之學者，對孔子之頌贊，不可勝數，茲不具列；詳研孔子學行，可知德參天地，道冠古今，被尊爲萬世師表者，宜也。

老子所謂：「得其時則駕，不得其時，則蓬累而行」。與孔子「用之則行，舍之則藏」之主張，本無不合；至謂「去子之驕氣與多欲，態色與淫志」。是以其道家之立場，而不諒解孔子救世之抱負與苦心也。所謂「驕氣與態色」，蓋指孔子「如有用我者，吾其爲東周乎」？「若有用我者，朞月而已可也，三年有成」之類救世抱負也。所謂「多欲與淫志」，蓋亦指孔子栖栖遑遑，席不暇暖，急圖救世之大欲。論語季氏篇云：「孔子曰，吾豈匏瓜也哉？焉可繫而不食」！其憂世之殷，救世之切，均爲其悲天憫人，仁者愛人之表現。論語公冶長篇云：「孔子曰，飯疏食飲水，曲肱而枕之，樂亦在其中矣；不義而富且貴，於我如浮雲」。更可知其安貧樂道，視富貴如浮雲。所以栖栖遑遑，席不暇暖者，純爲救世心切也。又云：「道不行，乘桴浮於海，從我者，其由與」！又可知孔子是盡人事，聽天命；人事既盡，如道仍不行，亦不怨天不尤人也。

老子所謂：「禮者、忠信之薄，亂之首也」。「絕聖棄智，民利百倍，絕仁棄義，民復孝慈」。雖似針對孔子倡導禮與仁義而言；但亦因彼等政治理想不同，所以見解各異：老子之理想社會，是小國寡民，老死不相往來，民風純樸，無待乎禮；孔子之理想政治，是世界大同；廣土衆民，情形複雜，必須賴禮以維護社會之秩序，與人類之安寧者。老子又喜言對待理論，謂禮爲忠信之薄亂之首者，亦非反對禮之本身也；蓋謂社會需要禮，則忠信已薄，亂已開始，猶如人患病，始需要醫藥，有醫藥，則可知人類已有疾病；否則何需乎醫藥？所謂絕聖棄知，民利百倍，絕仁棄義，民復孝慈者，亦復如是；因有不孝不慈，方有仁義，有聖知，方有巧僞。如無不孝不慈，則亦無從看出仁義；如歸眞返樸，則亦無需聖知。老子主張從根本上消滅社會混亂，使禮無所用之；在根本上消滅不孝不慈與巧僞，使仁義聖知無從產生。此種理想雖高，但在人事日漸複雜，民知日漸發達之社會，在事實上，實不可能也。

至晨門、荷蕢、楚狂接輿、長阻、桀溺等隱者，對孔子之譏議，歸納言之，約有下列數端：

一、天下滔滔，大勢所趨，莫之能易，既不能兼善天下，何不獨善其身。

二、人既不我知，道既不能行，則應順乎自然，見機而作，適可而止，何必徒勞神形。

三、明知其不可爲，而仍爲之。

對上述之譏議，孔子與子路在當時曾加說明：孔子曰：「鳥獸不可與同羣，吾非斯人之徒與而誰與？天下有道，丘不與易也」。子路曰：「不仕無義，長幼之節，不可廢也，君臣之義，如之何其廢之？欲潔其身，而亂大倫。君子之仕也，行其義也，道之不行，已知之矣」。道不同，不相爲謀，孔子一片救世苦心，自非晨門、荷蕢等隱者所能諒解；在晨門、荷蕢等隱者，以爲天下既亂，於其徒勞形神，無補於事，曷若隱居以避其世？不知孔子正因天下大亂，所以必須設法予以改革補救；

焉可與木石居，與鹿豕遊？如天下有道，則亦無須憂勞乃爾矣。所謂：「待文王而興者，凡民也，若夫豪傑之士，雖無文王亦興」。

第二節　對訾議孟子之平議

孟子道性善，言必稱堯舜，爲其思想之中心，亦爲諸子對其譏彈之重點。而於性善之說，譏議尤多，歸納言之，約有下列數端：

一、性無分於善不善，猶水之無分於東西。

二、性可以爲善，可以爲不善。

三、有性善，有性不善。

四、性惡，其善者，僞也。

除孟子當時，已對告子等辯明者外，玆將後來學者，對孟子性善之論，擇要臚列如後：

王充論衡本性篇：「孟子作性善之篇，以爲人性皆善，及其不善，物亂之也。謂人生於天地，皆稟善性，長大與物交接者，放縱悖亂，不善日以生矣。若孟子之言，人幼小之時，無有不善也。微子曰：『我舊云孩子，王子不出』。紂爲孩子時，微子睹其不善之性，性惡不出衆庶，長大爲亂不變，故云也。羊舌食我初生之時，叔姬視之，及堂，聞其啼聲而還。曰：『其聲，豺狼之聲也。野心無親，非是，莫滅羊舌氏』。遂不肯見。及長，祁勝爲亂，食我與焉，國人殺食我，羊舌氏由是滅矣。紂之惡，在孩子之時；食我之亂，見始生之聲。孩子始生，未與物接，誰令悖者？丹朱生於唐宮，商均生於虞室。唐虞之時，可比屋而封。所與接者必多善矣，二帝之旁必多賢矣。然而丹朱傲，商均虐，並失帝統，歷世爲戒。……性本自然，善惡有質，孟子之言情性，未爲實也。告子與孟子同時，其論性無善惡之分；譬之湍水，決之東則東，決之西則西。夫水無分於東西，猶人性無分於善惡也。夫告子之言，謂人之性與水同也。使性若水，可以水喻性，猶金之爲金，木之爲木也。人善因善，惡亦因惡。初稟天然之姿，受純一之質，故生而兆見，善惡可察；無分於善惡，可推移者，謂中人也。不善不惡，須教成者也。故孔子曰：「中人以上，可以語上也；中人以下，不可以語上也」。告子之以決水喻者，徒謂中人，不指極善極惡也。孔子曰：「性相近也，習相遠也」。夫中人之性，在所習焉。習善而爲善，習惡而爲惡也。至於極善極惡，非復在習。故孔子曰：「惟上智與下愚不移」。性有善不善，聖化賢教，不能復移易也。孔子，道德之祖，諸子之中最卓者也。而曰「上智下愚不移」，故告子之言，未得實也。……孫卿又反孟子，作性惡之篇。以爲「人性惡，其善者僞也」。性惡者，以爲「人生皆得惡性也」，僞者，「長大之後，勉使爲善也」。若孫卿之言，人幼小無有善也。稷爲兒，以種樹爲戲；孔子能行，以俎豆爲弄。石生而堅，蘭生而香，稟善氣，長大就成。故種樹之戲，爲唐司馬；俎豆之弄，爲周聖師。稟蘭石之性，故有堅香之驗。夫孫卿之言，未得爲實。

按：此言孟子道性善，荀子言性惡，告子言性無善無不善，均未得爲實。並引孔子之說爲依歸。

揚子法言修身篇：「人之性善惡混；修其善，則爲善人。修其惡，則爲惡人。氣也者，所以適善惡之馬也與」？

按：此亦不贊同性善性惡之說，而主張人之性善惡混者。修其善，則爲善人，修其惡，則爲惡人。揚子並言修養之法，當「取四重，去四輕」，所謂四重者：卽「重言、重行、重貌、重好；言重則有法，行重則有德，貌重則有威，好重則有歡」。所謂四輕：卽「言輕、行輕、貌輕、好輕；言輕則招憂，行輕則招辜，貌輕則招辱，好輕則招淫」。

司馬温公並闡揚揚子善惡混之說，而以孔子上智與下愚不移爲依據云：「孟子以爲人性善，其不善者，外物誘之也。荀子以爲人性惡，其善者聖人敎之也。是皆得其一偏，而遺其本實。夫性者，人之所受於天以生者，善與惡必兼有之，猶陰之與陽也。是故雖聖人不能無惡，雖愚人不能無善，其所受多少之間則殊矣。善至多而惡至少，則爲聖人；惡至多而善至少，則爲愚人；善惡相半，則爲中人。聖人之惡不能勝其善，愚人之善不能勝其惡；不勝則從而亡矣。故曰『唯上智與下愚不移』。雖然，不學則善日消而惡日滋；學焉則惡日消而善日滋。故曰『唯聖罔念作狂，惟狂克念作聖』。必曰聖人無惡，則焉用學？必曰愚人無善，則安用敎矣？譬之於田：稻粱藜莠，相與並生，善治田者，薅其藜莠而養其稻粱；不善治田者反之。善治性者，長其善而去其惡；不善治性者反之。孟子以爲仁義禮智皆出乎性者也，是豈可謂之不然乎？殊不知暴慢貪惑亦出乎性者也。是信稻粱之生於田，而不信藜莠之亦生於田也。荀子以爲爭奪殘賊之心，人之所生而有也，不以師法禮義正之，則悖亂而不治。是豈可謂之不然乎？然不知慈愛羞惡之心，亦生而有也。是信藜莠之生於田，而不信稻粱之亦生於田也。故揚子以爲『人之性，善惡混』。混者，善惡雜處於心之謂也，顧人所擇而修之如何耳！修其善，則爲善人；修其惡，則爲惡人。斯理也，豈不曉然明白矣哉？如孟子之言，所謂長者善也；如荀子之言，所謂去者惡也；揚子則兼之矣。韓文公解揚子之言，以爲始也混，而今也善惡，亦非知揚子者也」。

韓愈原性篇：「上者善而已，中者可導而上下者也，下者惡而已。孟子之言性也，曰『人之性善』，荀子之言性也，曰『人之性惡』。揚子之言性也，曰『人之性善惡混』。夫始也善而進於惡，始也惡而進於善，始也善惡混而今也爲善惡，皆舉其中而遺其上下，得其一，而失其二者也」。

按：此亦言性有上中下三品，並以孔子之「性相近，習相遠。惟上智與下愚不移」之學說作基礎。同時以爲在性之外尙有情；性是先天，與生俱來；情是後天，接物而生。並認情亦有上中下三品。

論衡本性篇：「自孟子以下，至劉子政，鴻儒博生，聞見多矣，然而論情性，竟無定是。唯世碩公孫尼子之徒，頗得其正。由此言之，事易知，道難論也。酆文茂記，繁如榮華，恢諧劇談，甘如飴蜜，未必得實；實者，人性有善有惡，猶人才有高有下也。高不可下，下不可高，謂性無善惡，是謂人才無高下也。秉性受命，同一實也，命有貴賤，性有善惡；謂性無善惡，是謂人命無貴賤也。九州土地之性，善惡不均，故有黃赤黑白之別，上中下之差。水潦不同，故有清濁之流，東西南北之趨。人秉天地之性，懷五常之氣，或仁或義，性術乖也。動作趨翔，或重或輕，性識詭也。面色或白或黑，身形或長或短，至老極死，不可變易，天性然也。余固以孟軻言性善者，中人以上者也；孫卿言人性惡者，中人以下者也；揚子言性善惡混者，中人也」。

按：此亦以人性分上中下三等，與以上各說大致相同。

× × ×

陸九淵云：「人受天地之氣而生，其本心無有不善」。「人性善，其不善者，遷於物也」。

李翺復性書云：「人之所以爲聖人者，性也。人之所以惑其性者，情也。喜怒哀樂愛惡欲七者，皆情之所爲也。情既昏矣，性斯匿焉，非性之過也，七者交來，故性不能充也」。「無性則情不生，情者，由性而生者也。情不自情，因性以爲情；性不自性，因情以爲性」。

按：以上二說，均同意孟子道性善，並謂性爲善，情爲惡。聖人能保其性而不爲情所惑，所以成爲聖人；一般人不免爲七情所惑，以失其本性，所以常成爲惡人。但李翺所謂「情不自情，因性以爲情；性不自性，因情以爲性」。則又與韓愈情性一元主義相同矣。

× × ×

春秋繁露實性篇：「孔子曰，名不正，則言不順。今謂性已善，不幾於無教而如其自然，又不順於爲政之道矣。………善如米，性如禾，禾雖出米，而禾未得謂米也；性雖出善，而性未可謂善也。米與善，人之繼天而成於外也，非在天所爲之內也。天所爲有所至而止，止之內謂之天，止之外謂之王教。王教在性外，而性不得不遂。故曰，性有善質，而未能爲善也。………天之所爲，止於繭麻與禾；以麻爲布，以繭爲絲，以米爲飯，以性爲善，此皆聖人所繼天而進也，非情性質樸之能至也。………性者，天質之樸也，善者、王教之化也。無其質，則王教不能化；無其王教，則質樸不能善」。

按：此爲贊同荀子其善者僞也之說，而非孟子性善之說者。但其謂：「性者、天質之樸也，善者、王教之化也。無其質，則王教不能化；無其王教，則質樸不能善」。是又雖贊同荀子其善者僞也之說，但亦不否認性有善質矣。

× × ×

錢大昕荀子跋云：「宋儒所訾議者，惟性惡一篇。愚謂孟子言性善，欲人之盡性而樂於善；荀言性惡，欲人之化性而勉於善。立言雖殊，其教人以善則一也」。

戴震孟子字義疏證云：「荀子非不知人可以爲聖人也，其言性惡也，曰：『塗之人可以爲禹』，塗之人者，皆內可以知父子之義，外可以知君臣之正，其可以知之質，可以能之具，則通於神明，參於天地矣。故聖人者，人之所積而致也。聖可積而致，然而皆不可積，何也？可以而不可使也。故塗之人可以爲禹，則然。塗之人能爲禹，未必然也。雖不能爲禹，無害可以爲禹也」。

按：以上兩說，爲調停孟荀之說者。戴氏謂荀子性惡之說，不惟不與孟子性善之說不相悖，並且若相發明。蓋荀子之見，歸重於學，而忽於性之全體，其言出於尊聖人，出於重學崇禮義。謂聖人雖人之所積而致，然必由於學。弗學而能，乃屬之性；學而後能，弗學雖可以而不能，不得屬之性。此荀子立說之所以異於孟子也。

× × ×

王安石性情：「性情一也，世有論者曰，性善情惡，是徒識性情之名，而不知性情之實也。喜怒哀樂好惡欲，未發於外而存於心，性也。喜怒哀樂好惡欲，發於外而見於行，情也。性者情之本，情者性之用。故吾曰，性情一也。彼曰性善，無他，是嘗讀孟子之書，而未嘗求孟子之意也。彼曰性惡，無他，是有見於天下之以此七者，而入於惡，而不知七者之出於性耳。故此七者，人生而有之，接於物而後動焉。動而當於理，則聖也，賢也。不當於理，則小人也。彼徒有見於情之發於外者，而遂入於惡也，因曰，情惡也，害性者情也。是曾不察於情之發於外，而爲外物之所感，而遂入於善乎！蓋君子養性之善，故情亦善，小人養性之惡，故情亦惡。故君子之所以爲君子，莫非情也，小人之所以爲小人，莫非情也。故論之失者，以其求性於君子，求情於小人耳。是其所謂情者，莫非喜怒哀樂好惡欲也。舜之聖也，象喜亦喜。使舜當喜而不喜，豈得爲舜乎！文王之聖也，王赫斯怒，當怒而不怒，則豈足以爲文王乎？舉此二者而明之，則其餘可知矣。如其去情，則性雖善，何以自明哉？誠如今論者之說，無情者善，則若是木石者尚矣。是以知性情之相須，猶弓矢之相待而用，若夫善惡，則猶中與不中也。曰，然則性有惡乎？曰，孟子曰：『養其大體爲大人，養其小體爲小人』。揚子曰：『人之性，善混惡』。是知性可以爲惡也。」

按：此言性情一也，而其要，在於所養；卽揚子所謂：「修其善，則謂善人；修其惡，則爲惡人」。孟子所謂：「養其大體爲大人，養其小體爲小人」也。

× × ×

根據上述諸說，如謂人之天性是善或惡者，均爲一偏之見，不但不能自圓其說，甚至陷於自相矛盾。因善與惡爲定名，性善主義者，既須强調性善之理論，但又不能不承認善惡並存之事實；亦猶性惡主義者，既不能不强調性惡之理論，又不能不承認途之人可以爲禹；主張善惡混，與可以爲善，可以爲不善者，又不能否認上智與下愚不移之事實也。

論語公冶長篇：「子貢曰：夫子之言性與天道，不可得而聞也」。孔子雖不常言天性，對天性無深刻之說明，但其所謂：「性相近也，習相遠也」。「上智與下愚不移」之主張，却爲上述諸氏論性之依據。上述諸氏論性，雖有各種不同之見解，但歸納言之，則謂性有上中下三等，以及無善無惡，或可善可惡，與將來究竟善惡如何？則須視各人之修養如何而決定。所謂無善無惡，或可善可惡者，卽孔子所謂：「性相近也」。將來究竟如何？須視各人之修養如何而決定者，卽孔子所謂：「習相遠也」。分性爲上中下三等者，卽孔子所謂：「惟上智與下愚不移」也。

但孔子既主張「性相近，習相遠」。與「上智與下愚不移」，孟子荀子均尊奉孔子，何以不從孔子之說，而各走極端，爲此相反之論耶？蓋因當時之環境，各有激而爲此言也。孟子之時，舉世大亂，人心陷溺，自謂吾身不能爲善者，滔滔皆是。孟子不因人類殘賊凶惡，而懷憎恨厭惡，力持人類天性皆善，强調人皆可以爲堯舜之說，使自暴自棄之徒，不得諉諸性有不善，甘於自棄以圖補救。故其言曰：「自暴者不可與有言也，自棄者不可與有爲也；言非禮義，謂之自暴也，吾身不能居仁由義，謂之自棄也。仁、人之安宅也；義、人之正路也。曠安宅而弗居，舍正路而不由，哀哉」！

荀子之時，爭奪殘賊淫亂之人，甚於孟子之時。荀子認爲：人心如此，已無法補救，非予以澈底改造不可。故倡導人類性惡之說，其善者僞也。希望人類勇於改過遷善，重新爲人。孟子道性善，主張擴充善端，荀子言性惡，主張勸學改造，論據雖有差別，目的初無二致。所謂殊途而同歸者也。

× × ×

此外，孟子言必稱堯舜，亦爲荀子及法家韓非等所訾議：法家主張有治法，無治人，尤注重參驗與現實。道不同不相爲謀，其訾議孟子法先王，本無足怪；惟荀孟二氏同出孔門，孔子祖述堯舜，憲章文武，孟子自任繼承堯舜禹湯文武周公孔子之道統，荀子非不知也。孟子嘗云：「舜生於諸馮，遷於負夏，卒於鳴條，東夷之人也；文王生於岐周，卒於畢郢，西夷之人也。地之相去也，千有餘里，世之相後也，千有餘歲，得志行乎中國，若合符節，先聖後聖，其揆一也」。所謂：「先聖後聖其揆一也」，是孟子雖主張法先王，但亦不反對法後王也。與荀子之說，應無所衝突。又荀子不苟篇云：「君子養心莫善於誠，至誠則無他事，唯仁之爲守，唯義之爲行」。則又與子思孟子之言，如出一轍。包世臣致沈小宛書云：「荀子所持者禮也。孟子喜言理，而荀子喜言禮。近人凌君作原亂三篇，謂禮由理而始生，知此義者，可以會通孟荀二家之說矣」（歷代名人小簡）。亦認爲孟荀二氏同出一源，初無二致。不知非十二子篇何以對孟子有似此之訾議也？王應麟以爲荀卿非子思孟子，蓋其門人如韓非李斯之徒，託其師說，以毀聖賢。其說似爲可信，因自孔子之死也，「有子張之儒，有子思之儒，有顏氏之儒，有孟氏之儒，有漆雕氏之儒，有仲良氏之儒，有孫氏之儒，有樂正氏之儒」（韓非子顯學篇）。所以揚子法言謂孟荀二子同門而異戶也。焦氏筆乘亦云：「趙學士孟靜云：「往讀荀卿譏孟子略法先王而不知其統，未嘗不駭其言也。及探道日久，心稍有知……謂之略法者，以言其不深考云耳。夫孟子法孔子，則孔氏以前，有所不暇考；荀子之言，或未為過。至謂不知其統，則決不敢以荀子為然矣！何者？統者、道之宗也，言之所由出也。立言而無其宗，如瞽在途，觸處成窒，豈宜以論孟氏也」？是亦懷疑此非荀子親自所言也。

孟子之時，功利主義極盛，如商君曰：「苟可以強國，不法其故；苟可以利民，不循於禮」。易言之，則曰苟可以強國，不顧公理；苟可以利民，不問人格。孟子獨持正義，極力反對，如曰：「行一不義，殺一不辜，而得天下，君子不為」。「枉尺而直尋者，以利言也；如以利，則枉尋直尺而利，亦可為與」？「爭地以戰，殺人盈野，爭城以戰，殺人盈城。此所謂率土地而食人肉，罪不容於死」。皆極力痛斥功利主義，而有功世道人心者。此外，孟子距楊墨，放淫詞，均為衛道苦心，非徒排斥異己，故曰：「逃墨必歸於楊，逃楊必歸於儒。歸，斯受之而已矣！今之與楊墨辯者，如追放豚，既入其苙，又從而招之」。論者謂孟子之功，不在禹下。洵非溢美之辭也。

第三節　對荀子之平議

荀子在先秦諸子中較為後出，韓非輩又為其門弟子，故當時諸子頗少予以訾議者。惟秦漢以後之學者，對其訾議頗多，尤其對言性惡，訾之更甚。但亦有對其同情者，茲分別擇要引述：

蘇子瞻荀卿論：「昔者嘗怪李斯師荀卿，既而焚滅其書，盡變古先聖王之法，於其師之道，不啻若寇讎；及今觀荀卿之書，然後知李斯之所以事秦者，皆出於荀卿，而不足怪也。荊卿者，喜爲異說而不讓，敢爲高論而不顧者也。其言愚人之所驚，小人之所喜也。子思孟軻，世之所謂賢人君子也；荀卿獨曰：『亂天下者，子思孟軻也』。天下之人，如此其衆也，仁人義士，如此其多也；荀卿獨曰：『人之性惡，桀紂、性也，堯舜、僞也』。由此觀之，意其爲人，必也剛愎不遜，而自許太過，彼李斯者又特甚者耳。今夫小人之爲不善，猶必有所顧忌；是以夏商之亡，桀紂之殘暴，而先王之法度禮樂刑政，猶未至於絕滅而不可考者，是桀紂猶有所存，而不敢盡廢也。彼李斯者，獨能奮而不顧，焚燒夫子之六經，烹滅三代之諸侯，破壞周公之井田，此亦必有所恃者矣。彼見其師歷詆天下之賢人，以自是其愚，以爲古先聖王皆無足法者，不知荀卿特快一時之論，而不知其禍之至於此也。其父殺人報仇，其子必且行劫。荀卿明王道，述禮樂，而李斯以其學亂天下，其高談異論，有以激之也」。

晁公武郡齋讀書志子類儒家類：「楊倞注荀子二十篇……其書以性爲惡，以禮爲僞，非諫爭，傲災祥，尚强伯之道。論學則以子思孟軻爲飾邪說，文姦言，與墨翟惠施同詆焉。論人物則以平原信陵爲輔佛，與伊尹比干同稱焉。其旨往往不能醇粹，故後儒多疵之云」。

按：此均不同情荀子對子思孟軻之訾議，而蘇氏且謂李斯所以以其學亂天下者，由荀子激成也。

× × ×

韓退之讀荀子：「聖人之道不傳於世，周之衰，好事者各以其說干時君，紛紛籍籍相亂，六經與百家之說錯雜；然老師大儒猶在。火於秦，黃老於漢，其存而醇者，孟軻氏而止耳，揚雄氏而止耳。及得荀氏書，於是又知有荀氏者也。考其辭，時若不粹，要其歸，與孔子異者鮮矣，抑猶在軻雄之間乎？孔子刪詩書，筆削春秋，合於道者著之，離於道者黜去之，故詩書春秋無疵。余欲削荀氏之不合者，附於聖人之籍，亦孔子之志與？孟氏、醇乎醇者也，荀與揚，大醇而小疵」。

按：此謂荀卿大醇小疵，與揚雄相提並論，而不與於孟子之列。

× × ×

謝墉荀子箋釋序：「荀子生孟子之後，最爲戰國老師，太史公作傳，論次諸子，獨以孟子荀卿相提並論。……顧以嫉世俗之政，而有性惡一篇，且詰孟子性善之說而反之。於是宋儒乃交口攻之矣。嘗卽言性者論之：孟子言性善，蓋勉人以爲善而爲此言；荀子言性惡，蓋疾人之爲惡而爲此言。……由憤時疾俗之過甚，不覺其言之也偏。然尚論古人，當以孔子爲權衡，過與不及，師商均不失爲大賢也」。

唐仲友荀子序：「學者病卿以李斯、韓非，卿老師，學者已衆，二子適見世，晝寢餔啜，非師之過。使卿登孔門，去異意，書當與七篇比，此君子所爲太息」。

按：以上二氏，均婉惜荀子因疾時過甚而激爲性惡之說，並以其弟子李斯亂秦，而被世所詬病。

× × ×

汪中荀卿子通論：「毛詩荀卿子之傳也；魯詩荀卿子之傳也；韓詩荀卿子之別子也；左氏春秋荀卿之傳也；穀梁春秋荀卿子之傳也；曲臺之禮，荀卿之支與餘裔也。蓋自七十子之徒既歿，漢諸儒未興，中更戰國暴秦之亂，六藝之傳賴以不絕者，荀卿也。周公作之，孔子述之，荀卿子傳之，其揆一也……故曰荀卿之學，出於孔氏，而尤有功於諸經」。

按：此謂荀子有功於六經，與史記及謝墉氏所謂荀子在戰國時最爲老師者，可以參證。

× × ×

錢大昕荀子箋釋跋：「蓋自仲尼旣歿，儒家以孟荀爲最醇。太史公序列諸子，獨以孟荀標目。韓退之於荀氏，雖有大醇小疵之譏；然其云吐辭爲經，優入聖域，則上與孟氏並稱，無異詞也。宋儒所訾議者，惟性惡一篇；愚謂孟言性善，欲人之盡性而樂於善；荀言性惡，欲人之化性而勉於善。立言雖殊，其教人以善則一也」。

王先謙荀子集解序：「昔唐韓愈氏，以荀子書爲大醇小疵，逮宋攻者益衆。推其由，以言性惡故。余謂性惡之說，非荀子之本意也！其言曰『直木不待檃栝而直者，其性直也；枸木必待檃栝烝矯然後直者，以其性不直也。今人性惡，必待聖王之治，禮義之化，然後皆出於治，合於善也』。夫使荀子而不知人性有善惡，則不知木性有枸直矣。然而其言如此，豈眞不知性邪？余因以悲荀子遭世大亂，民胥泯棼，感激而出此也。荀子論治，皆以禮爲宗，反復推詳，務明其指趨，爲千古修道立教所莫能外，其曰：『倫類不通，不足爲善學』。又曰：『一物失稱，亂之端也』。探聖門一貫之精，洞古今成敗之故。論議不越幾席，而思慮浹於無垠。身未嘗一日加民，而行事可信其放推而皆準。而刻覈之徒，詆諆橫生，擴之不得與於斯道。余又以悲荀子之術，不用於當時，而名滅裂於後世。流俗人之口爲重屈也」。

按：此言荀子非不知人性有善惡，而其所以爲性惡之說者，非其本意，遭世大亂，感激而出此也。且謂荀孟立言雖殊，其教人以善則一，所謂殊途而同歸也。

近人陳三立讀荀子：「孟子曰：『人皆可以爲堯舜』，荀子亦曰：『塗之人可以爲禹』。……孟子之學長於詩書春秋，而頗及於禮；而荀子之學，專於禮，尤好言詩書。……孟子書善言性道之要，爲古道家之餘；荀子書詳於法制節奏等威儀，體國經野，得儒家之統會。蓋觀於孟荀之言，而道家儒家之源流正變，略可識矣」。此類言論，爲前所未有，故並存之，以供參覽。

× × ×

郝懿行云：「近讀孫卿書而樂之，其學醇乎醇，其文如孟子，明白宣暢，微爲繇富，益令人入而不能出。頗怪韓退之謂爲大醇小疵，蒙意未喻，願示其詳。推尋韓意，豈以孟子道性善，荀道性惡；孟子尊王賤霸，荀每王霸並衡。以是爲疵，非知言也！何以明之？孟邊孔氏之訓，不道桓文之事。荀矯孟氏之論，欲救時世之急。王霸一篇，剴切錞于，沁人肌骨。假使六國能用其言，可無暴秦幷吞之禍。因時無王，降而爲霸，孟荀之意，其歸一耳。至於性惡性善，非有異趣，性雖善，不能廢教；性卽惡，必假人爲。……孟荀之恉，本無不合。惟其持論，各執一偏。準以聖言，性相近，卽兼善惡而言；習相遠，乃從學染而分。後儒不知此義，妄相毀詆，閣下深於理解，必早見及，願得一言以袪所蔽。孫卿與孟，時勢不同，而願得所藉手，救斂扶衰，其道一也」（與王引之伯申侍郎論孫卿書）。

按：此深同情荀子，謂孟荀之志，同爲救斂扶衰，其道一也。對荀子學說，有極深刻之認識，爲持平之論也。

×　　×　　×

以上所述，均爲評論孟荀間之問題，尙未論及墨法諸家對荀子訾議之平議也。荀子言性惡，主張以禮定分，節人之欲；以樂興感，節人之情。認禮樂爲變化人之氣質之工具，而不可或缺。墨、法諸家，則反對樂禮，認爲是淫佚之徵，足以喪天下，極力詆毀之。

禮爲四維六藝之首，「人無禮不生，事無禮不成，國家無禮則不寧」。社會愈進化，情形愈複雜，則禮之需要亦愈迫切。故禮之所以產生，是適應社會之需要也。樂與禮有同樣之重要，所謂：「禮樂刑政，其極一也。所以同民心而出治道也」。墨子爲極端功用主義者，其惟物論之氣味甚濃厚，荀子所以謂其「蔽於用而不知文」，莊子亦謂其「反天下之心，天下不堪，墨子雖能獨任，奈天下何」也。

墨子反對禮樂，尙無足深怪；至法家之法，是由禮而生；禮禁於未然之先，法施於已然之後。禮之與法，相輔相成，缺一而不可也。韓非爲荀子弟子，荀子隆禮，韓非所以崇法，以補禮之不足。法家崇法而非禮，是猶捨本而逐末也。

×　　×　　×

四庫全書簡明目錄子部儒家類：「荀子二十卷，周荀況著，況亦孔氏之支流，其書大旨在勸學，而其學主於修禮，徒以恐人恃質而廢學，故激爲性惡之說，受後儒之詬病。要其宗法聖人，誦說王道，終以韓愈大醇小疵之評，爲定論也」。

第四節　對儒家一般訾議之平議

訾議儒家最力者，爲墨家、法家。墨家訾議儒家，厚葬、久喪、愛有差等、守分安命、崇尚禮樂、以天爲不明、以鬼爲不神，甚至謂儒之道，足以喪天下。法家訾議儒家，儒服帶劍，不事耕戰。甚至謂：「禮、樂是淫佚之徵，仁慈是過之母，足以削國至亡」。

墨法兩家，均爲極端功用主義者，唯物觀念甚濃，故對儒家仁、慈、禮、樂等行爲，均加以訾議。而墨子之宗教色彩，亦殊濃厚，其天志明鬼等篇，均訾議儒家以天爲不明，以鬼爲不神。但此類訾議，純在其主觀立場而言者；儒家所主張之仁慈禮樂等行爲，爲國家社會所必需，前已略言之，茲不贅及；惟墨家訾議儒家以天爲不明，以鬼爲不神之天鬼及厚葬久喪等問題，尚須加以說明者，茲再略述如次：

論語季氏篇：「孔子曰，君子有三畏；畏天命，畏大人，畏聖人之言。小人不知天命，而不畏也」。

八佾篇：「祭如在，祭神如神在。子曰，吾不與祭，如不祭」。「獲罪於天，無所禱也」！

先進篇：「天何言哉？四時行焉，百物生焉」。「顏淵死，子曰，噫！天喪予，天喪予」。

鄉黨篇：「迅雷風烈，必變」。

爲政篇：「非其鬼而祭之，諂也」。

述而篇：「子曰，天生德於予，桓魋其如予何」？

泰伯篇：「惟天爲大，唯堯則之」。「禹、吾無間然矣！非飲食，而致孝乎鬼神」。

子罕篇：「天之將喪斯文也，後死者不得與於斯文也；天之未喪斯文也，匡人其如予何」？「吾誰欺？欺天乎」！「質諸鬼神而無疑」。

孟子梁惠王篇：「吾之不遇魯侯，天也」！

中庸：「天命之謂性」！「子曰，鬼神之爲德，其盛矣乎？視之而弗見，聽之而弗聞，體物而不可遺。使天下之人，齊明盛服，以承祭祀，洋洋乎如在其上，如在其左右」。

按：觀上述各節，可知儒家對天與鬼神，夙具敬畏之心，並不忽視。惟反對迷信天與鬼神，而廢人事者。故樊遲問知，孔子告以「敬鬼神而遠之」。季路問事鬼神，子曰：「未能事人，焉能事鬼」？此爲最切實行，而無流弊之處，亦爲儒家精神所在。

孟子盡心篇：「莫非命也，順受其正。是故知命者，不立乎巖牆之下。盡其道而死者，正命也；桎梏而死者，非正命也」。「天聽，自我民聽；天視，自我民視」。

按：觀此，可知墨家謂儒家安命之說，可以喪天下，亦爲斷章取義，而非儒家所謂安命之眞義；儒家所謂安命，是「順受其正，是故知命者，不立乎巖牆之下」。亦卽盡人事而聽天命，非謂有命而卽無所事事也。並以民心代天心，人心之理，卽爲天理，並不主張凡事均委之於命，而不盡人事也。

論語先進篇：「顏淵死，顏路請子之車，以爲之椁。子曰：『才不才，亦各言其子也。鯉也死，有棺而無椁』！」「顏淵死，門人欲厚葬之。子曰，不可！門人厚葬之。子曰：『回也，視予猶父也，予不得視猶子也。非我也，夫二三子也』！」

按：觀此，則墨子訾議儒家厚葬久喪之事實，亦非盡然。儒家所主張之喪葬，是以稱家之有無爲原則，孟子之後喪逾前喪，亦因前以士，後以大夫也。子生三年，然後免於父母之懷。君子篤於親，則民興於仁。愼終追遠，民德歸厚。居喪三年，亦爲根據人情，有裨於世道人心之舉，不似墨法諸家之所訾議者也。

×　　×　　×

由余對秦繆公之言，晏子阻齊景公以尼谿之田封孔子，似均係法家與墨家之徒所爲。且所訾議者，均爲秦漢而後儒家之流弊，而非儒家本身之缺點也。

此外訾議儒家者尚多，但亦均指儒家之流弊，而非儒家本身之缺點。因儒有君子小人之分，有眞僞大小之別；孔子曰：「汝爲君子儒，無爲小人儒」！是儒有君子小人之分也。荀子儒效篇，「故人主用大儒，則百里之地，久而三年，天下爲一，諸侯爲臣。用萬乘之國，則舉措而定，一朝而伯」。揚子法言寡見篇：「或問，魯用儒而削，何也？曰，魯不用儒也！在昔姬公用於周，而四海皇皇，奠枕於京；孔子用於魯，齊人章章，歸其侵疆。魯不用眞儒故也，如用眞儒，無敵於天下，安得削」？是儒有大小眞僞之別也。例如下列各種評論，均係指小人儒、小儒、僞儒而言者：

劉邵人物志：「能傳聖人之業，而不能幹事施政，是謂儒學，毛公貫公是也」。

鹽鐵論論儒：「齊宣王褒儒尊學，孟軻、淳于髡之徒，受上大夫之祿，不任職而論國事。蓋齊稷下先生千有餘人，當此之時，非一公孫弘也。弱燕攻齊，長驅至臨淄，湣王遁逃，死於莒而不能救，王建禽於秦，與之俱虜而不能存。若此，儒者之安國尊君，未始有效也」。

淮南子精神訓：「衰世湊學，不知原心反本，直雕琢其性，矯拂其情，以與交。故目雖欲之，禁之以度；心雖樂之，節之以禮。趨翔周旋，詘節卑拜。內凝而不食，酒澄而不飲，外束其形，內總其德，鉗陰陽之和，而迫性命之情，故終身為悲人。達至道者則不然，理情性，治心術，養以和，持以適，樂道而忘賤，安德而忘貧。性有不欲，無欲而不得；心有不樂，無樂而弗為。……今夫儒者，不本其所以欲，而禁其所欲；不原其所以樂，而閉其所樂。是猶決江河之源，而障之以手也。夫牧民者，猶畜禽獸也，不塞其囿垣，使有野心，系絆其足，以禁其動，而欲終身壽終，豈可得乎？夫顏回、季路、子夏、冉伯牛，孔子之通學也；然顏淵夭死，季路菹於衛，子夏失明，冉伯牛為厲，此皆迫性拂情，而不得其和也。故子夏見曾子，一臞一肥。曾子問其故，曰：『出見富貴之樂而欲之，入見先王之道又說之；兩者心戰，故臞。先王之道勝，故肥』。推此志，非不能貪富貴之位，不便侈靡之樂，直宜迫性閉欲，以義自防也。雖情心鬱殪，形性屈竭，猶不得已自強也，故莫能終其天年。若夫至人，量腹而食，度形而衣，容身而游，適情而行。餘天下而不貪，委萬物而不利，處大廓之宇，游無極之野。登太皇，馮太一，玩天地於掌握之中，夫豈為貧富肥臞哉？故儒者非能使人弗欲也，欲而能止之；非能使人弗樂也，樂而能禁之。夫使天下畏刑而不敢盜，豈若能使無有盜心哉」？

按：此均指小儒、小人儒、僞儒而言，非大儒、君子儒、眞儒之所爲也。眞儒、大儒、君子儒，則安貧樂道，無往而不自得也。

有關君子儒、大儒、眞儒之記載，不勝枚舉，下述孟荀二氏之言，最足道出儒家之眞精神：

荀子儒效篇：「孫卿子曰，儒者法先王，隆禮義，謹乎臣子，而致貴其上者也。人主用之，則勢在本朝而宜；不用，則退編百姓而愨，必爲順下矣。雖窮困凍餒，必不以邪道爲貪；無置錐之地，而明於持社稷之大義。嗚呼而莫之能應，然而通乎財萬物養百姓之經紀。勢在人上，則王公之材也；在人下，則社稷之臣，國君之寶也。雖隱於窮閻漏屋，人莫不貴之，道誠存也」。

孟子滕文公篇：「居天下之廣居，立天下之正位，行天下之大道。得志，與民由之；不得志，獨行其道。富貴不能淫，貧賤不能移，威武不能屈」。

自孔子孟子荀子等，發揚儒家精神，立此人格標準後，人生正義之價値，超越於經濟等勢力之上。服其教者，力爭人格，不爲經濟等勢力所屈服，此最有功於世道人心者。儒教眞義，則在於斯。不可以小人儒、僞儒、小儒之流弊而少之也。

× × ×

墨家訾議儒家特多，尤以非儒一篇爲甚；但類皆如墨子之所云：「吾亦是吾意，而非子之意」。非持平之論也。孔叢子詰墨篇辯之綦詳，有足參考，特節述如後：

墨子稱：「景公問晏子以孔子而不對。又問，三皆不對。公曰，以孔子語寡人者衆矣，俱以爲賢人。今問子而不對，何也？晏子曰，不可！夫儒浩居而自順，立命而怠事，崇喪遂哀，盛用繁禮，其道不可以治國，其學不可以導家。公曰，善！詰之曰：『卽如此言，晏子爲非儒惡禮，不欲崇喪遂哀也。察傳記，晏子之所行，未有以異於儒焉。又景公問所以爲政，晏子答以禮云，景公曰，禮其可以治乎？晏子曰，禮於政與天地並。此則未有以惡於禮也。晏桓子卒，晏嬰斬衰枕草，苴絰帶杖，菅菲食粥，居於倚廬，遂哀三年。此又未有以異於儒也。若能以口非之，而躬行之，晏子弗爲』。」

墨子曰：「孔子爲魯司寇，舍公家而奉季孫。詰之曰：『若以季孫爲相，司寇統焉，奉之自法也；若附意季孫，季孫旣受女樂，則孔子去之，季孫欲殺囚，則孔子赦之。非苟順之謂也』。」

墨子曰：「孔子戹於陳蔡之間，子路烹豚，孔子不問肉之所由來而食之。剝人之衣以沽酒，孔子不問酒之所由來而飲之。詰之曰：『所謂戹者，沽酒無處，藜羹不粒，乏食七日。若烹豚飲酒，則何言乎戹？斯不然矣！且子路爲人勇於見義，縱有酒豚，不以義不取之可知也。又何問焉』？」

墨子曰：「孔子相魯，齊景公患之，謂晏子曰，鄰有聖人，國之憂也！今孔子相魯，爲之若何？晏子對曰，君其勿憂！彼魯君弱主也，孔子聖相也，不如陰重孔子，欲以相齊，則必强諫魯君。魯君不聽，將適齊，君弗受，則孔子困矣。詰之曰：『按如此辭，則景公晏子，畏孔子之聖也。上乃云，非聖賢之行，上下相反，若晏子悖，可也；否則不然矣』！」

墨子曰：「孔子見景公，公曰，先生素不見晏子乎？對曰，晏子事三君而得順焉，是有三心，所以不見也。公告晏子，晏子曰，三君皆欲其國安，是以嬰得順也。聞君子獨立不慚於影，今孔子伐樹削迹，不自以爲辱。身窮陳蔡，不自以爲約，始吾望儒貴之，今則疑之。詰之曰：『若是乎，孔子晏子交相毀也；小人有之，君子則否！孔子曰，靈公汙，而晏子事之以潔；莊公怯，而晏子事之以勇；景公侈，而晏子事之以儉。晏子君子也。梁丘據問曰，晏子事三君而不同心，而俱順焉，仁人固多心乎？晏子曰，一心可以事百君，百心不可以事一君。故三君之心非一也，而嬰之心非三也。孔子聞之曰，小子記之，晏子以一心事三君，君子也。如此，則孔子譽晏子，非所謂毀而不見也。景公問晏子曰，若人之衆，則有孔子乎？對曰，孔子者，君子行有節者也。晏子又曰，盈成匡，父之孝子，兄之弟弟也。其父尚爲孔子門人，門人且以爲貴，則其師亦不賤矣。是則晏子亦譽孔子可知也。夫德之不修，己之罪也。不幸而屈於人，己之命也。伐樹削迹，絕糧七日，何約乎哉？若晏子以此而疑儒，則晏子亦不足賢矣』。」

× × ×

此外，漢書藝文志及太史公談論六家要旨，均對儒家有所評論，足供參考，亦引述如次：

漢志云：「儒家者流，蓋出於司徒之官，助人君順陰陽，明教化者也。遊文於六藝之中，留意於仁義之際，祖述堯舜，憲章文武，宗師仲尼，以重其言，於道爲最高。孔子曰，如有所譽，其有所試。唐虞之隆，殷周之盛，仲尼之業，已試之效者也。然惑者既失精微，而辟者又隨時抑揚，違離本道，苟以譁衆取寵。後進循之，是以五經乖析，儒學寖衰，此辟儒之患也」。

司馬談云：「儒者，博而寡要，勞而少功，是以其事難從。然其序君臣父子之禮，列夫婦長幼之別，不可易也」。

按：漢志所云，論頗持平，其謂儒家宗師仲尼，於道爲最高；且謂仲尼之業，已試之效者，蓋指大儒、眞儒、君子儒而言也。其所謂惑者、辟者，蓋指小儒、僞儒、小人儒而言也。司馬談所謂，博而寡要，勞而少功，蓋亦指拘泥章句等小儒而言；因儒家祖述堯舜，憲章文武，其對學術之貢獻殊多，不僅限於列君臣父子之禮，序夫婦長幼之別也。四庫提要云：「蓋儒如培補榮衛之藥，可以常餌」。柳翼謀中國文化史亦云：「孔子所學，首重曰成己成仁，曰克己，曰盡己。惟其以此爲重，故不暇及於外。其遇雖窮，其心自樂，人世名利，視之淡然，飯疏食飲水，曲肱而枕之，樂亦在其中矣。不義而富且貴，於我如浮雲」。均爲經驗之談，最足以道出儒家之眞精神者。故並引之，而爲本篇之結語。學者效法大儒、眞儒、君子儒，而以小儒、僞儒、小人儒、辟者、惑者，爲戒可也。

第二篇　道　家

第一章　道家學術述要

第一節　道家學術之起因

史記老子列傳：「老子修道德，其學以自隱無名爲務，居周久之，見周之衰，乃遂去。至關，關令尹喜曰：『子將隱矣，强爲我著書』。於是老子乃著書上下篇，言道德之意五千餘言而去，莫知其所終」。

蘇轍云：「老子生於衰周，文勝俗敝，將以無爲救之」。

成玄英莊子序：「莊子、姓莊，名周，字子休，宋國睢陽蒙縣人，師長桑公子，受號南華仙人。當戰國之初，降衰周之末，歎蒼生之業薄，傷道德之陵夷，乃慷慨發憤，爰著斯論」。

王先謙莊子集釋序：「莊子其有不得已於中乎？夫其遭世否塞，拯之末由，神彷徨乎馮閎，驗小大之無垠，究天地之終始。懼然而爲是言也。……此豈欲後之人行其言者哉？嫉時焉耳」！

梅伯言莊周論：「莊子乃不得於時者之所爲」。

按：以上均言老莊之學，受當時環境之影響。所謂「見周之衰」，「歎蒼生之業薄，傷道德之陵夷」。「遭世否塞，拯之末由」者，蓋指當時禮法制度崩潰，社會道德淪亡。三代以上之井田制度，與宗法道德，均破壞殆盡也。老莊目擊心傷，乃懼然而爲是言，亦猶孔孟懼而作春秋，闢邪說，放淫辭也。惟孔孟乃以積極之態度，力謀救世，知其不可爲，而仍盡心力而爲之。老莊則以消極之態度，以謀救世，希望從根本上祛除一切情慾與紛擾。以寧恬知足，求得安適；以清靜無爲，求得治道也。

孟子盡心篇：「楊子取爲我，拔一毛而利天下，不爲也」。

呂氏春秋不二篇：「陽生貴己」。

淮南子氾論訓：「全生保眞，不以物累形，楊子之所立也」。

按：所謂「爲我」「貴己」「全生保眞」，則異乎「爭城以戰，殺人盈城，爭地以戰，殺人盈野」。更不致因一朝之憤而忘其身。且其雖不拔一毛以利天下，亦不欲損天下以利一己。若人人能如此，則可無紛擾侵害之事生，而天下平矣。此種理想雖不易實現，但其爲當時環境所激而然，則與老莊如出一轍也。

淮南子要略：「文王之時，紂爲天子，賦斂無度，殺戮無止，康梁沈湎，宮中成市，作爲炮烙之刑。刳諫者，剔孕婦，天下同心而苦之。文王四世纍善，修德行義，處岐周之間，地方不過百里，天下二分歸之。文王欲以卑弱制强暴，以爲天下去殘除賊，而成王道，故太公之謀生焉」。

按：漢志，太公二百三十七篇，在道家。此亦言道家之學，受當時環境之影響也。

漢志云：「道家合於堯之克攘，易之嗛嗛，一謙而四益」。

阮籍通老論：「易謂之太極，春秋謂之元，老子謂之道」。

章學誠云：「老子說本陰陽，莊列寓言假象，易敎也」（文史通義詩敎上）。

按：此謂道家之學本於易經與陰陽。章炳麟諸子系統說云：「若以道家言之，其出於陰陽者，亦有數端可驗：一以列子天瑞驗之；二以列子力命驗之；三以列子湯問驗之」。「……所謂道家者，實陰陽家之變形也」。

莊子天下篇：「以本爲精，以物爲粗，以有積爲不足，澹然獨與神明居；古之道術有在於是者，關尹老聃，聞其風而悅之」。「芴漠無形，變化無常，死與生與？天地並與？神明往與？芒乎何之？忽乎何適？萬物畢羅，莫足以歸；古之道術有在於是者，莊子聞其風而說之」。

漢志云：「道家者流，蓋出於史官」。

按：此言道家學說，原於古之道術與王官者。魏源論老子云：「老子道太古道，書太古書也。曷徵乎？徵諸柱下史也。國史掌三皇五帝之書，故左史在楚，能讀墳索。尼山適周，亦問老聃。今老子書谷神不死章，列子引爲黃帝書。而或以五千言皆容氏書，至經中稱『古之所謂』，稱『建言有之』，稱『聖人云』，稱『用兵有言』，故班氏謂道家出古史官。莊周亦謂古之道術有在於是者，關尹老聃聞其風而悅之。斯述而不作之明徵哉」！

說苑云：「常樅有疾，老子往問焉，曰：『先生疾甚矣！無遺敎可以語諸弟子者乎』？常樅曰：「

『子雖不問，吾將語之！過故鄉而下車，子知之乎』？老子曰：『非謂其不忘故邪』？曰：『嘻！是矣。過喬木而趨，子知之乎』？老子曰：『非謂敬其老邪』？曰：『嘻！是矣』。張其口而示老子曰：『吾舌尚存乎』？老子曰：『存』！『吾齒尚存乎』？老子曰：『亡』！常樅曰：『子知之乎』？老子曰：『舌之存也，豈非以其柔邪？齒之亡也，豈非以其剛邪』？常樅曰：『嘻！是已，天下之事已盡矣，無以復語子矣』！」常樅蓋亦古之有道之士，故老聃而往問焉。惟此事尚有異議，姑存此說。

韓昌黎送王塤序：「吾嘗以爲孔子之道，大而能博，門弟子不能徧觀而盡識也，故學焉而皆得其性之所近。其後離散，分處諸侯之國，又各以所能授弟子，源遠而末益分。蓋子夏之學，其後有田子方；子方之後，流而爲莊周。故周之書喜稱子方之爲人」。

按：此言莊子之學，亦自儒家而出。故論者謂「莊子其辭則道，其旨則儒」也。

第二節　老子之中心思想

史記老子列傳：「老子者，楚苦縣厲鄉曲仁里人也。名耳，字聃，姓李氏。周守藏之史也。……老子修道德，其學以自隱無名爲務。老子所貴道，虛無因應，變化於無窮」。

莊子云：「關尹老聃，建之以常無有，主之以太一，以虛弱謙下爲表，以空虛不毀萬物爲實」。

漢志云：「清虛以自守，卑弱以自持」。

按：此均以虛無因應，卑弱謙下，爲老子之中心思想。司馬談論道家，謂：「其術以虛無爲本，以因應爲用」。朱子說史贊亦云：「道家之說，最要這因！萬件事且因來做；虛無是體，因應是用，因而應之義云爾」。此均又以老子之道，分爲體用二者；以虛無爲體，以因應爲用。是最能道出老子學說重心者。老子集道家學說之大成，而其學說重心，則不外以上所述。玆爲便於研習起見，亦將老子學說分爲體用二者，擇要引述：

一、道體

老子第二十五章：「有物混成，先天地生，寂兮寥兮，獨立不改，周行而不殆，可以爲天下母。吾不知其名，字之曰道，强爲之名曰大；大曰逝；逝曰遠；遠曰反。故道大，天大，地大，王亦大。域中有四大，而王居其一焉。人法地，地法天，天法道，道法自然」。

按：此言道之本體，生於萬物之先，而本於自然。

第十四章：「視之不見名曰夷，聽之不聞名曰希，搏之不得名曰微。此三者，不可致詰。故混而爲一。其上不皦，其下不昧，繩繩不可名復歸於無物。是謂無狀之狀，無物之象，是謂惚恍。迎之不見其首，隨之不見其後，執古之道，以御今之有，能知古始，是謂道紀」。

按：此言道本自然，無名字，亦無形無聲。

第四十二章：「道生一，一生二，二生三，三生萬物。萬物負陰而抱陽，沖氣以爲和」。

按：此明示道之現象。

第五十一章：「道生之，德畜之，物形之，勢成之；是以萬物莫不尊道而貴德。道之尊，德之貴，夫莫之命而常自然。故道生之，德畜之，長之，育之，亭之，毒之，蓋之，覆之。生而不有，爲而不恃，長而不宰，是謂元德」。

第十五章：「古之善爲士者，微妙元通，深不可識；夫惟不可識，故强爲之容，豫焉若冬涉川，猶兮若畏四鄰，儼兮其若容，渙兮若氷之將釋。敦兮其若樸，曠兮其若谷，混兮其若濁。孰能濁以靜之徐淸？孰能安以久動之徐生？保此道者，不欲盈；夫惟不盈，故能蔽不新成」。

按：此言修德學道之象徵。

第十六章：「致虛極，守靜篤，萬物並作，吾以觀復。夫物芸芸，各復歸其根；歸根曰靜，是謂復命；復命曰常，知常曰明；不知常，妄作凶。知常容；容乃公，公乃王，王乃天，天乃道，道乃久，沒身不殆」。

按：此言體道之功夫。

二、道　用

老子第五十四章：「善建者不拔，善抱者不脫。子孫以祭祀不輟。修之於身，其德乃眞；修之於家，其德乃餘；修之於鄉，其德乃長；修之於國，其德乃豐；修之於天下，其德乃普。故以身觀身，以家觀家，以鄉觀鄉，以國觀國，以天下觀天下。吾何以知天下之然哉？以此」！

按：此言由身家以至鄉國天下，壹是皆以修德爲本。

第七章：「天長地久；天地所以能長且久者，以其不自生（不自生，卽不自私。），故能長生。是以聖人後其身而身先；外其身而身存。非以其無私邪？故能成其私」。

按：此言修己以無私爲主。

第十三章：「寵辱若驚，貴大患若身。何謂寵辱若驚？寵爲下，得之若驚，失之若驚，是謂寵辱若驚。何謂貴大患若身？吾所以有大患者，爲吾有身，及吾無身，吾有何患？故貴以身爲天下，若可寄天下。愛以身爲天下，若可託天下。」

按：此言人之所以有大慼者，爲吾有身。無身卽無私。苟能無私，則視富貴如浮雲，歷患難如坦途矣。

第三十四章：「以其終不自大，故能成其大」。

第六十六章：「以其不爭，故天下莫能與之爭」。

第七十五章：「夫唯無以生爲者，是賢於貴生」。

按：此言相反相成之理。

第四十四章：「名與身孰親？身與貨孰多？得與亡孰病？是故甚愛必大費，多藏必厚亡。知足不辱，知止不殆，可以長久」。

按：此言名貨與身相較，應貴愛其身，而輕視名貨。故云：「不貴難得之貨」。

第三十七章：「無名之樸，夫亦將無欲；不欲以靜，天下將自定」。

第五十七章：「我無欲，而民自樸」！

按：此言無欲之可貴，夫不尚名貨者，其中必一無所欲也。

第十章：「專氣致柔，能嬰兒乎」？

第二十章：「衆人熙熙，如享太牢，如登春臺；我獨泊兮其未兆，如嬰兒之未孩」。

第二十八章：「知其雄，守其雌，爲天下谿；爲天下谿，常德不離，復歸於嬰兒」。

第五十五章：「含德之厚，比於赤子」。

按：此言修己者，當同乎嬰兒之無知。嬰兒不用知，但合乎自然之知。

第五十六章：「知者不言，言者不知」。

第七十一章：「知不知上，不知知病。夫惟病病，是以不病。聖人不病，以其病病，是以不病」。

按：此言知而不知之義。於此可見老子所云「絕聖棄知」，「絕學無憂」，皆本有知而無知，非純粹絕而棄之也。故曰：「自知不自見，自愛不自貴」。惟其不自見故明，不自是故彰，不自伐故有功，不自矜故長。

第五十章：「蓋聞善攝生者，陸行不遇兕虎，入軍不被甲兵；兕無所投其角，虎無所措其爪，兵無所容其刃。夫何故？以其無死地」。

按：此言無生爲生之義，無生則無死也。

第七十六章：「故堅强者，死之徒；柔弱者，生之徒」。

第五十九章：「治人事天莫如嗇（愛其精神，嗇其知識。）；夫唯嗇，是謂早服；早服謂之重積德；重積德則無不克；無不克則莫知其極；莫知其極可以有國。有國之母，可以長久。是謂深根固柢長生久視之道」。

按：「老聃貴柔」，其所以柔弱自守，而無以生爲者，則在於嗇。此言修養之學也。

以上均爲老子言修己之道。

第六十章：「治大國，若烹小鮮」。

第四十章：「取天下，常以無事，及其有事，不足以取天下」。

第五十七章：「天下多忌諱，而民彌貧；民多利器，國家滋昏；人多伎巧，奇物滋起；法令滋彰，盜賊多有。故聖人云：『我無爲，而民自化，我好靜，而民自正，我無事，而民自富，我無欲，而民自樸』。」

按：此言治大國，須若烹小鮮。好靜、無事、無欲，皆係無爲而治。

第三章：「不尚賢，使民不爭；不貴難得之貨，使民不爲盜；不見可欲，使民心不亂。是以聖人之治，虛其心，實其腹，弱其志，彊其骨，常使民無知無欲。使夫知者不敢爲也。爲無爲，則無不治」。

第十九章：「絕聖棄知，民利百倍；絕仁棄義，民復孝慈；絕巧棄利，盜賊無有。此三者以爲文不足，故令有所屬。見素抱樸，少私寡欲」。

按：此言化民之道，在使無知無欲，深戒爲民上者，多欲而好知。必爲無爲，而國方可治也。

第六十五章：「古之善爲道者，非以明民，將以愚之。民之難治，以其智多。故以智治國，國之賊；不以智治國，國之福」。

按：此言所以使民無智之原因，亦後世所以譏爲愚民政策也。

第六十一章：「故大國以下小國，則取小國；小國以下大國，則取大國。故或下以取，或下而取。大國不過欲兼畜人，小國不過欲入事人，夫兩者各得其所欲，故大者宜爲下」。

按：此言治之道，在能下人。所謂：「其君能下人，必能信用其民也」。

第四十六章：「天下有道，卻走馬以糞。天下無道，戎馬生於郊。禍莫大於不知足，咎莫大於欲得。故知足之足，常足矣」。

按：此章言兵禍生於不知足。非特兵禍爲然，人之一切憂患，均起於不知足也。

第三十章：「以道佐人主者，不以兵強天下。其事好還，師之所處，荆棘生焉。大軍之後，必有凶年。善有果而已，不敢以取强。果而勿矜，果而勿伐，果而勿驕，果而不得已，果而勿强。物壯則老，是謂不道，不道早已」。

按：此言用兵之道，不恃力而爭强。

第六十八章：「善爲士者不武，善戰者不怒，善勝敵者不與，善用人者爲之下。是謂不爭之德，是謂用人之力，是謂配天古之極」。

按：此言與人無爭，而能用人之力，是天之道。

第六十九章：「用兵有言，吾不敢爲主而爲客，不敢進寸而退尺。是謂行無行，攘無臂，扔無敵，執無兵。禍莫大於輕敵，輕敵幾喪吾寶。故抗兵相加，哀者勝矣」。

按：此言用兵之道。所謂不敢爲天下先者，亦其用心之慈也。

第三十一章：「夫佳兵者，不祥之器，物或惡之，故有道者不處。君子居則貴左，用兵則貴右。兵者不祥之器，非君子之器，不得已而用之。……殺人之衆，以哀悲泣之，戰勝以喪禮處之」。

按：此言有道者不好兵，即不得已而用之，亦非樂於殺人，必臨之以悲哀，葬之以喪禮，以保持慈謙不爭之德。

第三十六章：「將欲歙之，必固張之；將欲弱之，必固强之；將欲廢之，必固與之；將欲奪之，必固與之。是謂微明。柔弱勝剛强，魚不可脫於淵；國之利器，不可以示人」。

按：此爲後世訾議老子貌慈心忍，陽弱陰强，權詐之論據。

第八十章：「小國寡民，使有什伯之器而不用，使民重死而不遠徙。雖有舟輿，無所乘之；雖有甲兵，無所陳之。使人復結繩而用之。甘其食，美其服，安其居，樂其俗。鄰國相望，雞犬之聲相聞。民至老死不相往來」。

按：此爲老子自言其理想中小國寡民之國家社會也。

以上老子言治人用兵之道，均不脫離以「虛無爲本，因應爲用」之原則也。

第三節　莊子之中心思想

莊子名周，蒙人，嘗爲蒙漆園吏，與梁惠王同時，其學無所不闚，然其要本歸於老子之言。其著書十餘萬言，大抵皆寓言，洸洋自恣以適己。寧游戲汚瀆之中，不願爲有國者所羈，終身不仕。

莊子天地篇：「無爲爲之之謂天」。

秋水篇：「牛馬四足，是謂天；絡馬首，穿牛鼻，是謂人」。「無以人滅天」。

駢拇篇：「是故鳧頸雖短，續之則憂；鶴頸雖長，斷之則悲。故性長非所斷，性短非所續」。

按：順自然，黜人爲，爲莊子之主要思想。其所謂天，卽自然。上所引述，均謂無以人爲損害自然也。

馬蹄篇：「故至德之世，其行塡塡，其視顚顚。當是時也，山無蹊隧，澤無舟梁。萬物羣生，連屬其鄉。禽獸成羣，草木遂長。是故禽獸可係羈而遊，鳥鵲之巢可攀援而闚。夫至德之世，國與禽獸居，族與萬物並，惡乎知君子小人哉？同乎無知，其德不離。同乎無欲，是謂素樸；素樸而民性得矣」！

應帝王篇：「汝游心於淡，合氣於漠，順物自然，而無容私焉，而天下治矣」！

按：莊子一切以順自然爲主，故既不贊同儒家與法家之禮法社會，亦不主張老子之愚民政治。其理想中之社會，一切順乎自然，不容有私心存乎其間。此種政治理想，視諸老子之小國寡民，更進一層。惟在人口日增，事爲逐漸複雜之社會，要達到此種理想，殊不可能。此荀子所以譏其蔽於天而不知人歟？

觀上所述，可以想見莊子學術思想之梗概。其所著書，雖大抵皆寓言，而以放論出之；要其本則均歸之於自然也。

第四節　楊朱之中心思想

楊朱與墨翟並稱，在當時其學術同爲世所重視可知。但其本身之著述不傳於後，亦無弟子爲之傳其學說者，故其具體思想，難以盡知。惟在下列各書記載中，亦可略見其梗概：

孟子盡心篇：「楊子取爲我，拔一毛而利天下不爲也」。

淮南子氾論訓：「全生保眞，不以物累形，楊子之所立也」。

呂氏春秋不二篇：「楊生貴己」。

列子楊朱篇：「楊朱曰：太古之事滅矣，孰誌之哉？……但伏羲以來，三千餘歲，賢愚好醜，成敗是非，無不消滅，但遲速之間耳！矜一時之毀譽，以焦苦其神形，要死後數百年中餘名，豈足潤枯骨？何生之樂哉」！

「楊朱曰：生民之不得休息，爲四事故：一爲壽，二爲名，三爲位，四爲貨。有此四者，畏鬼畏人，畏威畏刑，此謂之遁人也。可殺可活，制命在外。不逆命，何羨壽？不矜貴，何羨名？不要勢，何羨位？不貪富，何羨貨？此之謂順民也」。

「楊朱曰：忠不足以安君，適足以危身；義不足以利物，適足以害生；安上不由於忠，而忠名滅焉；利物不由於義，而義名絕焉。君臣皆安，物我兼利，古之道也。鬻子曰：『去名者無憂』。老子曰：『名者實之賓』。而悠悠者趨名不已，名固不可去，名固不可賓邪。今有名則尊榮，亡名則卑辱。尊榮則逸樂，卑弱則憂苦。憂苦、犯性者也，逸樂、順性者也。斯實之所係矣。名胡可去？名胡可賓？但惡夫守名而累實；守名而累實，將恤危亡之不救，豈徒逸樂憂苦之間哉」？

「楊朱曰：百年壽之大齊，得百年者，千無一焉。設有一者，孩抱以逮昏老，幾居其半矣。夜眠之所弭，晝覺之所遺，又幾居其半矣。……遑遑爾競一時之虛譽，規後世之餘榮。偊偊爾慎耳目之觀聽，惜身後之是非。徒失當年之至樂，不能自肆於一時。重囚纍梏，何以異哉」？「有生之最靈者人也，人者爪牙不足以供守衛，肌膚不足以自捍衛，趨走不足以逃利害。無羽毛以禦寒暑，必將資物以為養性，任智而不恃力。故智之所貴，存我為貴；力之所賤，侵物為賤」。「古之人損一毫利天下不與也；悉天下奉一身，不取也。人人不損一毫，人人不利天下，天下治矣」

按：觀以上所述，可知楊朱確為自適其適之絕對利我享樂主義者。列子一書，雖為後人假託，但上述記載，均係為我之說，足以為孟子所說楊子為我之參證。惟其所謂「智之所貴，存我為貴；力之所賤，侵物為賤」。「古之人損一毫利天下不與也；悉天下奉一身，不取也」。則雖為我，而不損人；雖自適而不自私。其目的在「人人不損一毫，人人不利天下，天下治矣」。

近人陳三立讀列子曰：「吾讀列子，恣睢誕肆，過莊周。然其辭雋，而其於義也狹，非莊子倫比。

篇中數稱楊朱，既爲楊朱篇，又終始一趣，不殊楊朱貴身任生之旨。其諸楊朱之徒爲之歟？世言戰國衰滅，楊與墨俱絕。然以觀漢世所有道家楊王孫之倫，皆厚自奉養。魏晉淸談興，益務藐天下，遺萬物，適己自恣。偸一身之便，一用楊朱之術之效也。而世乃以薮之列子云」。宋濂諸子辯亦謂：「疑即古楊朱書其未亡者，勦附於此」。是列子一書，非楊朱書之未亡者，即楊朱之徒爲之者。故本篇不敍列子，而論楊朱。

莊子駢拇篇：「駢於辯者，纍瓦結繩，竄句遊心於堅白同異之間，而敝跬譽無用之言，非乎？而楊朱是已」！

按：根據莊子此言，楊朱亦係當時之辯者。

孟子滕文公篇：「楊朱墨翟之言盈天下，天下之言，不歸楊，則歸墨」。「楊墨之言不息，孔子之道不著」。

按：根據孟子此言，楊朱不但是辯者，而其學說，且曾煊赫於當時，足與儒墨抗衡也。

第二章　先秦諸子對道家之訾議

第一節　對老子之訾議

荀子天論篇：「老子有見於詘，無見於信……有詘而無信，則貴賤不分」。

按：老子著書五千言，其意多以屈爲伸，以柔勝剛。故荀子謂其見詘而不見信也。貴者伸而賤者詘，則分別矣。若皆貴柔弱卑下，則無貴賤之別也。

第二節　對莊子之訾議

荀子解蔽篇：「莊子蔽於天，而不知人。……由天爲之，道盡因矣」。

按：莊子主張任天道之自然，視一切仁義之說，禮樂刑賞，均係攖人之心，違乎天道之自然者；其言曰：「且物之不勝天久矣，我又何惡焉」？「今一以天地爲大鑪，以造化爲大冶，惡乎往而不可哉」？「不以人助天，是之謂眞人」。「無爲爲之謂之天」。一切順自然，所謂「我不爲主而爲客」。荀子則重人爲，主張人定勝天，與莊子之說相反，所以譏其蔽於天而不知人也。所謂由天爲之，道盡因者；蓋謂如一切聽自然而不主動，則凡事均爲被動，而盡因矣。

第三節　對楊朱之呰議

孟子滕文公篇：「楊朱墨翟之言盈天下，天下之言，不歸楊，則歸墨。楊子爲我，是無君也，墨子兼愛，是無父也，無父無君，是禽獸也。……吾爲此懼，閑先王之道，距楊墨，放淫辭。邪說者不得作，作於其心害於其事；作於其事，害於其政」。「楊子爲我，拔一毛而利天下不爲也」。

按：集道家之大成者，爲老子。孟子何以不距老子而距楊朱？蓋老子以自隱無名爲務，故孟子呰議道家，未涉及老子也。惟陳澧東塾讀書記則謂：「楊朱、老子弟子，距楊朱，即距道家也」。此亦可謂就道家支流言之，非所以論於道家中心思想也。

韓非子顯學篇：「今有人於此，義不入危城，不處軍旅，不以天下大利易其脛一毛。世主必從而禮之，貴其知而高其行，以爲輕物重生之士也。夫上所以陳良田大宅，設爵祿，所以易民死命也；今上尊貴輕物重生之士，而索民之出死而重殉上事，不可得也」。

按：此亦係針對楊朱貴生之說而言者。

管子立政篇：「全生之說勝，則廉恥不立。長盧之言，天積氣，地積塊，天地不得不壞」。

按：全生爲道家持身之術，管子雖亦被稱爲道家者流，但其主張富國強兵，而尤倡導禮義廉恥，故深恐全生之說勝，其流弊影響農戰政策也。

第四節　對道家一般之呰議

荀子非十二子篇：「假今之世，飾邪說，文姦言，以梟亂天下，矞宇嵬瑣（矞宇、謂譎詭而誇誕。嵬瑣、謂委曲瑣細），使天下混然，不知是非治亂之所存者，有人矣。縱性情，安恣睢，禽獸行，不足以合文通治。然而其持之有故，其言之成理，是它囂魏牟也」。

按：它囂、無考，似係楊朱之徒。魏牟、有書在漢書藝文志道家，孫詒讓則以爲即孟子書之子莫，孟子告子篇，子莫執中無權。其持論不拘一隅，於爲我兼愛兩無所取。於儒家時中之道，亦舛馳不合。當時與楊墨相提並論，有鼎足而三之勢。荀子以它囂與魏牟並舉，蓋均係道家者流。

列子天瑞篇：「言天地壞者亦謬，言天地不壞者亦謬」。

按：列子一書，雖係後人假託，但亦係道家之言。此爲道家者流，自相訾議者。

第三章 對訾議道家之平議

第一節 對訾議老子之平議

先秦諸子對老子訾議者無多，先秦而後之學者，則對老子頗多論評。茲擇要引述：

韓愈原道：「老子之小仁義，非毀之也，其見者小也；坐井而觀天，曰天小者，非天小也。彼以煦煦爲仁，孑孑爲義，其小之也亦宜，其所謂道，道其所道，非吾所謂道也；其所謂德，德其所德，非吾所謂德也。凡吾所謂道德云者，合仁與義言之也，天下之公言也；老子之所謂道德云者，去仁與義言之也，一人之私言也。……古之時，人之害多矣，有聖人者立，然後敎之相生相養之道，……今其言曰：『聖人不死，大盜不止，剖斗折衡，而民不爭』。嗚呼！其亦不思而已矣，如古之無聖人，人之類滅久矣！何也？無羽毛鱗介以居寒熱也，無爪牙以爭食也。是故君者，出令者也；臣者，行君之令，而致之民者也；民者，出粟米麻絲，作器皿，通貨財，以事其上者也。君不出令，則失其所以爲君；臣不行君之令，而致之民，民不出粟米麻絲，作器皿，通貨財，以事其上，則誅。今其法曰，必棄而君臣，去而父子，禁而相生養之道，以求其所謂清淨寂滅者。嗚呼！其亦幸而出於三代之後，不見黜於禹湯文武周公孔子也。其亦不幸而不出於三代之前，不見正於禹湯文武周公孔子也」。

按：秦漢而後之學者攻擊老子者，以韓愈爲最甚。蓋孟子距楊墨，韓愈闢佛老，均以衛道爲己任，自感其任之重，故不覺其言之激也。惟其所謂：「其所謂道，道其所道，非吾所謂道也」。亦爲道不同不相謀耳。

曾文正云：「吳子序言『聖人言保國保天下，老氏言取國取天下。吾道只自守，老氏有殺機』云云，其義甚精，好學深思，子序不愧」（國藩日記品藻）！

清魏源云：「老子與儒合乎？曰否！天地之道，一陰一陽，而儒者之道，恆以扶陽抑陰爲事，其學無欲則剛。是以乾道純陽，剛健中正，而後足以綱維三才，主張皇極。老子主柔賓剛，而取牝取雌，取母取水之善下。其體用皆出乎陰。陰之道雖柔，而其機則殺。故學之善者，則清靜慈祥；不善者，則深刻堅忍，而兵謀權術宗之。雖非其本眞，而勢亦所必至也」。

按：此言老學之體用，純主乎陰，其弊所及，釀成殺機。

蘇軾韓非論：「聖人之所以惡夫異端，盡力而排之者，非異端之能亂天下，而天下之亂所由出也。昔周之衰，有老聃莊周列禦寇之徒，更爲虛無淡泊之言，而治其猖狂浮游之說，紛紜顚倒，而卒歸於無有。由其道者，蕩然莫得其當，是以忘乎富貴之樂，而齊乎死生之分。此不得志於天下，高世遠舉之人，所以放心而無憂。雖非聖人之道，而其用意，亦無惡於天下。自老聃之死百餘年，有商鞅韓非，著書言治天下無若刑名之賢。及秦用之，終於勝廣之亂。教化不足，而法有餘，秦以不祀，而天下被其毒。後世之學者，知申韓之罪，而不知老聃莊周之使然。何者？仁義之道，起於夫婦父子兄弟相愛之間，而禮法刑政之原，出於君臣上下相忌之際。相愛則有所不忍，相忌則有所不敢。不敢與不忍之心合，而聖人之道，得存乎其中。今老聃莊周，論君臣父子之間，汎汎乎若萍游於江湖而適相値也。夫是以父不足愛，而君不足忌。不忌其君，不愛其父，則仁不足以懷，義不足以勸，禮樂不足以化。此四者皆不足用，而欲置天下於無有。夫無有，豈誠足以治天下哉？商鞅韓非，求爲其說而不得，得其所以輕天下而齊萬物之術，是以敢爲殘忍而無疑。……太史遷曰：『申子卑卑，施於名實，韓子引繩墨，切事情，明是非，其極慘礉少恩，皆原於道德之意』。嘗讀而思之，事固有不相謀而相感者，老莊之後，其禍爲申韓」。

按：此言申韓之罪，由老莊使然，與曾魏二氏所云老學之體用純主乎陰，其弊所及釀成殺機之意見相同。

以上均爲不滿意老子學說者。

× × ×

袁昶老子本義跋：「袁公師作勸學篇，極詆老子，意謂此後世張禹孔光胡廣馮道之徒所託足。陽盜仁人之名，而陰實賊亂天下。俾道揆法守，隳壞於冥冥之中，故疾之已甚耳。孔子惡鄉愿，然鄉愿之曲學阿世，上之如李斯，公孫宏，或荀卿之叛徒，或自詭於儒術，其始皆有所挾。下之若近世不學無術和光同塵之鄉愿，唯阿浮湛害世教。當入之佞幸傳中，皆不得自託於老。老子正言若反，以正治國，以奇用兵，以深根寧極爲體，以藏器待時爲用。雖異於六藝正學乎，然誼指深遠，莫有能得其懸解者。劉知幾僞河上公注其傳者，若嚴君平王弼傅奕之徒，皆無由覩其深。古今心知其意者，史公評論六家要旨，蘭臺敍次道家者流，寥寥數言耳。……老子之道，常居陰而治陽，處靜而觀動，養晦而治明，體柔以御剛，與莊列之深練神明彰搖出世者，指絕殊異。故曰，人君南面之術也」。

按：此極推崇老子之道，謂其居陰治陽，處靜觀動，養晦治明，體柔御剛，爲人君南面之術。與太史公談所論略同。

王闓運老子注序：「班固曰，道家者流，其原出於史官，其傳書莫著於老子。觀其詞意，務欲勝民久國，治人用道，故尙淸靜，持三寶，名爲無爲，而無不爲，非世所云，出世之眞人也。聖人不患無位，德充而應帝王，初無汲汲於世之心。老子何其勤勤憂世之深乎？蓋職在例治，雖有庸主，猶欲其善政。非若孔子，但論道以待沽，見不行則接淅也。莊子論列諸家，歎聃博大，而其書則從容紆徐，不與老子同發。自漢以來，並稱老莊，謬矣！然而聖不世出，世必有主，主者率中人上下，無知聖之材，則多用老子言，取其卑之無高論。或又不足知老子，則流爲申韓。要之皆當位行政，不暇迂闊，往往厭儒生。而儒生見其務行趨時，非薄禮法，指其徒爲名法家，又震於聃名傳而不死，則比之黃帝，以爲神仙家。自三代以後，在位者用道，無位者貴儒。在位者不著書，故儒者言益繇，輒曰，老子無禮人也，不可以治。或曰，世外玄虛，足以養生。嗟夫！豎儒尙自不知孔子，何由知老子哉？雖讀其書，莫有知其意之悲也。彼且不得已而論用兵，豈敢棄禮乎」？

按：此言老子勤勤憂世，非如所云出世眞人，或不死之神仙家。並主得老子之意，以救末世之亂，而不同情儒家對老子之訾議也。

方苞書老子傳後亦謂：「太史公傳老子，著其國焉，著其邑焉，著其鄉焉，著其里焉，此外無有也。著其氏焉，著其名焉，著其字焉，著其謚焉，著其官守焉，此外無有也。著其子焉，著其孫，著其孫之元來焉。於其子孫元來，仍著其爵焉，著其仕之時與國焉，著其家之地焉，此外無有也。蓋世傳老子多幻奇荒怪之迹，故特詳之，以見其生也有國邑鄉里名字。其仕也，有官守，其終有謚。其身雖隱，而子孫世有封爵里居。則衆說之誕，不辨而自熄矣」。

柳詒徵中國文化史：「老子之書，專說對待之理；如美惡善不善，有無難易。……老子所謂愚民，與後世所謂愚民不同；蓋如秦始皇之焚書坑儒以愚民，祇爲固其子孫帝王之業起見，非欲使天下之人，咸捐其小智私欲，而同見此甚精甚眞甚信之本原。老子所謂愚民，則欲民愚於人世之小智私欲，而智於此眞精之道，返本還原，以至大順。故以後世愚民之術，歸咎於老子者固非；但知老子主張破壞一切，不知老子欲人人從根本上用功者，亦絕不知老子之學也」。老子病世人之競爭於外，而不反求於內也，於是敎人無爲。其敎人以無爲，非謂絕無所爲也，掃除一切人類後起之知識情欲，然後可從根本用功。故曰：『爲學日益，爲道日損，損之又損，以至於無爲』。其下卽承之曰：『無爲而無不爲……』。其後凡一切不事事，及以陰柔處世，概託爲黃老之學，使知管子與老子學術相同，則一方面無爲，一方面有爲，正合於無爲而無不爲之說。而怠惰苟安者，將無所容其喙矣」。

按：老子所謂愚民，頗爲一般人所詬病；而其所主張之無爲，亦爲一般人所誤解。柳氏此說，不但有功於老子，亦有助於後世之學者。

蘇轍亦謂：「老子生於衰周，文勝俗弊，將以無爲救之，故言所志，願得小國寡民以試焉，而不可得耳」！亦係爲老子辯護者。

以上均爲同情老子者。

× × ×

揚子法言問道篇：「老子之言道德，吾有取焉耳；及搥提仁義，絕滅禮樂，吾無取焉耳」。

清魏源論老子：「嗚呼！道一而已，老氏出而二，諸子百家出而且百。天下果有不一之道乎？老氏徒惟關尹具體而微，無得而稱焉。傳之列禦寇、楊朱、莊周，爲虛無之學，爲爲我之學，爲放曠之學。列子虛無，釋氏近之，然性沖恬邃，未嘗貴我賤物，自高詆聖，誣愚自足，固亦無惡天下。楊朱而刑名宗之，莊周而晉人宗之。入主出奴，罔外二派。夫楊子爲我，宗無爲也；莊子放蕩，宗自然也。豈自然不可治身？無爲不可治天下哉？老子之自然，從虛極靜篤中，得其體之至嚴至密者以爲本，欲靜不欲躁，欲重不欲輕，欲嗇不欲豐。容勝苛，畏勝肆，要勝煩，故於事恆因而不倡，迫而後動，不先事而爲。夫是之謂自然也。豈滉蕩爲自然乎？其無爲治天下，非治之而不治，乃不治以治之也。功惟不居故不去，名惟不爭故莫爭。圖難於易，故終無難。不貴難得之貨，而非棄有用於地也。兵不得已而用之，未嘗不用兵也。去甚去奢去泰，非並常事去之也。治大國若烹小鮮，但不傷之，卽所保全之也。以退爲進，以勝爲不美，以無用爲用，孰謂無爲不足以治天下乎？老子言絕仁棄義，而不忍不敢，意未嘗不行其間。莊周乃以徜徉玩世，薄勢利，遂訶帝王。厭禮法，則盜聖人。至於魏晉之士，其無欲又不及周，且不知無為治天下者果如何也？意糠粃一切，拱手不事事而治乎？卒之王綱解紐，而萬事瓦裂，刑名者流，因欲督責行之，萬物一付諸法，而已得清靜而治。於是不禁己欲，而禁人之欲；不勇於不敢，而勇於敢；不忍於不忍，而忍於忍。煦煦孑孑之仁義退，而涼薄之道德進，豈盡老子道乎？豈盡非老子道乎？黃老靜觀萬物之變，而得其闔闢之樞，惟逆而忍之，靜勝動，牝勝牡，柔勝剛，欲上先下，知雄守雌，外其身而身存，無私故能成其私。所謂反者道之動，弱者道之用也。後人以急功利之心，求無欲之體不可得，而徒得其相反之機，以乘其心之過不及，欲不偏不弊得乎？老子兢兢乎不敢先人，不忍傷人；而學者徒得其過高過激。樂其易簡直捷，而內實決裂以從己。則所見之乖謬使然也。莊子天下篇自命天人，而處眞人至人之上。韓非解老，而又斥恬淡之學，恍惚之言，為無用之教，豈斤斤守老氏學者哉」？

按：此言老子所謂自然無為之眞諦，實足以以之治天下。而列子楊朱莊周等，學焉而得其偏，流為虛無、為我、放曠之學。終至魏晉而後，不知無為治天下者為何物，以至流弊百出。此為探本持平之論，非甚精研老莊之學，而有特殊心得者，不能道也。

以上均言老學本身，確有所長，惟其流弊所及，亦足以影響國家社會者。此類折衷評論，較為客觀也。

第二節　對訾議莊子之平議

王坦之廢莊論：「荀卿稱莊子『蔽於天而不知人』。揚雄亦曰：『莊周放蕩而不法』。何晏云：『鬻莊軀，放元虛，而不周乎時變』。三賢之言，遠有當乎！夫獨構之唱，唱虛而莫和；無感之作，義偏而用寡。動人由於兼忘，應物在乎無心。孔父非不體遠，以體遠故近用。顏子豈不具德，以德備故膺教。胡為其然哉？不獲已而然也。……若夫莊生者，望大廷而撫契，仰彌高於不足。寄積想於三篇，恨我之懷未盡。其言詭譎，其義恢誕。君子內應，從我游方之外。衆人藉之，以為弊薄之資。然則天下之善人少，不善人多，莊生之利天下也少，害天下也多。故曰：『魯酒薄而邯鄲圍，莊生作而風俗頹』。禮與浮雲俱征，偽與利蕩並肆。人以克己為恥，士以無措為通。時無履德之譽，俗有蹈義之愆。縣語賞罰，不可以造次。屢稱無為，不可與適變。雖可用於天下，不足以用天下人。昔漢陰丈人修渾沌之術，孔子以為識其一不識其二。莊生之道，無乃類乎？與夫如愚之契，何殊間哉？若夫利而不害，天之道也。為而不爭，聖之德也。羣方所資，而莫知誰氏。在儒而非儒，非道而有道。彌貫九流，玄同彼我。萬物用之而不既，亹亹日新而不朽。昔吾孔老，固已言之矣」。

按：此言風俗之頹，由於莊子。若莊子之言，則時無履德之譽，俗有蹈義之愆。雖可用於天下，不足以用天下人。其利天下也少，害天下也多。

宋濂諸子辯：「莊子十卷……其書本老子，其學無所不窺，其文辭汪洋凌厲，若乘日月，騎風雲，下上星辰，而莫測其所之，誠有未易及者。然所見過高，雖聖帝經天緯地之大業，曾不滿其一哂。蓋彷彿所謂古之狂者……不幸其書甚傳，世之樂放肆而憚拘檢者，莫不指周以藉口。遂至禮義陵遲，彝倫斁敗。卒踣人之家國，不亦悲乎」？

按：此爲評論莊周所見過高，彷彿古之狂者。世之樂放肆而憚拘檢者，均指周以爲藉口。是亦同意荀子譏莊周「蔽於天而不知人」者。

× × ×

揚子法言君子篇：「或曰：人有齊死生，同貧富，等貴賤，如何？曰：作此者，其有懼乎？信死生齊，貧富同，貴賤等，則吾以聖人爲囂囂」。「或曰：莊子有取乎？曰：少欲！……至周罔君臣之義……雖鄰不覿也」。

按：此謂莊子明於生死之理，昧於君臣之義。而其可取者，爲少欲。

× × ×

王先謙莊子集解序：「余觀莊生甘曳尾之辱，卻爲犧之聘，可謂塵埃富貴者也。然而貸粟有請，內交於監河；係履而行，通謁於梁魏。說劍趙王之殿，意猶存乎救世。遭惠施三日大索，其心迹不能見諒於同聲之友，況餘子乎？吾以是知莊生非果能迴避以全其道者也。且其說曰：『天下有道，聖人成焉；天下無道，聖人生焉』。又曰『周將處乎材不材之間』。夫其不材，以尊生也；而其材者，特藉空文以自見。老子云『美言不信，生言美矣』。其不信又已自道之，故以橛飾鞭筴爲百樂罪，而撽髑髏未嘗不用馬捶。其死棺槨天地，而以墨子薄葬爲大觳；心追容成大庭結繩無文字之世，而恆假至論以修心。此豈欲後之人行其言者哉？嫉時焉耳！是故君德天殺，輕用民死，刺暴主也。俗好道諛，嚴於親而尊於君，憤濁世也。登無道之廷，口堯而心桀；出無道之野，貌夷而行跖；則又奚取夫空名之仁義，與無定之是非？其志已傷，其詞過激。設易天下爲有道，生殆將不出於此？後世浮慕之以成俗，此讀生書之咎！咎豈在書哉」？

按：莊子一書，大部均爲寓言，憤世嫉俗，有激而爲。非欲世之人，行其言也。後世浮慕之以成俗，甚至樂放肆而憚拘檢者，均指莊周以爲藉口，此讀莊周書之咎，而咎不在莊周書也。王氏此言，實爲探源持平之論，乃莊周之眞知己也。莊周有知，當必爲之首肯。

成玄英莊子序：「夫莊子者，所以申道德之深根，述重玄之妙旨，暢無爲之恬淡，明獨化之窅冥，鉗鍵九流，括囊百氏，諒區中之至教，實象外之微言者。………其言大而博，其旨深而遠」。

按：此言莊子一書之內容，亦深明莊學之論也。

以上評論莊子，所言雖不相同，但均殊客觀；於莊子之缺點雖不諱言，於莊學之優點，亦均力闡其微。惟王坦之廢莊論，辭意較苛。蓋亦如韓愈原道篇之意耳。

第三節　對訾議楊朱之平議

俞樾墨子序：「孟子以楊墨並言，辭而闢之，然楊非墨匹也。楊子之書不傳，略見於列子之書，自適其適而已」。汪中墨子序：「楊朱之書，惟貴放逸，當時亦莫之宗。躋之於墨，誠非其倫」。

按：此均論楊朱，不足以與墨子相提並論。

容齋隨筆：「孟子曰：『楊子取爲我，拔一毛而利天下不爲也』。楊朱之書，不傳於今，其語無可考。惟列子所載：楊朱曰：『伯成子高不以一毫利物，舍國而隱耕。古之人損一毫利天下不與也。人人不損一毫，不利天下，天下治矣』。禽子問楊朱曰：『去子體之一毛，以濟一世，汝爲之乎』？楊子曰：『世固非一毛之所濟』。禽子曰：『假濟爲之乎』？楊子弗應。禽子出，語孟孫陽。陽曰：『有侵若肌膚獲萬金者，若爲之乎』？曰：『爲之』！『有斷若一節，利一國，子爲之乎』？禽子默然。陽曰：『積一毛以成肌膚，積肌膚以成一節，一毛固一體萬份中之一物，奈何輕之』？觀此則孟氏之言可證矣」。

按：此言孟子之言，信而有證，楊子確係自適其適，絕對爲我主義者。

或謂楊朱貴己之說，與道家全生保眞之道相近。老子生於衰周之世，目擊文勝俗弊，難以挽救，故主張小國寡民，老死不相往來。楊朱亦主張獨善其身，寧曳尾塗中，不肯爲人犧牲。惟人生於世，不能脫離國家社會而獨立，所以孔子云：「鳥獸不可與同羣，吾非斯人之徒與而誰與」？孟子亦云：「楊子爲我，是無君也」。老子莊子楊朱均以爲老死不相往來，人人貴己而不輕易損毀髮膚，一切順乎自然，則天下可治。殊不知此種理想，在日漸複雜之社會，無法能實現。但道家純任自然，以清虛爲本，以因循爲用之主張，實足以藥專以擾民干譽爲能事者之通病也。

第四節 對道家一般訾議之平議

太史公談論六家要旨：「道家使人精神專一，動合無形，贍足萬物。其爲術也，因陰陽之大順，採儒墨之善，撮名法之要，與時遷移，應物變化，立俗施事，無所不宜。指約而易操，事少而功多」。

按：太史公談論六家要旨，獨推重道家，謂爲兼五家之長，而無其短，指約而易操，事少而功多。豈太史公談習道論於黃子，尊其所學而然耶？

漢志諸子略序：「道家者流，蓋出於史官，歷記成敗存亡禍福古今之道，然後知秉要執本，淸虛以自守，卑弱以自持，此人君南面之術也。合於堯之克攘，易之嗛嗛，一謙而四益，此其所長也。及放者爲之，則欲絕去禮學，兼棄仁義，曰：『獨任淸虛，可以爲治』。」

按：此言道家之長，爲秉要執本，淸虛自守，卑弱自持。其流弊所及，則絕去禮學，兼棄仁義，獨任淸虛。

史記老莊申韓列傳：「太史公曰：老子所貴道，虛無因應，變化於無爲，故著書辭稱微妙難識。莊子散道德放論，要亦歸之自然。申子卑卑，施之於名實。韓子引繩墨，切事情，明是非，其極慘礉少恩。皆原於道德之意，而老子深遠矣」！

按：此亦言申韓之慘礉少恩，敢爲殘忍無疑，皆原於老莊道德之意。江氏讀子巵言亦謂：「得道家之刻忍一派者，爲法」。與太史公、蘇轍、曾文正等之論相同。但此亦爲申韓不善學老莊之過，其咎不純在老莊也。

× × ×

四庫提要云：「蓋儒書如培補榮衛之藥，其性中和，可以常餌。老子如淸補煩熱之劑，其性偏勝。當其對症，亦復有功」。

按：此項評論，簡明扼要，心平氣和，不失為客觀公正之論。蓋道家學說之功用，雖可補偏匡俗，但不能作為人生正常之指導。對道家同情或攻擊者，均不免有主觀，故特引斯論，俾作結語。

第三篇　墨家

第一章　墨家學術述要

第一節　墨家學術之起因

墨子魯問篇：「凡入國，必擇務而從事焉：國家昏亂，則語之尚賢尚同；國家貧，則語之節用節葬；國家熹音湛湎，則語之非樂非命；國家淫僻無禮，則語之尊天事鬼；國家務奪侵凌，則語之兼愛非攻」。

按：此爲墨子自道其學術之時代背景。尚賢、尚同、節用、節葬、非樂、非命、兼愛、非攻，均爲墨子之學說重點，亦均爲針對當時之時代背景而發也。

俞樾墨子序：「墨子則達於天人之理，熟於事物之情，又深察春秋戰國百餘年間時勢之變，欲補弊扶偏，以復之於古。鄭重其意，反復其言，以冀世主之一聽」。

孫詒讓墨子序：「綜覽厥書，釋其紕駁，甄其純實可取者，蓋十六七。其用心篤厚，勇於振世救敝，殆非韓呂諸子之倫比也」。

黃紹箕墨子閒詁跋：「墨子生當春秋之後，戰國之初，憤文勝之極敝，欲一切反之質實，乃遂以儒爲詬病」。

按：所謂「深察春秋戰國百餘年間時勢之變，欲補弊扶偏，以復之於古」。「勇於振世救敝」，「憤文勝之極敝，欲一切反之質實」。皆謂墨子學術，受當時環境影響也。

× × ×

莊子天下篇：「不侈於後世，不靡於萬物，不暉於數度，以繩墨自矯，而備世之急；古之道術有在於是者，墨翟禽滑釐聞其風而悅之」。

漢志云：「墨家者流，蓋出於清廟之守」。

按：此言墨學淵源於古之道術與王官。

淮南要略：「墨子學儒者之業，受孔子之術，以爲其禮煩擾而不說，厚葬靡財而貧民，久服傷生而害事，故背周道而用夏政。禹之時，天下大水，禹身執虆垂，以爲民先，剔河而道九岐，鑿江而通九路，辟五湖而定東海，當此之時，燒不暇撌，濡不給扢，死陵者葬陵，死澤者葬澤，故節財、薄葬，閒服生焉」。

按：此言墨子初學儒而後轉墨。孫星衍墨子注後敍云：「墨子與孔子異者，其學出於夏禮。司馬遷稱其善守禦爲節用；班固稱其貴儉、兼愛、上賢、明鬼、非命、上同，此其所長。而皆不知墨學之所出。淮南王知之，其識過於遷固」。

孫星衍墨子注後敍：「古人不虛作，諸子之敎，或本夏，或本殷。墨子有節用，節用禹之敎也。孔子曰：『禹菲飲食，惡衣服，卑宮室，吾無間然』。又曰：『禮與其奢也寧儉』。又曰：『道千乘之國，節用而愛人』。節用是孔子未嘗非之。又有明鬼，是致孝鬼神之義。兼愛，是盡力溝洫之義。孟子稱墨子摩頂放踵，利天下爲之，而莊子稱禹親自操橐耜，而雜天下之川。腓無胈，脛無毛，沐甚風，櫛甚雨。列子稱禹身體偏枯，手足胼胝。呂不韋稱禹憂其黔首，顏色黎黑，竅藏不通，步不相過。皆與書傳所云：『予弗子，惟荒度土功，三過其門而不入。思天下有溺者，猶己溺之』同。其節葬亦禹法也。尸子稱禹之喪法，死於陵者葬陵，死於澤者葬澤，桐棺三寸，制喪三月」。

按：此言墨子學說實本於夏禹。汪中墨子後序云：「古之道術，皆設官以掌之。官失其業，九流以興。於是各執其一術以爲學，諱其所從出，而託於上古神聖，以爲名高；不曰神農，則曰黃帝。墨子質實，未嘗援人以自重。其則古昔，稱先王，言堯舜禹湯文武者六，言禹湯文王者四，言文王者三，而未嘗專及禹，墨子固非儒而不非周也。又不言其學之出於禹也」。

江氏讀子卮言：「道學至巨，變動不居，徹上徹下，亦實亦虛。道家之徒，學之而不得其全，遂分途而異趨。得道家之慈儉一派者，爲墨」。

按：此言墨學淵源於道家。呂氏春秋當染篇云：「魯惠公請郊廟之禮於天子，桓王使史角往，惠公止之，其後在於魯，墨子學焉」。道家者流出於史官，墨子師史角之後，是不但墨家兼愛節用之主張本於道家之慈儉，墨家與道家且同出於史官也。漢志謂：「墨家者流，蓋出於清廟之守」。有事於廟者，非巫則史，史佚、史角，皆其人也。

章炳麟諸子系統說：「墨家之出於陰陽家者，凡有數端可驗，一以治器驗之：易言治器尚象，其後作者，則有規矩準繩諸法，忝屬陰陽，而墨家史佚，實掌是官，史佚亦作尹佚，其後則有尹氏。漢書律歷志曰：『規者，所以規圜器械，令得其類也。矩者，所以矩方器械，令不失其形也。準者，所以揆平取正也。繩者，上下端直經緯四通也。準繩連體，衡權合德，百工繇焉，以定法式。輔弼執玉，以翼天子』。詩云，『尹氏太師，秉國之鈞，四方是維，天子是毗，俾民不迷，咸有五象，其義一也』。是則尹氏所掌，在此五器，故其後傳之墨翟，制械卻攻，使得公輸斂手。此墨家之出於陰陽一也。二以紀瑞驗之：墨家田俅子，言黃帝時草生帝庭，有佞人入，則草指之，名曰屈軼。少昊之時，赤燕集戶，獻其丹書。堯爲天子，冥莢生庖，爲帝成歷。解薦緝毛，作爲帝帳。湯爲天子，有神手牽白狼口銜金鉤而入湯庭，此皆雜見諸書徵引，又與陰陽家符應之說不殊。此墨家之出於陰陽二也。三以讀史驗之：墨子貴義篇曰：『子墨子南遊使衛關中，載書甚多』。兼愛下篇云：『先聖六王吾非與之並世同時，親聞其聲見其色也，以其所書於竹帛，鏤於金石，琢於盤盂，傳於後世子孫者知之』。尚賢中篇曰：『先王之書，距年之言』。明鬼下篇引周之春秋，燕之春秋，宋之春秋，齊之春秋。而隋李德林引墨子之言，則有云：『吾見百國春秋』者，蓋尹氏世爲周史，故墨子亦傳其術。然推其會歸，則云先王之書，一尺之帛，一篇之書，語數鬼神之有也，重又重之。(明鬼下)此墨家之出於陰陽三也。四以神仙驗之：隋志醫方家有墨子枕內五行紀要一卷，抱朴子遐覽篇云：『變化之術大者惟有墨子五行記，本有五卷，昔劉君安未仙去時，鈔取其要，以爲一卷。其法用藥用符，乃能令人飛行上下，隱淪無方，含笑卽爲婦人，蹙面卽爲老翁，踞地卽爲小兒，執杖卽成林木，種物卽生，瓜果可食，畫地爲河，撮壤成山，坐致行廚，興雲起火，無所不作也」。此或方士僞作，非必墨子本書。然墨子於丹鼎之術，亦自素所信任。耕柱篇云：「昔者夏后開，使飛廉採金於山川，而陶鑄之於昆吾，是使翁難乙卜於目若之龜，龜曰，鼎成三足而方，不炊而自烹，不舉而自臧，不遷而自行，以祭於昆吾之墟上鄉。乙又言兆之繇曰，饗矣逢逢白雲，一南一北，一西一東，九鼎既成，遷於三國」。觀於秦皇求仙，沒泗而探九鼎；墨子之意，蓋亦若是。五行記之別出於墨書，亦猶淮南萬畢別在鴻烈之外。此墨家之出於陰陽四也」。

按：陰陽家所掌者，厥有七端：「天官律歷，一也。明堂合宮，二也。方位時日，三也。封禪祠祀，四也。水火工虞，五也。醫方穀食，六也。歷史記載，七也」。此卽章炳麟所以謂墨家之學出於陰陽也。

×　×　×

綜觀上所引述，可知墨家學術之起因，亦非一端；當時環境對其學說固有影響，而儒道陰陽各家之學，亦爲墨家學術之淵源也。

第二節　墨子之中心思想

孫詒讓墨子傳略：「墨子名翟，姓墨氏，魯人，或曰宋人，蓋生於周定王時。……其學務不侈於後世，不靡於萬物，不暉於數度，以繩墨自矯，而備世之急。作爲非樂，命之曰節用。生不歌，死無服，氾愛兼利而非鬥，好學而博，不異。又曰兼愛、尚賢、右鬼、非命。以爲儒者禮煩擾而不說，厚葬靡財而

貧民，久服喪生而害事，故背周道而用夏政。……卒蓋在周安王末年，當八九十歲。所著書，漢劉向校錄之，爲七十一篇」，

按：墨子之生死年月，已難考證，其姓名亦多異說，有謂墨子姓墨名翟。有謂墨子名翟，但墨係學派名，如儒家道家，而非其姓。太史公作史記，亦未爲墨子列傳，僅在孟子荀子傳末附云：「蓋墨翟宋之大夫，善守禦，爲節用。或曰並孔子時，或曰在其後」。對墨子生平未加詳述。

墨子兼愛篇上：「聖人以治天下爲事者也，必知亂之所自起，焉（焉訓乃）能治之；不知亂之所自起，則不能治。譬之如醫之攻人之疾者然，必知疾之所自起，焉能攻之；不知疾之所自起，則弗能攻。治亂者何獨不然？必知亂之所自起，焉能治之；不知亂之所自起，則弗能治。聖人以治天下爲事者也，不可不察亂之所自起。當察亂何自起？起不相愛。臣子之不孝君父，所謂亂也。子自愛，不愛父，故虧父而自利；弟自愛，不愛兄，故虧兄以自利；臣自愛，不愛君，故虧君而自利；此所謂亂也。惟父之不慈子，兄之不慈弟，君之不慈臣，此亦天下之所謂亂也。……雖至天下之爲盜賊者亦然；盜愛其室，不愛其異室，故竊異室以利其室；賊愛其身不愛人，故賊人以利其身。此何也？皆起不相愛。雖至大夫之相亂家，諸侯之相攻國者，亦然；大夫各愛其家，不愛異家，故亂異家以利其家；諸侯各愛其國，不愛異國，故攻異國以利其國。天下之亂物，具此而已矣。察此何自起？皆起不相愛；若使天下兼相愛，愛人若愛其身，猶有不孝者乎？視父兄與君若其身，惡施不孝？猶有不慈者乎？視弟子與臣若其身，惡施不慈？故不孝不慈亡有，猶有盜賊乎？故視人之室若其室，誰竊？視人之身若其身，誰賊？故盜賊亡有，

猶有大夫之相亂家，諸侯之相攻國者乎？視人家若其家，誰亂？視人國若其國，誰攻？故大夫之相亂家，諸侯之相攻國者亡有。若使天下兼相愛，國與國不相攻，家與家不相亂，盜賊無有，君臣父子皆能孝慈，若此則天下治。故聖人以治天下爲事者，惡得不禁惡而勸愛？故天下兼相愛則治，交相惡則亂。故子墨子曰，不可以不勸愛人者此也」。

按：俞樾墨子序云：「墨子惟兼愛，是以尚同；惟尚同，是以非攻；惟非攻，是以講求備禦之法」。張惠言墨子經說解後云：「墨子之言悖於理而逆於人心者，莫如非樂、非命、節葬，此三言者，偶識之士可以立折，而孟子不及者，非墨之本也。墨之本在兼愛；而兼愛者，墨子所以自固而不可破。兼愛之言曰，愛人者人亦愛之；利人者人亦利之。仁君使天下聰明耳目，相爲視聽，股肱畢張，相爲動宰。此其與聖人以治天下者復何以異？故凡墨氏之所以自託於堯舜禹者，兼愛也；尊天、明鬼、尚同、節用者，其支流也；非命、非樂、節葬，激而不得不然者也。天下之人，唯惑其兼愛之說，故雖悖於理，不安於心，皆從而和之，不以爲疑。孟子不攻其流，而攻其本；不誅其說，而誅其心；斷然被之以無父之罪，而其說始無以自立」。斯皆言兼愛爲墨學之中心，墨子全書均以兼愛爲出發點，故特引兼愛一篇，其餘各篇，均從略也。

第二章　先秦諸子對墨家之訾議

孟子滕文公篇：「聖王不作，諸侯放恣，處士橫議，楊朱墨翟之言盈天下，天下之言不歸楊，則歸墨。楊氏爲我，是無君也；墨氏兼愛，是無父也。無父無君，是禽獸也。……楊墨之道不息，孔子之道不著。是邪說誣民，充塞仁義也。仁義充塞，則率獸而食人，人將相食。吾爲此懼，閑先王之道，距楊墨，放淫辭，邪說者不得作，作於其心，害於其事，作於其事，害於其政，聖人復起，不易吾言矣」。「吾聞夷子墨者，墨子之治喪也，以薄爲其道也。夷子思以易天下，豈以爲非是而不貴也。然而夷子葬其親厚，則是以所賤事親也。徐子以告夷子，夷子曰，儒者之道，古之人若保赤子，此言何謂也？之則以爲愛無差等，施由親始。徐子以告孟子，孟子曰，夫夷子，信以爲人之親其兄之子，爲若親其鄰之赤子乎？彼有取爾也，赤子匍匐將入井，非赤子之罪也。且天之生物也，使之一本，而夷子二本故也。蓋上世嘗有不葬其親者，其親死，則擧而委之於壑。他日過之，狐狸食之，蠅蚋姑嘬之，其顙有泚，睨而不視。夫泚也，非爲人泚，中心達於面目，蓋歸反虆梩而掩之。掩之誠是也！則孝子仁人之掩其親，亦必有道矣」。

按：孟子視楊墨之言，等於洪水猛獸，並謂所以距之者，是欲正人心，息邪說，距詖行，放淫辭，不使邪說作於其心，害事害政。而指墨家兼愛爲二本，是不易之論也。

荀子樂論篇：「夫樂者、樂也，人情之所必不免也。故人不能無樂，樂則必發於聲音，形於動靜。而人之道，聲音動靜，性術之變盡是矣。故人不能不樂，樂則不能無形，形而不爲道，則不能無亂。先王惡其亂也，故制雅頌之聲以道之，使其聲足以樂而不流；使其文足以辨而不諰；使其曲直繁省，廉肉節奏，足以感動人之善心，使夫邪汙之氣，無由得接焉。是先王立樂之方也，而墨子非之奈何？故樂在宗廟之中，君臣上下同聽之，則莫不和親；鄉里族長之中，長少同聽之，則莫不和順。故樂者，審一以定和者也，比物以飾節者也，合奏以成文者也。足以率一道，足以治萬變，是先王立樂之術也，而墨子非之奈何？故聽其雅頌之聲，而志意得廣焉，執其干戚，習其俯仰屈伸，而容貌得莊焉，行其綴兆，要其節奏，而行列得正焉，進退得齊焉。故樂者，出所以征誅也，入所以揖讓也。征誅揖讓，其義一也。出所以征誅，則莫不聽從；入所以揖讓，則莫不服從。故樂者，天下之大齊也，中和之紀也，人情之所必不免也，是先王立樂之術也。而墨子非之奈何？且樂者，先王之所以飾喜也；軍旅鈇鉞者，先王之所以飾怒也。先王喜怒，皆得其齊焉，是故喜而天下和之，怒而暴亂畏之。先王之道，禮樂正其盛者也，而墨子非之。故曰，墨子之於道也，猶瞽之於白黑也，猶聾之於清濁也，猶欲之楚而北求之也」。

按：此係荀子强調樂對國家社會之重要性，而訾議墨子之非樂，猶瞽之於白黑，聾之於清濁。

荀子正論篇：「世俗之爲說者曰，太古薄葬，棺厚三寸，衣衾三領，葬田不妨田，故不掘也。亂今厚葬飾棺，故抇也。是不及知治道，而不察於抇不抇者之所言也。凡人之盜也，必以有爲，不以備不足，則以重有餘也。而聖王之生民也，使皆富厚優猶知足，而不得以有餘過度，故盜不竊，賊不刺。狗豕吐菽粟，而農賈皆能以貨財讓。風俗之美，男女自不取於涂，而百姓羞拾遺。故孔子曰，『天下有道，盜其先變乎』！雖珠玉滿體，文繡充棺，黃金充椁，加之丹矸，重之曾青，犀象以為樹，琅玕龍茲華覲以為實，人猶且莫之抇也。是何也？則求利之詭緩，而犯分之羞大也。夫亂今，然後反是；上以無法使，下以無度行，知者不得慮，能者不得治，賢者不得使。若是，則上失天性，下失地利，中失人和。故百事廢，財物詘，而禍亂起。王公則病不足於上，庶人則凍餒羸瘠於下。於是焉桀紂群居，而盜賊擊奪以危上矣。安禽獸行，虎狼貪，故脯巨人而炙嬰兒矣。若是則有何尤抇人之墓，抉人之口，而求利矣哉？雖此倮而薶之，猶且必抇也，安得葬薶哉？彼乃食其肉而齕其骨也。夫曰太古薄葬，故不抇也，亂今厚葬，故抇也。是特姦人之誤於亂說，以欺愚者，而潮陷之，以偷取利焉，夫是之謂大姦。傳曰，危人而自安，害人而自利，此之謂也」。

按：此係荀子訾議墨家薄葬之說，謂墓之抇不抇，不繫於葬之厚不厚，而繫於人之貧富與能否知恥。所謂衣食足而知榮辱也。惟呂氏春秋則有相反之說，不但贊同墨家倡導薄葬，且較墨家之說，更進一層，其安葬篇云：「是故先王以儉節葬死也，非愛其費也，非惡其勞也，以為死者慮也。先王之所惡，惟死之辱也，發則必辱，儉則不發。故先王之葬必儉，必合，必同」。又節葬篇云：「善棺椁，所以避螻蟻蛇蟲也。今世俗大亂之主愈侈其葬，則心非為乎死者慮也，生者以相矜尚也。侈靡者以為榮，儉約者以為陋，不以便死為故，而徒以生者之誹譽為務，此非慈親孝子之心也。……姦人聞之，傳以相告，上雖以嚴威重罪禁之，猶不可止。且死者彌久，生者彌疏，則守者彌怠。而守者彌怠，而葬器如故，其勢固不安矣」。

莊子天下篇：「墨子氾愛兼利而非鬥，其道不怒。……不與先王同，毀古之禮樂。……古之喪禮，貴賤有儀，上下有等，天子棺槨七重，諸侯五重，大夫三重，士再重。今墨子獨生不歌，死不服，桐棺三寸而無槨，以爲法式。以此教人，恐不愛人，以此自行，固不愛己。………使人憂，使人悲，其行難爲也。恐其不可以爲聖人之道。反天下之心，天下不堪，墨子雖獨能任，奈天下何？離於天下，其去王也遠矣。………雖然，墨子眞天下之好也，將求之不得也，雖枯槁不舍也，才士也夫」！

按：此亦訾議墨子薄葬之說，並謂墨子刻苦太過，不近人情，使人不堪，故其道難行。但儉約刻苦精神，實屬難能可貴也。

荀子富國篇：「墨子之言，昭昭然爲天下憂不足；夫不足，非天下之公患也，特墨子之私憂過計也。………夫天地之生物也，固有餘，足以食人矣。麻葛繭絲，鳥獸之羽毛齒革也，固有餘，足以衣人矣。夫有餘不足，非天下之公患也，特墨子之私憂過計也。天下之公患，亂傷之也，胡不嘗試相與求亂之者誰也？我以墨子之非樂也，則使天下亂；墨子之節用也，則使天下貧。非將墮之也，說不免焉。墨子大有天下，小有一國，將蹙然衣粗食惡，憂戚而非樂，若是則瘠；瘠則不足欲；不足欲則賞不行。墨子大有天下，小有一國，將少人徒，省官職，上功勞苦，與百姓均事業，齊功勞。若是則不威；不威則罰不行。賞不行，則賢者不可得而進也；罰不行，則不肖者不可得而退也。賢者不可得而進也，不肖者不可得而退也，則能不能不可得而官也。若是則萬物失宜，事變失應，上失天時，下失地利，中失人和。天下敖然，若燒若焦。墨子雖爲之衣褐帶索，嚽菽飲水，惡能足之乎？既以伐其本，竭其原，而焦天下矣。故先王聖人爲之不然，知夫爲人主上者，不美不飾之不足以一民也；不富不厚之不足以管下也；不威不强之不足以禁暴勝悍也；故必將撞大鐘，擊鳴鼓，吹笙竽，彈琴瑟，以塞其耳。必將錭琢刻鏤，黼黻文章，以塞其目。必將芻豢稻粱，五味芬芳，以塞其口。然後衆人徒，備官職，漸慶賀，嚴刑罰，以戒其心。使天下生民之屬，皆知己之所願欲之舉在于是也，故其賞行。皆知己之所畏恐之舉在于是也，故其罰威。賞行罰威，則賢者可得而進也，不肖者可得而退也，能不能可得而官也。若是則萬物得宜，事變得應，上得天時，下得地利，中得人和。財貨渾渾如泉源，汸汸如河海，暴暴如丘山，不時焚燒，無所臧之。夫天下何患乎不足也？故儒術誠行，則天下大而富，使而功，撞鐘擊鼓而和」。

按：此乃訾議墨家之節用爲私憂過計，而主張用儒術以治天下。於此並可見荀子經濟學之概況。

荀子解蔽篇：「墨子蔽於用，而不知文。……故由用謂之，道盡利矣」！

韓非子外儲說左上：「墨子之說，傳先王之道，論聖人之言，以宣告人。若辯其辭，則恐人懷其文，忘其直，以文害用也。此與楚人鬻珠，秦伯嫁女同類，故其言多不辯」。

荀子天論篇：「墨子有見於齊，而無見乎畸。……有齊而無畸，則政令不施」。又禮論篇：「故人一之以禮義，則兩得之矣；一之於情性，則兩喪之矣。故儒者將使人兩得之者也，墨者將使人兩喪之者也，是儒墨之分也」。

荀子非十二子篇：「不知壹天下建國家之權稱，上功用，大儉約，而僈差等，曾不足以容辨異，縣君臣。然而其持之有故，其言之成理，足以欺惑愚衆，是墨翟宋銒也」。

按：以上四節訾議墨子「蔽於用而不知文」「見齊而不見畸」。「知一之以情性，而不知一之以禮義」。「尙功用，大儉約，僈差等」。均係針對墨子兼愛、非樂、尙同、節用、節葬等說而發也。

淮南子氾論訓：「兼愛、尙同、右鬼、非命，而楊朱非之」。

按：楊朱後於墨子，其說在愛己，不拔一毛以利天下，與墨子相反。

×　×　×

莊子天下篇：「南方之墨者苦獲已齒鄧陵子之屬，俱誦墨經，而倍譎不同，相謂別墨。以堅白同異之辯相訾，以奇偶不仵之辭相應，以巨子爲聖人，皆願爲之尸，冀得爲其後世，至今不決」。

呂氏春秋去宥篇：「東方之墨者謝子，將西見秦惠王，惠王問秦之墨者唐姑果，唐姑果恐王之親謝子賢於己也，對曰，謝子東方之辯士也，其爲人也甚險，將奮於說，以取小主也。王因藏怒以待之，謝子至，說王，王弗聽，謝子不說，遂辭而行」。

按：此爲訾議墨者，相互猜忌，爭爲巨子。

呂氏春秋上德篇：「墨者鉅子孟勝，善荆之陽城君，陽城君令守於國，毀璜以爲符約曰，符合聽之，荆王薨，羣臣攻吳，起兵於喪所，陽城君與焉，荆罪之，陽城君走，荆收其國。孟勝曰，受人之國，與之有符，今不見符，而力不能禁，不能死，不可！其弟子徐弱諫孟勝曰，死而有益陽城君死之可矣；無益也，而絕墨者於世，不可！孟勝曰，不然！吾與陽城君也，非師則友也，非友則臣也。不死，自今以來，求嚴師，必不於墨者矣；求賢友，必不於墨者矣；求良臣，必不於墨者矣。死之，所以行墨者之義，而繼其業者也。我將屬鉅子於宋之田襄子；田襄子賢者也，何患墨者之絕世也？徐弱曰，若夫子之言，弱請先死以除路，還歿頭前於孟勝，因使二人傳鉅子於田襄子。孟勝死，弟子死之者八十三人，二人以致令於田襄子，欲反死孟勝於荆。田襄子止之曰，孟子已傳鉅子於我矣！不聽，遂反死之」。

按：此爲雜家訾議墨者鶩外徇名，而不合乎人情。然其爲主義之犧牲精神，則非其他各家所能及者。

以上三節，亦係墨學衰息原因之一也。

第三章　對訾議墨家之平議

王充論衡薄葬篇：「聖賢之業，皆以薄葬省用爲務，然而世尙厚葬，有奢泰之失者。儒家論不明，墨家議之非故也。墨家之議右鬼，以爲人死輒爲神鬼而有知，能形而害人，故引杜柏之類以爲效驗。儒家不從，以爲死人無知，不能爲鬼。然而賻祭備物者，示不負死以觀生也。陸賈係儒家而說，故其立語不肯明處。劉子政與薄葬之奏，務欲省用，不能極論。是以世俗內持狐疑之議，外聞杜柏之類，又見病且終者，墓中死人來與相見，故遂信是。謂死如生，閔死獨葬，魂孤無副，丘墓閉藏，穀物乏匱，故作偶人，以侍尸柩；多藏食物，以歆精魂。積浸流至，或破家盡業，以充死棺；殺人以殉葬，以快生意。非知其內無益，而奢侈之心外相慕也。以爲死人有知，與生人無以異。孔子非之，而亦無以定實。然而陸賈之論，兩無所處，劉子政奏，亦不能明儒家無知之驗，墨子有知之故。事莫明於有效，論莫定於有證。空言虛語，雖得道心，人猶不信。是以世俗輕愚信禍福者，畏死不懼義，重死不顧生，竭財以事神，空家以送終。……今墨家非儒，儒家非墨，各有所持，故乖不合。業難齊同，故二家爭論。世無祭祀復生之人，故死生之義，未有所定實者。死人闇昧，與人殊途，其實荒忽，難得深知。有知無知之情不可定，爲鬼之實不可是。通人知士，雖博覽古今，窺涉百家，條入葉貫，不能審知。惟聖心賢意，方比物類，爲能實之。夫論不留精澄意，苟以外效立事，是非信聞見於外，不詮訂於內，是用耳目論，不以心意議也。夫以耳目論，則以虛象爲言，虛象效，則以實事爲非。是故是非者，不徒耳目，必開心意。墨議不以心而原物，苟信聞見，則雖效驗章明，猶爲失實。失實之義難以教，雖得愚民之欲，不合知者之心。喪物索用，無益於世，此蓋墨術所以不傳也」。

按：此爲論墨子右鬼之說，不以心而原物，苟信聞見，雖得愚民之欲，不合知者之心。喪物索用，無益於世。

論衡案書篇：「儒家之宗孔子也，墨家之祖墨翟也，且案儒道傳而墨法廢者，儒之道義可爲，而墨之法議難從也。何以驗之？墨家薄葬右鬼，道乖相反，違其實宜以難從也。乖違如何？使鬼非死人之精也，右之未可知，今墨家謂鬼審人之精也，厚其精而薄其屍，此於其神厚，而於其體薄也。薄厚不相勝，華實不相副，則怒而降禍，雖右其鬼，終以死恨。人情欲厚惡薄，神心猶然，用墨子之法，事鬼求福，福罕至而禍常來也。以一況百，而墨家爲法，皆若此類也。廢而不傳，蓋有以也」。

按：此言墨子既主張薄葬，又倡導右鬼，道乖相反，自相矛盾，所以其說廢而難傳。

蘇軾六一居士集序：「自春秋作而亂臣賊子懼，孟子之言行，而楊墨之道廢，天下以爲是固然，而不知其功。孟子既沒，有申商韓非之學，違道而趨利，殘民以厚主。其說至陋也，而士以是罔其上，上之人僥倖一切之功，靡然從之。而世無大人先生如孔子孟子者，推其本末，權其禍福之輕重，以救其惑。故其學遂行，秦以是喪天下。陵夷至於勝廣劉項之禍，死者十八九，天下蕭然，洪水之患，蓋不至是也。方秦之未得志也，使復有一孟子，則申韓爲空言。作於其心，害於其事，作於其事，害於其政者，必不至若是烈也。使楊墨得志於天下，其禍豈減於申韓哉？由是言之，雖以孟子配禹可也」。

按：此爲同意孟子距楊墨者。

焦氏筆乘云：「回視孟子禽獸楊墨，竊謂持論之過嚴矣！夫子之學，要有所本也；墨子本於禹，楊子本於黃帝老子，皆當世高賢，其學本以救世。至其徒之失眞，則非二子之非也。遽極其討伐，而擬諸禽獸，非不深究先生之學術，亦各有在之過乎」？

按：此言禽獸楊墨，爲過嚴之論，楊墨之學本爲救世，至其流弊，則是其徒之失，非楊墨本身之罪。是不同情孟子之距者。

孫詒讓墨子後語下：「莊周曰：兩怒必多溢惡之言。況夫樹一義以爲蘗楬，而欲以易舉世之論，沿襲增益，務以相勝，則不得其平，豈非勢之所必至乎？今觀墨之非儒，固多誣妄；其於孔子，亦何傷於日月？而墨氏兼愛，固諄諄以孝慈爲本，其書具在，可以勘驗。而孟子斥之，至同之無父之科，則亦少過矣」！

按：此言道不同，固難相爲謀，至斥墨子同之無父之科，未免太過。亦不同情孟子之距者。

黃紹箕墨子閒詁跋：「墨子生當春秋之後，戰國之初，憤文勝之極敝，欲一切反之質實，乃遂以儒爲詬病。其立論不能無偏宕失中，故傳其說者，蓋倍譎不可爲訓。然其哀世變而恤民殷之心，宜可諒也。南皮張尚書嘗語紹箕曰：荀卿有言，矯枉者必過其直，諸子志在救世，淺深純駁不同，其矯枉而過直一也。自非聖人，誰能無過？要在學者心知其意斯可矣。自太史公敍六家，劉向條九流，各以學術名其家，獨墨家乃繫以姓，豈非以其博學多方，周於世用，儒家之匹亞，異夫一曲不該姝姝自悅者與？今觀其書，務崇儉約。又多名家及兵技巧家言，明鬼非命，往復以申福善禍暴之義，與佛氏果報之說同。經上以下四篇，兼及幾何算學光學重學，則又今泰西之所以利民用而致富強者也。然西人覃思藝事，期於便己適用爲閎侈，以自娛樂而已。墨子備世之急，而勞苦其身，又善守禦而非攻。而西人逐逐焉，惟兼幷之是務，其宗旨蓋絕異。今西書，官私譯潤，研覽日衆，況於中國二千年絕學，強本節用，百家不能廢之書？知言君子，其惡可遏而廢之乎」？

按：此言墨子爲儒家之匹亞，其強本節用之學說，雖百家不能廢。亦係不同情孟子距之者。

汪中墨子序：「傳曰，世之學老子者，則絀儒學，儒學亦絀老子，惟儒墨則亦然。儒之絀墨子者，孟氏荀氏：荀之禮論樂論，爲王者治定功成，盛德之事；而墨之節葬非樂，所以救衰世之弊，其用意相反而相成也。若夫兼愛，特墨之一端，然其所謂兼者，欲國家愼其封守，而無虐其鄰之人民畜產也。雖昔先王，制爲聘問弔恤之禮，以睦諸侯之邦交者，豈有異哉？彼且以兼愛教天下之爲人子者，使以孝其親；而謂之無父，斯已枉矣！後之君子，日習孟子之說，而未睹墨子之本書，其以耳食，無足怪也。世莫不以其誣孔子爲墨子辠。雖然自今日言之，孔子之尊，固生民以來所未有矣；自當日言之，則孔子魯之大夫也而墨子宋之大夫也，其位相埒，其年又相近，其操術不同，而立言務以求勝，雖欲平情覈實，其可得乎？是故墨子之誣孔子，猶孟子之誣墨子也，歸於不相謀而已矣！吾讀其書，惟以三年之喪，爲敗男女之交，有悖於道。至其述堯舜、陳仁義，禁攻暴，止淫用，感王者之不作，而哀生人之長勤，百世之下，所見其心焉。詩所謂凡民有喪，匍匐救之之仁人也。其在九流之中，惟儒足與之相抗，自餘諸子，皆非其比」。

按：此亦言惟墨家足與儒家相抗衡。且謂墨家以兼愛教天下之爲人子者，使以孝其親，亦不同情孟子被以無父之名者。

×　×　×

說苑反質篇：「禽子問於墨子曰：『錦綉絺紵，將安用之？』墨子曰：『今當凶年，有欲予子隋侯之珠者，不得賣也，珍寶而以爲飾。又欲予子一鍾粟，得珠者不得粟，得粟者不得珠，子將何擇』？禽子曰：『吾取粟耳，可以以救窮』！墨子曰：『誠然！則惡在事夫奢也。長無用，好末淫，非聖人之所急也。故食必常飽，然後求美；衣必常暖，然後求麗；居必常安，然後求樂。爲可長，行可久，先質而後文，此聖人之務』！禽子曰：『然』！」

按：荀子嘗譏墨子蔽於用而不知文，此爲墨子辯護，認爲墨子非蔽於用而不知文者，不過先質而後文耳。

×　×　×

孫詒讓墨子閒詁後語：「墨氏之學，亡於秦季，故墨子遺事，在西漢時已莫得其詳。……文子書稱，墨子無煖席，班固亦云，墨突不得黔，斯其驗矣。至其止魯陽文君之攻鄭，絀公輸般以存宋，而辭楚越書社之封，蓋其犖犖大者。勞身苦志，以振世之急，權略足以持危應變，而脫屣利祿，不以累其心。所學尤該綜道藝，洞究象數之微。其於戰國諸子，有吳起商君之才，而濟以仁厚；節操似魯連，而質實亦過之。彼韓呂蘇張輩，復安足算哉」？

按：此極推崇墨子之學問道德與救世苦心，在戰國諸子中超人一等，非韓呂蘇張輩，所可同日而語者。

俞樾墨子序：「墨子則達於天人之理，熟於事物之情，又深察春秋戰國百餘年間時勢之變，欲補弊扶偏，以復之於古。鄭重其意，反復其言，以冀世主之一聽。雖若有稍詭於正者，而實千古之有心人也。尸佼謂孔子貴公，墨子貴兼，其實則一。韓非以儒墨並稱世之顯學，至漢世猶以孔墨並稱。尼山而外，其莫尚乎此老乎」？

按：此亦推崇墨子，爲千古之有心人，孔子而外，莫過墨子。

× × ×

韓昌黎讀墨子：「儒譏墨以上同、兼愛、上賢、明鬼，而孔子畏大人，居是邦不非其大夫，春秋譏專臣，不上同哉？孔子泛愛親仁，以博施濟衆爲聖，不兼愛哉？孔子賢賢，以四科進褒弟子，疾沒世而名不稱，不上賢哉？孔子祭如在，譏祭如不祭者，曰我祭則受福，不明鬼哉？儒墨同是堯舜，同非桀紂，同修身正心，以治天下國家，奚不相悅如是哉？，余以爲辯生於末學，各務售其師之說，非二師之道本然也。孔子必用墨子，墨子必用孔子，不相用，不足爲孔墨」！

按：此言儒墨爭辯，生於末學，孔墨本身，不乃爾也。

俞樾墨子序：「墨子惟兼愛，是以尚同；惟尚同，是以非攻；惟非攻，是以講求備禦之法。近世西學中，光學重學，或言皆出於墨子。然則其備梯備突備穴諸法，或即泰西機器之權輿乎？嗟乎；今天下一大戰國也，以孟子反本一言爲主，而以墨子之書輔之，儻足以安內而攘外乎」？

按：此言墨子之書且足以輔助孟子學說。

張惠言云：「墨氏之言修身親士，多善言，其義託之堯禹。自韓愈氏以爲與聖賢同指，孔墨必相爲用。向無孟子，則後之儒者，習其說而好之者，豈少哉？……當孟子之時，百家之說衆矣，而孟子獨距楊墨。今觀墨子之書，經說大小取，盡同異堅白之術，蓋縱橫名法家惠施、公孫龍、申、韓之屬皆出焉。然則當時諸子之說，楊墨爲統宗，孟子以爲楊墨息，而百家之學將銷歇而不足售也」。

按：此言不但孔墨必相爲用，即縱橫名法諸家，亦有出於墨子者。使無孟子闢之，則後之學者必多習其說矣。

×　×　×

漢書藝文志諸子略序：「墨家者流，蓋出於清廟之守，茅屋采椽，是以貴儉；養三老五更，是以兼愛；選士大射，是以上賢；宗祀嚴父，是以右鬼；順四時而行，是以非命；以孝視天下，是以尚同；此其所長也。及蔽者爲之，見儉之利，因以非禮；推兼愛之意，而不知別親疏」。

按：此言墨子本身長處頗多，及蔽者爲之，則有流弊耳。

隋書經籍志：「墨者强本節用之術也。上述堯舜之道，夏禹之行，茅茨不翦，糲粱之食，桐棺三寸，貴儉兼愛。嚴父上德，以孝示天下，右鬼神而非命。漢書以爲出清廟之守。然則周官宗伯，掌建邦之天神地祇人鬼。肆師，掌立國祀，及兆中廟中之禁令，是其職也。愚者爲之，則守於節儉，不達時變。推心兼愛，而混於親疏」。

按：此與漢志所云略同，墨子本身長處頗多，但愚者爲之，則有流弊也。

太史公談論六家要旨：「墨者儉而難遵，是以其事不可偏循；然其強本節用，不可廢也。……墨者亦尚堯舜之道，言其德行曰：堂高三尺，土階三等，茅茨不翦，采椽不刮，食土簋，啜土刑，糲粱之食，藜藿之羹，夏日葛衣，冬日鹿裘。其送死桐棺三寸，舉音不盡其哀，教喪禮，必以此爲萬民之率，使天下法。若此，則尊卑無別也。夫世異時移，事業不必同，故曰儉而難遵；要曰強本節用，則人給家足之道也。此墨子之所長，雖百家弗能廢也」。

按：此言墨學儉而難遵，惟其強本節用，爲不可廢。

孫詒讓墨子閒詁序：「墨子之生，蓋後於七十子，不得見孔子，然其甚老壽，故前得與魯陽文子公輸般相答，而晚及見田齊太公和，又逮聞齊康公興樂及楚吳起之亂。身丁戰國之初，感悕於獷暴淫侈之政，故其言諄復深切，務陳古以剴今。亦喜稱道詩書，及孔子所不修百國春秋。惟於禮則右夏左周，欲變文而反之質；樂則竟屏絕之。此其與儒家四術六藝，必不合者耳。至其接世務爲和同，而自處絕艱苦，持之太過，或流於偏激，而非儒尤爲乖戾。然周季道術分裂，諸子舛馳，荀卿爲齊魯大師，而其書非十二子篇，於游、夏、孟子、諸大賢，皆深相排笮。洙泗齗齗，儒家已然，墨儒異方，跬武千里，其相非寧足異乎？……其用心篤厚，勇於振世救敝，殆非韓呂諸子之倫比也」。

按：此言墨子學說，或不免流於偏激；但儒墨相非，由於異方，不足爲異。其勇於救世之精神，足令人欽佩也。

容齋續筆：「墨翟以兼愛無父之故，孟子辭而辟之，至比於禽獸，然一時之論。迨於漢世，往往以配孔子；列子載惠盎見宋康王曰：『孔子墨翟無地而爲君，無官而爲長，天下丈夫女子，莫不延頸舉踵而願安利之』。鄒陽上書於梁孝王曰：『魯聽季孫之說逐孔子，宋任子冉之計囚墨翟』。以孔墨之辯，不能自免於讒諛。賈誼過秦論云：『非有仲尼墨翟之知』。徐樂云：『非有孔曾墨子之賢。』是皆以孔墨爲一等。列鄒之書不足議，而誼也亦如此。韓文公爲發明孟子之學，以爲功不在禹下者，正以辟楊墨耳！而著讀墨子一篇云：『儒墨同是堯舜，同非桀紂，同修身正心以治天下國家。孔子必用墨子，墨子必用孔子，不相用，不足爲孔墨』。此又何也？魏鄭公南史梁論，亦有抑楊孔墨之語」。

按：此言孟子辟墨子，至比於禽獸，是一時之論。韓愈發明孟子之學，亦謂孔墨必相爲用。淮南要略曾謂，墨子學儒者之業，受孔子之術。漢世以後頗多以孔墨並稱，呂氏春秋尊師篇亦謂：「孔墨徒屬彌衆，弟子彌豐，充滿天下」。當染篇又云：「孔墨之後學，顯榮於天下者衆矣，不可勝數」。今觀墨子一書，除兼愛、非樂、薄葬、短喪等篇外，其餘類皆同於儒家之精神者。而其大公無私之犧牲精神，尤爲儒家所崇尚；呂氏春秋去私篇云：「腹䵍、爲墨者鉅子，居秦，其子殺人，秦惠王曰：『先生之年長矣，非有他子也，寡人已令吏勿誅矣，先生之以此聽寡人也』！腹䵍對曰：『墨者之法，殺人者死，傷人者刑；此所以禁殺傷人也。夫禁殺傷人者，天下之大義也，王雖爲之賜而令吏弗誅，腹䵍不可不行墨子之法也」。不許惠王而遂殺之。呂不韋曰：『子、人之所私也，忍所私以行大義，鉅子可謂公矣』！」此外禁攻救難之犧牲事實，不勝枚舉。蓋韓愈等攻擊墨子者，乃攻擊與儒家相反部份也；同意墨子者，爲同意其與儒家相同部份也。

× × ×

綜觀上述，足徵墨學在周末，聲勢浩大，幾埒洙泗，不但與儒家共稱顯學，而縱橫名法諸家，且有由其出者。所以孟子謂爲「楊墨之言盈天下，楊墨之言不息，孔子之道不著」也。

墨學在當時所以能興盛原因，蓋由其擁有較有組織之團體，與宗教家傳道服務之精神；並有兼愛之學說，足資號召。尤能適應環境，留意時務，凡入國必擇務而從事，能得時君之歡迎與社會之同情。至其學術衰息之原因，蓋由其過份重物質，而忽於精神；過份重實利致用，而忽略於文飾；偏重狹義之應用，而忽略涵養休息之裨益於身心。以致使人憂，使人悲，刻苦太過，有踰人情，使人難堪，以致其道難行。初不盡因孟子之距，荀子之非也。此外如墨家本身相互猜忌，爭爲巨子，以及騖外循名等行爲，亦足以影響其學術之流傳也。

墨學雖有所偏，難免發生流弊；但孟子列諸無父之科，確爲過嚴之論，秦漢而後之學者，已有評論。但墨子兼愛，則無差等，形成二本主義。及蔽者爲之，則其流弊所及，混於親疏，視父母如路人，有背親親而仁民，仁民而愛物之義。在孟子當時之立場，不得不辭而辟之，以防微杜漸也。所以太史公及漢志、隋書等，雖對墨子本身無多訾議，但對其流弊所及，亦均嘖嘖有言也。吾人研讀墨子者，當師其強本節用等所長，而略其愛無差等等所短也。

× × ×

附錄：對晏子之平議

晏子一書，劉略七志，均列之於儒家，柳子厚以爲應列之於墨家。今觀其書，其學原於儒家墨家，而兼通名、法、農、道，不專主一家，與管子相似。惟其言行與墨學較爲接近，故特附錄於後：

劉向校書錄：「晏子、名嬰，謚平仲，萊人。萊者，今山東萊地也。晏子博聞彊記，通於古今，事齊靈公、莊公、景公，以節儉力行，盡忠極諫道齊。國君得以正行，百姓得以附親。不用則退耕於野，用則必不詘義，不可脅以邪，白刃雖交胸，終不受崔杼之劫。諫齊君懸而至，順而刻。及使諸侯，莫能詘其辭，其博通如此，蓋次管仲。內能親親，外能厚賢，居相國之位，受萬鍾之祿，故親戚待其祿而衣食，五百餘家，處士待而舉火者亦甚衆。晏子衣苴布之衣，麋鹿之裘，駕敝車疲馬，盡以祿給親戚朋友，齊人以此重之。晏子蓋短，其書六篇，皆忠諫其君，文章可觀，義理可法，皆合六經之義。」

張純一晏子春秋校注敍：「綜核晏子之行，合儒者十三四，合墨者十六七；如曰，先民而後身，薄身而厚民，是眞儉也，勤也，兼愛也，固晏子之主指也。夫儒非不尙儉，未若墨以儉爲極；儒非不尙勤，未若墨勤生之極；儒非不兼愛，未若墨兼愛之極；此儒墨之辨也。然儒家囊括萬里，允執厥中，與墨異趣也。晏子儒而墨；如止莊公伐晉，止景公伐魯，伐宋，是謂非攻。曰男不羣樂以妨事，女不羣樂以妨功，是謂非樂。曰不循於哀，恐其崇死以害生，是謂節葬。曰粒食之民，一意同欲，是謂尙同。曰稱事之大小，權利之輕重，是謂大取。曰舉賢以臨國，官能以敕民，是謂尙賢。曰獨立不慚於影，獨寢不慚於魂，行之難者在內，是謂修身。皆言墨行之彰彰者。又必懇闢田疇，而足蠶桑豢牧，使老弱有養，鰥寡有室，其爲人也多矣。其取財也，權有無，均貧富，不以養嗜欲，所謂事必因於民者矣。政尙相利，敎尙相愛，罔非兼以正別，況乎博聞强記，捷給善辯，前有尹佚，後有墨翟，其揆一也。……晏子生爲貴胄，而務刻上饒下，重民爲治，進賢退不肖，不染世祿之習，故能以其君顯，純臣也。……尼父兄事之，史遷願爲之執鞭，有以夫」！

按：此言晏子儒而墨，其言行合於儒者十三四，合於墨者十六七，與子厚之說相同，與劉向所言亦不相背。至其爲人之足多，尤爲各家所公認，世以管晏並稱，良有以矣。惟以功業言，管仲相桓公，九合諸侯，一匡天下，不以兵車；晏子雖亦能以其君顯，而未有此建樹機緣。但孔子雖贊管仲「如其仁」，同時亦譏其「器小」。於晏子則有贊譽，而無訾議也。

第四篇　法　家

第一章　法家學術述要

第一節　法家學術之起因

淮南子要略：「申子者，韓昭釐之佐。韓，晉別國也。地墽民險，而介於大國之間，晉國之故禮未滅，韓國之新法重出；先君之令未收，後君之令又下；新故相反，前後相謬，百官背亂，不知所用，故刑名之書生焉」。「秦國之俗，貪狼强力，寡義而趨利，可威以刑，而不可化以善。可勸以賞，而不可厲以名。被險而帶河，四塞以爲固，地利形便，畜積殷富。孝公欲以虎狼之勢而吞諸侯，故商鞅之法生焉」。

史記老莊申韓列傳：「韓非者，韓之諸公子也。……韓非見韓之削弱，數以書諫韓王，韓王不能用。於是韓非疾治國不務修明其法制，執勢以御其臣下，富國强兵，而以求人任賢；反舉浮淫之蠹，而加之於功實之上。以爲儒者用文亂法，而俠者以武犯禁。寬則寵名譽之人，急則用介胄之士。今者所養非所用，所用非所養，悲廉直不容於邪枉之臣，觀往者得失之變，作孤憤、五蠹、內外儲說、說林、說難，十餘萬言」。

愼子云：「法非從天下，非從地出，發乎人間，合乎人心而已」。

按：以上所述，均謂法家學術之起因，受當時環境之影響。申不害、韓非、商鞅，均不例外；而韓非受當時環境之影響尤深。設韓非不處斯時斯地，或韓王能用其言，則韓非子孤憤、五蠹、內外儲說、說難等篇，均無由而作矣。

×　　×　　×

莊子天下篇：「公而不黨，易而無私，決然而無主，趨物而不兩。不顧於慮，不謀於知，於物無擇，與之俱往，古之道術有在於是者，彭蒙、田駢、愼到，聞其風而悅之」。

漢書藝文志：「法家者流，蓋出於理官，信賞必罰，以輔禮制」。

史記老莊申韓列傳：「申子之學，本於黃老，而主刑名，著書二篇，號曰申子。……韓非者，韓之諸公子也，喜刑名法術之學，而歸其本於黃老」。

章炳麟諸子系統說：「原夫法家者本末自儒家出，蕞爾一邦，必有典章可守，上溯周官，下逮管子，孰非法家經國之書？然其自名一家，實由矯拂儒家而起；儒家之用，因時建言，惟變所適；而法家則明布憲章，昭示氓庶，李悝、商鞅，此其選也。愼到、申不害輩，略述機權，或與道家相似；韓非則謂：『術者主之所執，法者臣之所師』，和合兩家，取長捨短；要其法後王，貴時制，則較然與儒生異術矣」。

按：此言法家學術，均有所因襲，而與儒道兩家，關係尤多。蓋集法家大成者爲韓非，韓非乃荀子之弟子，與李斯同事荀卿。荀子言性惡，故主張隆禮崇師，以變化人之氣質。韓非亦認人有利己心，必須有以糾正之。禮施於未然之前，雖有防微杜漸之用，但不足以待姦暴。韓非師事荀子，目擊世風日下，隆禮之效，難如理想，必須予以補救，故極力主張崇法，以輔禮之不足，亦徒善不足以為政之意也。

第二節　愼到之中心思想

愼到，趙人，史記謂其學黃老道德之術，主法治，而貴權勢。漢書藝文志以其列於法家。所著十二論已不傳，現存愼子係後人所輯之殘本。

愼子威德篇：「故騰蛇遊霧，飛龍乘雲，雲罷霧霽，與蚯蚓同，失其所乘也。故賢而屈於不肖者，權輕也；不肖而服於賢者，位尊也。堯為匹夫，不能使其鄰家；至南面而王，則令行禁止。由此觀之，賢不足以服不肖，而勢位足以屈賢矣」。

按：此言勢之作用與重要性，與老子所謂：「魚不可脫於淵」之意相近。此為法家思想中之一派。

威德篇又云：「法雖不善，猶愈於無法，所以一人心也。……故著龜，所以立公識也；權衡，所以立公正也；書契，所以立公信也；度量，所以立公審也；法制禮籍，所以立公義也。凡立公，所以棄私也」。

愼子逸文：「法者，所以齊天下之動，至公大定之制也。故知者，不得越法而肆謀；辯者，不得越法而肆議；士，不得背法而有名；臣，不得背法而有功。我喜可抑，我忿可窒，我法不可離也。骨肉可刑，親戚可滅，至法不可闕也」。

按：此言法有公正性，標準性，統一性。立法所以廢私，主張以法治天下而棄知去己也。

愼子君人篇：「君人者，舍法而以身治，則誅賞予奪，從君心出矣；然則受賞者雖當，望多無窮，受罪者雖當，望輕無已。……故曰，大君任法而弗躬，則事斷於法矣。法之所加，各以其分，蒙其賞罰而無望於君也。是以怨不生，而上下和矣」。

愼子君臣篇：「爲人君者，不多聽，據法倚數，以觀得失。無法之言，不聽於耳；無法之勞，不圖於功；無勞之親，不任於官。官不私親，法不遺愛。上下無事，唯法所在」。

按：此言人君欲上下和洽，嫌怨不生，惟有取賞予奪，一秉於法，而不參與己之私意。

觀上所述，可知愼子學說之精神，在重勢任法，棄知去私。

第三節　申不害之中心思想

申不害、京人，爲韓昭侯相，內修政教，外應諸侯，十五年，終申子之身，國治兵强，無侵韓者。

申子之學本於黃老，而主刑名；以爲治亂國，須用重典，而尤注重任術。著書二篇，號曰申子。原書已散佚，惟各書頗有稱引其說者，尚可考查其學說之梗概，茲略引述如后：

韓非子定法篇：「今申不害言術，而公孫鞅爲法術者，因任而授官，循名而責實，操殺生之柄，課羣臣之能者也，此人主之所執也。……君無術，則弊於上」。

外儲說右上：「申子曰，上明見，人備之；其不明見，人惑之；其知見，人惑之；其不知見，人慝之。其無欲見，人司之；其有欲見，人餌之。故曰，吾無從知之，惟無爲可以規之」。

按：此言術之重要性，與老子所謂「國之利器不可以示人」之意相近。此爲法家思想中之又一派。

北堂書鈔引申子云：「君之所以尊者令，令之不行，是無君也。故明君愼之」。

藝文類聚引申子云：「堯之治也，善明法察令而已。聖君任法而不任智，任數而不任說。黃帝之治天下也，置法而不變，使民安樂其法也。……君必明法正義，若懸權衡，以稱輕重，所以一羣臣也」。

按：此言法術之重要性，與命令之尊嚴性；令出必行，法不輕變，此聖君致治之道也。

觀上所述，可知申不害之中心思想，在重術而任法，而其要在棄知去私，一切賞罰均以法爲準繩。

第四節　商鞅之中心思想

商君、名鞅，姓公孫氏，其祖本姬姓也。少好刑名之學，事秦孝公，爲左庶長，定變法之令，開阡陌，盡地利，以農富國，以戰强兵。行之十年，秦民大悅，道不拾遺，山無盜賊，家給人足，民勇於公戰，怯於私鬥，鄉邑大治。後公子虔之徒，以私怨告商君欲反，車裂以徇滅其家。爲商君之學者，追輯其法令言論，成爲商君書。

韓非子定法篇：「……公孫鞅爲法。……法者，憲令著於官府，刑罰必於民心，賞存於愼法，而罰加乎姦令者也」。

商君書畫策篇：「仁者能仁於人，而不能使人仁；義者能愛於人，而不能使人愛。是以知仁義之不足以治天下也。聖人有必信之性，又有使天下不得不信之法。……聖王者，不貴義而貴法，法必明，令必行，則已矣」。「故以戰去戰，雖戰可也；以殺去殺，雖殺可也；以刑去刑，雖重刑可也」。修權篇：「國家之所以治者三：一曰法，二曰信，三曰權。法者、君臣之所共操也；信者、君臣之所共立也；權者、君之所獨制也。人主失守危，君臣釋法任私必亂。故立法明分，而不以私害法則治；權制斷於君則威；民信其賞則事功成；信其刑則姦無端。惟明主愛權重信，而不以私害法」。

按：此言法、信、權三者，爲致治之道；法必明，賞罰必信，令出必行。並謂用刑之目的，在以刑去刑，而不主張因仁愛而影響法之推行。此爲法家思想中專言法之一派。

商君書農戰篇：「凡人主所以勸民者，官爵也；國之所以興者，農戰也。今民求官爵，皆不以農戰，而以巧言虛道，此爲勞民；勞民者，其國必無力；無力者，其國必削」。

按：此言使民力農事，務戰鬥，則國强，否則削弱。商君主法治，兼修農戰，均爲當務之急。

商君書更法篇：「公孫鞅曰，臣聞之，疑行無成，疑事無功；君亟定變法之慮，殆無顧天下之議也。且夫有高人之行者，固見負於世；有獨知之慮者，必見訾於民。語曰：『愚者闇於成事，知者見於未萌』。民不可與慮始，而可與樂成。郭偃之法曰：『論至德者，不和於俗；成大功者，不謀於衆』。法者、所以愛民也，禮者、所以便事也。是以聖人苟可以彊國，不法其故；苟可以利民，不循其禮。……三代不同禮而王，五霸不同法而霸。故智者作法，而愚者制焉；賢者更禮，而不肖者拘焉」。

按：此為商君變法之理論，商君變法強秦，廢封建，改為郡縣，開中國統一之基，其創造之精神，實有足多者。

胡樸安商君書解詁序：「就商君之學說，而求其條理，以法為體，以刑為用，以農戰為目的。君主守法以用刑，嚴刑以督民，則農戰之事，可以如身之使臂，臂之使指。其務農也，算地以定墾，地有餘而民不足，則徠民以墾之。然後重粟菽，輕末技，以盡力農之利。其務戰也，壹言以教練之，明賞罰以驅策之。然後尊公鬥，賤游說，以作能戰之氣。使民非農無事，非戰無功。農戰為富強之本，明法嚴刑，又為農戰之本。商君學說之一貫者也」。

按：商君之中心思想以法為體，以刑為用，以農戰富國強兵為目的。胡氏此說，最為具體扼要。

第五節　韓非之中心思想

法家中，愼到重勢，申不害重術，商鞅重法，為法家思想中之三派。韓非則集勢、術、法三派之大成；以為勢、術、法三者，不可偏廢，必須兼而用之。蓋法雖重要，如無推行之術，則等於具文；術雖重要，如無憑藉之勢，亦無從運用也。

韓非子有度篇：「國無常強，無常弱；奉法者強則國強，奉法者弱則國弱。……故當今之時，能去私曲，就公法者，民安而國治；能去私行，行公法者，則兵強而敵弱。……故明主使其羣臣，不遊意於法之外，不為惠於法之內。……巧匠目意中繩，然必以規矩為度；上智捷舉中事，必以先王之法為比。故繩直而枉木斲，準夷而高科削，權衡懸而重益輕，斗石設而多益少；故以法治國，舉措而已矣。法不阿貴，繩不撓曲；法之所加，智者弗能辭，勇者弗敢爭。刑過不避大臣，賞善不遺匹夫」。

用人篇：「釋法術而任心治，堯不能正一國；去規矩而妄意度，奚仲不能成一輪；廢尺寸而差短長，王爾不能半中；使中主守法術，拙匠執規矩尺寸，則萬不失矣」。

大體篇：「古之全大體者……不以私累心，不以私累己。寄治亂於法術，託是非於賞罰，屬輕重於權衡。不逆天理，不傷人性。不吹毛而求疵，不洗垢而察難知。不引繩之外，不推繩之內。不急法之外，不緩法之內」。

按：以上三篇，言法有公平性，有標準性，有簡易性，爲治國之要道；奉之則國强，捨之則國弱。

韓非子飭邪篇：「故先王明賞以勸之，嚴刑以威之。賞刑明，則民盡死；民盡死，則兵强主尊。刑賞不察，則民無功而求得，有罪而幸免」。

守道篇：「聖王之立法也，其賞足以勸善，其威足以勝暴，其備足以必完法」。

按：以上兩篇，言賞罰爲法之用。法之推行，須恃賞罰。而賞罰又必須明察，方足以勸善勝暴。

韓非子五蠹篇：「今有不才之子，父母怒之弗爲改；鄉人譙之弗爲動；師長教之弗爲變。……州部之吏，操官兵，推公法，而求索姦人，然後恐懼，變其節，易其行矣。故父母之愛，不足以教子，必待州部之嚴刑者，民固驕於愛，聽於威矣」。

顯學篇：「爲治者，用衆而舍寡，故不務德而務法。夫必恃自直之箭，百世無矢；恃自圜之木，千世無輪矣。自直之箭，自圜之木，百世無有一；然而世皆乘車射禽者，何也？隱栝之道用也。雖有不恃隱栝，而有自直之箭，自圜之木，良工弗貴也。何則？乘者非一人，射者非一發也。不恃賞罰，而恃自善之民，明主弗貴也。何則？國法不可失，而所治非一人也」。

按：以上兩篇所言，爲韓非用法而不務德之基本理論。因慈愛不足以禁姦，而嚴刑足以勝暴。雖有自直之箭，自圜之木，自善之民；但究屬極少數。乘者非一人，射者非一發，治者非一人，法爲多數人而設，不能因少數自善之民而廢也。

韓非子備內篇：「故王良愛馬，越王勾踐愛人，爲戰與馳。醫善吮人之傷，含人之血，非骨肉之親也，利所加也。故輿人成輿，則欲人之富貴；匠人成棺，則欲人之夭死；非輿人仁而匠人賊也，人不貴，則輿不售，人不死，則棺不買；情非憎人也，利在人之死也」。

五蠹篇：「古者丈夫不耕，草木之實足食也；婦人不織，禽獸之皮足衣也；不事力而養足，人民少而財有餘，故民不爭。是以厚賞不行，重罰不用。今人有五子不爲多，子又有五子，大父未死，而有二十五孫，是以人民衆而貨財寡，事力勞而供養薄，故民爭；雖倍賞累罰，而不免於亂」。

心度篇：「聖人之治民，度其本，不從其欲，期於利民而已。故其與之刑，非所以惡民，愛之本也。刑勝而民靜，賞繁而姦生。故治民者，刑勝，治之首也；賞繁，亂之本也」。

姦刼弒臣篇：「而聖人者，審於是非之實，察於治亂之情也。故其治國也，明正法，陳嚴刑，將以救羣生之亂，去天下之禍，使强不凌弱，衆不暴寡，耆老得遂，幼孤得長，邊境不侵，君臣相親，父子相保，而無死亡係虜之患」。

內儲說上：「公孫鞅之法也，重輕罪。重罪者，人之所難犯也；而小過者，人之所易去也。使人去其所易，無離其所難，此治之道也。夫小過不生，大罪不至，是人無罪而亂不生也。……是謂以刑去刑」。

按：以上六節，言人有利己心，同時因人口日增，貨財有限，各人爲求得其生活之滿足，則不能無爭；爭則亂。用刑之目的，在以刑去刑，救羣生之亂，非以惡民，愛之本也。

× × ×

韓非子二柄篇：「明主之所導制其臣者，二柄而已矣。二柄者，刑德也；何謂刑德？曰殺戮之謂刑，慶賞之謂德。爲人臣者，畏誅罰而利慶賞，故人主自用其刑德，則羣臣畏威而歸其利矣」。

八姦篇：「明君之於內也，娛其色而不行其謁，不使私請；其於左右也，使其身，必責其言，不使益辭；其於父兄大臣也，聽其言也，必使以罰任於後，不令妄舉；其於觀樂玩好也，必令之有所出，不使擅進，不使擅退，羣臣虞其意；其於德施也，縱禁財，發墳倉，利於民者，必出於君，不使人臣私其德；其於說議也，稱譽者所善，毀疵者所惡，必實其能，察其過，不使羣臣相爲語；其於勇力之士也，軍旅之功無踰賞，邑鬥之勇無赦罪，不使羣臣行私財；其於諸侯之求索也，法則聽之，不法則距之」。

安危篇：「安術有七，危道有六。安術：一曰賞罰隨是非；二曰禍福隨善惡；三曰死生隨法度；四曰有賢不肖，而無愛惡；五曰有愚智，而無非譽；六曰有尺寸，而無意度；七曰有信，而無詐。危道：一曰斲削於繩之內；二曰斲割於法之外；三曰利人之所害；四曰樂人之所禍；五曰危人之所安；六曰所愛不親，所惡不疏。如此，則人失其所以樂生，而忘其所以重死；人不樂生，則人主不尊，不重死，則令不行也」。

姦刼弑臣篇：「人主誠明於聖人之術，而不苟於世俗之言，循名實而定是非，因參驗而審言辭。是以左右近習之臣，知僞詐之不可以得安也，必曰我不去姦私之行，盡力竭智以事主，而乃以相與比周，妄毀譽以求安，是猶負千鈞之重，陷於不測之淵而求生也，必不幾矣」。

和氏篇：「主用術，則大臣不敢擅斷，近習不敢賣重」。

按：以上所引述五篇，均言術之作用與其重要性。刑賞予奪之權，必操之於上，左右近習之人，必須嚴予防範，以免弄權賣重。尤須重參驗，明是非，辨善惡，信賞罰，一切以法度爲準繩，而棄知去私。老子云：「魚不可脫於淵，國之利器不可以示人」。此亦韓非之學，原於道德之意也。

× × ×

韓非子定法篇：「問者曰：『申不害、公孫鞅，此二家之言，孰急於國』？應之曰：『是不可程也！人不食十日則死，大寒之隆，不衣亦死；謂之衣食孰急於人？則不可一無也，皆養生之具也。今申不害言術，而公孫鞅爲法；術者、因任而授官，循名而責實，操殺生之柄，課羣臣之能者也，此人主之所執也。法者、憲令著於官府，刑罰必於民心，賞存乎愼法，而罰加乎姦令者也，此人臣之所師也。君無術，則弊乎上；臣無法，則亂於下；此不可一無，皆帝王之具也』。問者曰：『徒術而無法，徒法而無術，則不可何哉』？對曰：『申不害，韓昭侯之佐也；韓者，晉之別國也；晉之故法未息，而韓之新法又生；先君之令未收，而後君之令又下。申不害不擅其法，不一其憲令，則姦多。故利在故法前令則道之；利在新法後令則道之；利在新故相反，前後相悖，則申不害雖十使昭侯用術，而姦臣猶有所譎其辭矣。故託萬乘之勁韓七十年而不至於霸王者，雖用術於上，法不勤飾於官之患也。公孫鞅之治秦也，設告相坐而責其實，連什伍而同其罪，賞厚而信，刑重而必，是以其民用力勞而不休，逐敵危而不卻，故其國富而兵強。然而無術以知姦，則以其富強也資人臣而已矣！……故戰勝則大臣尊，益地則私封立，主無術以知姦也。商君雖十飾其法，人臣反用其資；故乘強秦之資數十年而不至於帝王者，法雖勤飾於官，主無術於上之患也』。」

按：此言法與術二者，如飢之於食，寒之於衣，不可偏廢；商君偏重法，申子偏用術，雖託萬乘之秦韓，而不至於霸王也。

×　×　×

韓非子人主篇：「夫馬之所以能任重引車致遠道者，以筋力也；萬乘之主，千乘之君，所以制天下而征諸侯者，以其威勢也」。功名篇：「桀為天子，能制天下，非賢也，勢重也；堯為匹夫，不能正三家，非不肖也，位卑也。千鈞得船則浮，錙銖失船則沉；非千鈞輕而錙銖重也，有勢之與無勢也」。

按：此言勢之作用與其重要性。

韓非子難勢篇：「夫勢者，便治而利亂者也。……勢之於治亂本末有位也。而語專言勢之足以治天下者，則其智之所至者淺矣」。

按：此言勢雖爲推行法令所必需；但勢可以爲治，亦可以爲亂。堯舜得勢，固可治天下；桀紂得勢，亦可亂天下。視用之者如何而定，而其要在建立法治制度。此種見解足以糾正愼到等專言勢以治天下之流弊也。

× × ×

綜觀以上所述，韓非不但集法、術、勢三派之大成，且能發揮三派之所長，而糾正其所短，成爲完整之法治思想；其在法學之貢獻，實有足多也。惟其主張用法而不務德，認爲慈愛不足以禁暴，而嚴刑足以勝姦，刑之所加，不避親疏貴賤。此種觀念，最爲後人詬病，但亦有激而爲之也。

第二章　先秦諸子對法家之訾議

荀子君道篇：「有亂君，無亂國；有治人，無治法；羿之法非亡也，而羿不世中；禹之法猶存，而夏不世王。故法不能獨立，類（類、例也。）不能自行，得其人則存，失其人則亡。法者，治之端也；君子者，法之原也。故有君子，則法雖省，足以徧矣；無君子，則法雖具，失先後之施，不能應事之變，足以亂矣。不知法之義，而正法之數者，雖博，臨事必亂。故明主急得其人，而闇主急得其勢（勢、位也）。

按：法家主張有治法無治人；荀子則主張有治人無治法。此荀子與法家觀點之不同也。

荀子非十二子篇：「尚法而無法，不循而好作，上則取聽於上，下則取從於俗。終日言成文典，反紃察之，則倜然（倜然、疏遠也。）無所歸宿，不可以經國定分。然而其持之有故，言之成理，足以欺惑愚衆，是慎到田駢也」。天論篇：「慎子有見於後，無見於先。……有後而無先，則羣衆無門」。

按：此訾議慎子之說，雖言成文典，能使上下皆聽從之；但反復紃察，則疏遠無所指歸，足以欺惑愚衆，不可經國定分。

荀子解蔽篇：「慎子蔽於法，而不知賢，……由法謂之，道盡數矣」。「申子蔽於勢，而不知知，……由勢謂之，道盡便矣」。

按：「此訾議慎子但知有治法，而不知有治人；有見於先，無見於後。申子但知任法，而不知任知。蓋愼子學本黃老，歸刑名，多明不尙賢不使能之道。故其說曰：「多賢不可以多君，無賢不可以無君」。其意謂但明得其法，雖無賢亦可爲治。而不知法待賢而後舉，倘由法而不由賢，則天下之道，盡於術數也。申子但主張得權勢以刑法馭下，而不知權勢待才智然後治，倘從勢而去智，則盡於逐便，無復修立。

莊子天下篇：「豪傑相與笑之曰，愼到之道，非生人之行，而至死人之理，適得怪焉」。

按：愼子主張以法齊天下之動，一人之心，棄知去己，一任於法；所以莊子譏其非生人之行，而至死人之理也。

商君書更法篇：「甘龍曰，聖人不易民而教，知者不變法而治；因民而教者，不勞而功成；緣法而治者，吏習而民安之。今若變法，不循秦國之政，更禮以教民，臣恐天下之議君」。「杜摯云，利不百，不變法；功不十，不易器。法古無過，循禮無邪」。

按：法家主張不期修古，不法尙可；商鞅云：「治世不一道，便國不法古；故湯武不循古而王，夏殷不易禮而亡；反古者不可非，而循禮者不足多」。韓非子五蠹篇亦云：「宋人有耕者，田中有株，兔走觸株，折頸而死，因釋其耒而守株，冀復得兔；兔不可復得，而身爲宋國笑。今欲以先王之政，治當世之民，皆守株之類也」。故甘龍、杜摯譏其變法之令，而荀子亦譏其不循而好作也。

史記商君傳：「商君相秦十年，宗室貴戚多怨望者，趙良見商君。……商君曰：『子不說吾治秦與』？趙良曰：『反聽之謂聰，內視之謂明，自勝之謂强；虞舜有言曰：「自卑也尙矣」！君若不道虞舜之道，無爲問僕矣』！商君曰：『始秦戎狄之教，父子無別，同室而居；今我更制其教，而爲其男女之別。大築冀闕，營如魯衛矣。子觀我治秦也，孰與五羖大夫賢』？趙良曰：『千羊之皮，不如一狐之腋；千人之諾諾，不如一士之諤諤。武王諤諤以昌，殷紂墨墨以亡。君若不非武王乎？則僕請終日正言而無誅，可乎』？商君曰：『語有之矣，貌言華也，至言實也，苦言藥也，甘言疾也。夫子果肯終日正言，鞅之藥也！鞅將事子，子又何辭焉』？趙良曰：『五羖大夫之相秦也，勞不坐乘，暑不張蓋，行於國中，不從車乘，不操干戈；功名藏於府庫，德行施於後世。五羖大夫死，秦國男女流涕，童子不歌謠，舂者不相杵。此五羖大夫之德也。今君之見秦王也，因嬖人景監以爲主，非所以爲名也；相秦不以百姓爲事，而大築冀闕，非所以爲功也；刑黥太子之師傅，殘傷民以峻刑，是積怨畜禍也。教之化民也深於命，民之效上也捷於令；今君又左建外易（立法與人相左，在外革易君命。），非所以爲教也。君又南面而稱寡人，日繩秦之貴公子；詩曰：「相鼠有體，人而無禮；人而無禮，胡不遄死」？以詩觀之，非所以爲壽也。公子虔杜門不出，已八年矣，君又殺祝懽而黥公孫賈。詩曰：「得人者興，失人者崩」。此數事者，非所以得人也。君之出也，後車十數，從車載甲，多力而駢脅者爲驂乘，持矛而操闟戟者，旁車而趨。此一物不具，君固不出；書曰：「恃德者昌，恃力者亡」。君之危若朝露，尚將欲延年益壽乎？則何不歸十五都，灌園於鄙，勸秦王顯巖穴之士，養老存孤，敬父兄，序有功，尊有德，可以少安！君尚將貪商於之富，寵秦國之教，畜百姓之怨，秦王一旦捐賓館而不立朝，秦國之所以收君者，豈其微哉？亡可翹足而待』。」

按：法家主張用法而不務德，而尤重視威勢；趙良之言，均切中商鞅之缺點，且有先見之明。惜商鞅未能誠意接納，否則豈有車裂之禍，滅門之患哉？甘龍嘗議商鞅輕言變法，不能因民而教，據法而治，亦爲中肯之言，卽荀子所謂：「不循而好作」，惜商鞅亦未能珍視也。

孟子云：「徒法不能以自行」。

按：孟子此言，亦與有治法無治人之說相左。尹文子云：「法者、所以齊衆異，亦所以乖名分；刑者、所以威不服，亦所以生陵暴；賞者、所以勸忠能，亦所以生鄙爭。……用得其道，則天下治；失其道，則天下亂」。所謂得與失者，非指法之本身而言，是指執法者而言。亦卽孟子所謂：「徒法不能以自行」之意也。

第三章　對訾議法家之平議

第一節　對訾議慎子之平議

方孝孺讀愼子：「世以愼到與鄧析韓非之流並稱；到雖刑名家，然其言有中理者，非若彼之深刻也。其謂：『立天子以爲天下，非立天下以爲天子』。不猶儒者所謂：『君爲輕』之意乎？其謂：『用人之自爲，不用人之爲我』。不猶『舍己從人』之意乎？其謂：『不設一方以求於人』，不猶『無求備』之意乎？其謂：『人君任人而勿自躬』，不猶：『任賢勿疑』之意乎？但到不聞聖人之道，不知仁義之治，墮於曲學而流於卑陋，夫豈其性然哉」！

按：此言愼子之言，尙有中理與儒家相通者；惟未聞聖人之道，以致墮於曲學而流於卑陋，但非其本性然也。

第二節　對訾議商鞅之平議

商鞅在法家中佔重要之地位，故後人對其評議特多，有予以贊同者，有予以反對者，有毀譽參半者；茲擇要分別臚述如次：

史記商君傳：「太史公曰：商君其天資刻薄人也！跡其欲干孝公以帝王術，挾持浮說，非其質矣。且所因由嬖臣；及得用，刑公子虔，欺魏將印，不師趙良之言，亦足以發明商君之少恩矣。余嘗讀商君開塞耕戰書，與其人行事相類，卒受惡名於秦，有以也夫」。

按：此言商君爲人，刻薄寡恩，背信棄義，且因由嬖臣得用，進身不正，皆不足取。

宋濂諸子辯：「商君好刑名之學，秦孝公用之，遂致富强，然卒以反誅。今觀其術，以勸耕督戰爲先務；墾草之令，農戰之法，至嚴至峻也。然不貴學問以愚民，不令豪傑務學詩書；其流毒至嬴政，遂大焚詩書百家語，以愚天下黔首，商鞅實啓之，非特李斯過也。議者不是之察，尙摘其商農無得糶糴，貴酒肉重租之語，以爲疵病；是猶舍人殺奪之罪，而問其不冠以見人；果何可哉」？

按：此言秦焚詩書，愚黔首，商鞅實啓之。

嚴萬里商君書新校正序：「太史公爲鞅傳，載鞅始見孝公，語未合；鞅曰，吾說公以帝道，其志不開悟，又說以王道而未入。似鞅亦明帝王之道，不得已而重自貶損，出於任法之說者。及觀所謂商君書，而知鞅實帝王之罪人；吾不知其始見而再不用者，作何等語也？故曰，學帝不成者王；學王不成者霸；學霸不成者亡。蓋以力服人，力竭而變生；以德服人，德成而化盛。帝王之道，順人之性，而相與安之，故能享國久長，而天下食其福。今鞅之書曰：『王者刑九賞一』。又曰：『六蝨者，禮、樂、詩、書、修善、孝弟、誠信、貞廉、仁、義、非兵、羞戰；國有十二者，必貧至削』。嗚呼！是直與帝王之道爲寇讎而已矣。彼不計勢之必窮，而紐於說之易售，其處心積慮，偏估其法之必行；束縛之，馳驟之，招之以告訐，羅之以連坐，壹之以農戰，以坐收其富强之實，而不顧元氣盡削，胥秦人已化爲虎狼，而孝公不悟也。數傳至始皇，益不悟也。席其成業，遂能鞭撻九有，橫噬六合；於是山東戍卒，揭竿一呼，而秦瓦解矣。向使鞅能堅持其帝王之道，將不見用；用而其效或不如任法之速，而秦久安長治矣。然而鞅安知所謂帝王之道也？僞也！彼不過假迂緩悠謬之說，姑嘗試之，而因以申其任法之說。而詎知亡其身以亡人國乎？夫帝王之道，無近功亦無流弊；故君子斷不舍此而取彼也」。

按：嚴氏言商鞅之法，以力服人，甚至反對詩書禮樂孝弟誠信，以致亡其身以及其國。

胡樸安商君書解詁序：「綜觀商君學說，有創作之精神：言今不言古，言人不言天，言刑法不言仁義，言武力不言文教；盡舉舊有之道德而排斥之。以個人之善惡無足輕重，惟人民對於國家，有服從之義務，國家對於人民，有無上之權威。以此之故，所以務在嚴刑以臨民；此固由於商君天資之刻薄，抑學說之結果必至於如是也。特是國家與君主不分，刑罰太峻，君權必尊。極其流弊，法律將失效力，以君主之意思，強使人民之必從，造成君主專制之政治，此商君學說之弊一；商君提倡人民尚樸尚力之習慣，而以農戰爲要務，不思啓發人民之知識，惟愚民以求易使，剝人權太甚，亦不合進化之公理，養成人民椎魯之風俗；此商君學說之弊二」。

按：胡氏言商君學說其弊有二；推行結果，造成君主專制與愚民政策。

蘇子瞻志林：「蘇子曰：嗚呼！秦之失道，自有來矣，豈獨始皇之罪？自商鞅變法，以殊死爲經典，以參夷爲常法，人臣狼顧脅息，以得死爲幸，何暇復請？方其法之行也，求無不獲，禁無不止，鞅自以爲軼禹舜而駕湯武矣；及其出亡而無所舍，然後知爲法之弊。……商鞅立信於徙木，立威於棄灰，刑其親戚師傅，積威信之極；以及始皇，秦人視其君，如雷電鬼神，不可測也。古者公族有罪，三宥然後制刑；今至使人矯殺其太子而不忌，太子亦不敢請，則威信之過也。故夫以法毒天下者，未有不反中其身及其子孫者也」。

按：此言商鞅積威信之極，以法毒天下，故反中其禍。以上均爲不滿商君學說者。

× × ×

朱師轍商君書解詁自序：「夫商君變法強秦，廢封建，改郡縣，中國統一之基，成於商君，而其要則在法治。法貴上下共守，至公無私，故能著其效。是其治國精神，實有不可廢者」。

章炳麟訄書商鞅篇：「商鞅之中於讒誹也二千年，而今世爲尤甚。其說以爲自漢以降，抑奪民權，使人君縱恣者，皆商鞅法家之說爲之倡。嗚呼！是惑於淫說甚矣。………鞅之作法也，盡九變以籠五官，覈其憲度而爲治本。民有不率，計畫至無俚，則始濟之以攫殺援噬，此以刑維其法，而非以刑爲法之本也。………迹鞅之進身與處交遊，誠多可議者；獨其當官，則正如檠榜而不可紾。方孝公以國事屬鞅，鞅自是得行其意，政令出內，雖乘輿亦不得違法而任喜怒。其賢於弘湯之闒人主意以爲高下者亦遠矣。辱太子，刑公子虔，知後有新主能爲禍福，而不欲屈法以求容閱。嗚呼！其魁壘而骨鯁也，庸渠若弘湯之徒，專乞哀於人主，藉其苛細以行佞媚之術者乎」？

按：以上均爲贊同商君之學說與其執法精神者。

× × ×

史記商君傳裴駰集解引新序論：「夫商君極身無二慮，盡公不顧私，使民內急耕織之業以富國，外重戰伐之賞以勸戎士；法令必行，內不阿貴寵，外不偏疏遠；是以令行而禁止，法出而姦息。……司馬法之勵戰士，周后稷之勸農業，無以易此。此所以幷諸侯也。……然無信，諸侯畏而不親。……使鞅施寬平之法，加之以恩，申之以信，庶幾霸者之佐哉」！

按：此爲同情商君，而惜其未能加之以恩，申之以信也。

陳澧東塾讀書記：「嗚呼！禮樂詩書仁義不必論矣；若孝悌，則自有人類以來，未有不以爲美者，而商鞅以爲蝨，以爲必亡必削，非梟獍而爲此言哉！親親尊尊之恩絕矣，車裂不足蔽其辜也」。「商鞅之書可取者：曰『聖人爲法，必使之明白易知（定分篇）。聖人有必信之性，又有使天下不得不信之法（畫策篇）。國皆有潛法，而無使法必行之法。國皆有禁姦邪刑盜賊之法，而無使姦邪盜賊必得之法（同上篇）。人主使其民信如日月，此無敵矣（弱民篇）。今亂國不然，恃吏；吏雖衆，同體一也（禁使篇）。初假吏民姦詐之本，而求端慤其末，禹不能以使十人之衆，庸主安能以御一國之民（愼法篇）？無宿治，則邪官不及爲私利於民，而百官之情不相稽（墾令篇）。凡人臣之事君也，多以主所好事君；君好法也，則臣以法事君；君好言也，則臣以言事君（修權篇）。有土者不可以言貧，有民者不可以言弱；地誠任，不患無財，民誠用，不患强暴（錯法篇）。國富則淫，淫則有蝨，有蝨則弱（說明篇）。農則樸，樸則安其居而惡出（算地篇）。故其國刑不可惡，而爵祿不足務也，此亡國之兆也（同上篇）。兵法大戰勝，逐北無過十里；小戰勝，逐北無過五里。兵起而程敵，政不若者勿與戰，食不若者勿與久，敵衆勿爲客，敵盡不如，擊之勿疑。故曰，兵大律在謹（戰法篇）。故王者之政，使民怯於邑鬥，而勇於寇戰（同上篇）。國亂者民多私義，兵弱者民多私勇，則削國之所以。取爵祿者多塗人，亡國之所以（畫策篇）」。

按：此言商君反對孝悌及詩書禮樂，其罪當不可勝誅；惟其書可取之處亦頗多也。

戰國策秦策一：「商君治秦，法令至行，公平無私，罰不諱强大，賞不私親近。法及太子，黥劓其傅，期年之後，道不拾遺，民不妄取，兵革大强，諸侯畏懼。然深刻寡恩，特以强服之耳」。

按：此亦言商君深刻寡恩，以力服人。惟其治跡，頗有足多。

× × ×

綜觀上述評論，商君之缺點，在刻薄寡恩，以力服人，甚至非詩書禮樂，孝悌慈惠，造成君主專政，焚詩書，愚黔首之局面。而其優點，在變法强秦，廢封建，改郡縣，統一中國之基。而其主法治，兼修農戰，亦爲當務之急。至其執法不阿，不計私人禍害，維護法治之精神，尤爲難能可貴。要之，商君學說，能在戰國之時，獨樹一幟，且收已試之效，未可予以忽視。其認爲國家之治，在於法、權、信者，亦殊有見地；法爲國家之威，權爲君主之柄，信爲社會之裁制，確爲治國不可或少者也。假使商君本此三者，能寬平施之，加之以恩，不以犬馬策之，不以嚴酷求之，則不難成爲法治國家之模範。所惜商君未能注意及此，而當時之君權又肆無所限，民知尙淺，時會所趨，造成如此結局，此亦非唯商君一人之不幸也。

第三節　對韓非之平議

蘇轍韓非論：「及韓非之學，并取申商，而兼治法術；法之所止，雖有聖智不用也。術之所操，雖有父子不信也。使人君據法術之自然，而無所復爲，此申韓所謂老子之道，而實非也。彼申商各行其說耳。然秦韓之治，行於一時，而其害見於久遠。使非不幸獲用於世，其害時有不可勝言者矣」。

按：此言韓非專任法術，不用聖智仁慈；使其幸而獲用，其禍不可勝言。

宋濂諸子辯：「韓非慘覈人也！君臣父子夫婦之間，一任以法，其視仁義蔑如也。法之所及，雖刀鋸日加，不以爲寡恩也。其無忌憚，至謂孔子未知孝悌忠信之道；謂賢堯舜湯武，乃天下亂術；謂父有賢子，君有賢臣，適足以爲害；謂人君藏術胸中，以倡衆端而潛御羣臣。噫！是何言歟？是亦足以殺其身矣」。

按：此言韓非，蔑視仁義忠孝，妄議先聖；卽此已足以致殺身之禍。

晁公武郡齋讀書志子類法家韓非子：「其極刻覈無誠悃，謂夫婦父子舉不足相信，而有解老喻老篇，故太史公以爲大要皆原於道德之意。夫老子之言高矣，世皆怪其流裔何至於是？殊不知老子之書，有『將欲歙之，必固張之；將欲弱之，必固强之；將欲廢之，必固興之；將欲奪之，必固予之』。及『欲上人者，必以其言下之；欲先人者，必以其身後之』之言，乃詐也。此所以一傳而爲非歟」？

按：此言韓非其極刻覈無誠悃，是受老子學說之影響。

揚子法言先知篇：「或問韓非作說難之書，而卒死乎說難，敢問何反也？曰，說難蓋其所以死乎？曰，何也？曰，君子以禮動，以義正，合則進，否則退，確乎不憂其不合也。夫說人而憂其不合，則亦無所不至矣！或曰，說之而不合，非憂邪？曰，說不由道，憂也；由道而不合，非憂也」。

按：此言韓非所以死乎說難者，是因其說不由道也。

以上均爲不滿韓非之學說行爲者。

× × ×

王先謙韓非子集解序：「韓非處弱韓危急之時，以宗族疏遠，不得進用，目擊游說縱橫之徒，顚倒人主以取利，而奸滑賊民恣爲暴亂，莫可救止。……其身與國爲體，又燭弊深切，無繇見之行事，爲書以著明之。故其情迫，其言覈，不與戰國文學諸子等；迄今覽其遺文，推迹當日國勢，苟不先以非之言，殆亦無可爲治者。仁惠者，臨民之要道，然非以待姦暴也。……非論說固有偏激；然其云明法嚴刑，救羣生之亂，去天下之禍，使强不陵弱，衆不暴寡，耆老得遂，幼孤得長；此則重典之用，而張弛之宜，與孟子所稱，及閒暇，明政刑；用意豈異也？既不能行之於韓，而秦法暗與之同，遂以鉏羣雄，有天下。而董子迺曰，秦行韓非之說；考非奉使時，秦政立勢成，非往卽見殺，何謂行其說哉」？

按：此爲同情韓非者，謂其論說受當時環境之影響，雖有偏激，但其所主張，在當時實爲重典之用，張弛之宜。苟不先以非之言，殆亦無可爲治者。章炳麟自序亦謂：「遭世衰微，不忘經國，尋求政術，歷覽前史，獨於荀卿韓非之說爲不可易」。

綜觀上述評論，韓非之缺點，在極刻覈無誠悃，專任法術，蔑視仁義，妄議先聖；而其優點，在明法嚴刑，救羣生之亂，去天下之禍，論說雖有偏激，亦係當時之環境，有激而使然也。

韓非在法家中，較慎到、申不害、商鞅等爲晚出，所以先秦諸子中頗少對其訾議者；惟其集法家之大成，故後之學者，均殊重視其學術。王先謙之所云，探本窮源，衡情度理，無偏無頗，爲持平之論。余則以爲韓非護法愛國之犧牲精神，實非常人所能企及：史記謂韓非喜刑名法術之學，而歸其本於黃老。韓非有解老喻老諸篇，對老學精微，闡發無遺；確爲研究老學，最有心得者。老子有：「聰明深察，而近於死者，好議人者也；博辯廣大，危其身者，發人之惡者也」之明訓，韓非非不深知也；而其書中二柄、八姦、六反、五蠹、內外儲說、姦刼弒臣、說難、孤憤篇等，對時君重臣，以及君主近習等之隱私，無不揭發靡遺；其必見殺，當早自知。而其所以置生死於度外，慨乎言之而無諱者，蓋其護法愛國之精神有以使然也。此種犧牲精神，豈苟悅取容，操佞媚之術者，所可同日而語哉？余每讀韓非上述諸篇，未嘗不爲之按卷而歎息也。

第四節　對法家一般訾議之平議

傅子貴教篇：「若夫商韓孫吳，知人性之貪得樂進，而不知兼濟其善。於是束之以法，要之以功，使天下惟力是恃，惟爭是務。恃力務爭，至有探湯赴火，而忘其身者，好利之心獨用也。懷好利之心，則善端沒矣。中國之所以常制四夷者，禮義之教行也；失其所以教，則同乎夷矣」。

按：此亦所謂「蔽於法而不知賢」也。

王夫之老莊申韓論：「建之爲道術，推之爲治法。內之以求心，勿損其心；出以安天下，勿賊天下。古之聖人，仁及萬世，儒者修明之，而見諸行事，唯此而已。求合於此而不能，因流於詖者，老莊也。損其心以任氣，賊天下以立權，明與聖人之道背馳，而毒及萬世者，申韓也。與聖人之道背馳，則峻拒之者，儒者之責勿容辭也。拒其說，必力絕其所爲；絕其所爲，必厚戒於其心，而後許之爲君子。儒言治道者吾惑焉，於老莊則遠之，惟恐不夙；於申韓則暗襲其所爲，而陰挾其心，吾是以惑，而甚惑其惑之甚也。………畫之以一定之法，申之以繁重之科，臨之以憤盈之氣，出之以戌削之詞，督之以違心之奔走，迫之以畏死之憂患。如是以使之仁不忘親，義不背長，不率則毅然以委之霜刃之鋒曰，吾以使人履仁而戴義也。夫申韓固亦曰，吾以使人履仁而戴義也，何患乎無名而要，豈有不忍人之心者所幸有其名，以彈壓羣倫乎？易動而難戢者氣也，往而不易反者惡怒之情也，羣起而熒人以逞者匹夫蹶然之恩怨也。是以君子貴知擇焉，弗擇而聖人之道且以文邪慝而有餘。文老莊，而有老莊之儒；以文浮屠，而有浮屠之儒；以文申韓，而有申韓之儒。下至於申韓之儒，而賊天下以賊其心者甚矣。後世之天下，死於申韓者積焉。爲君子儒者，潛移其心於彼者實致之也」。

按：王氏言老莊賊名法，以斬安天下，雖未能合於聖人之道，而固不敢背以馳。申韓則畫之以一定之法，申之以繁重之科，臨之以憤盈之氣，出之以戌削之詞，督之以違心之奔走，迫之以畏死之憂患。如是而欲使其仁不忘親，義不背長，而不可得。後世言治道者，於老莊則遠之，惟恐不夙；於申韓則陷覆其所爲，而陰挾其心。以致後世之天下，死於申韓者積焉。此亦探源之論也。

× × ×

漢書藝文志：「法家者流，蓋出於理官，信賞必罰，以輔禮制。易曰，先王以明罰飭法，此其所長也。及刻者爲之，則無教化，去仁愛，專任刑法，而欲以爲治，至於殘害至親，傷恩薄厚」。

司馬談論六家要旨：「法家嚴而少恩；然其正君臣上下之分，不可改矣。……法家不別親疏，不殊貴賤，一斷於法，則親親尊尊之恩絕矣。可以行一時之計，而不可長用也。故曰，嚴而少恩。若尊主卑臣，明分職，不得相踰越，雖百家不能改也」。

按：漢志與司馬談均認爲法家缺點雖多，但亦有所長。明罰飭法，以輔禮制，辨尊卑，明分職，不相踰越，是其所長；嚴而少恩，專任刑法而欲以爲治，是其所短。

漢書賈誼傳：「夫禮者，禁於將然之前；而法者，施於已然之後。是故法之所用易見，而禮之爲用難知也。若夫慶賞以勸善，刑罰以懲惡，先王執此之政，堅如金石；行此之令，信如四時；據此之公，無私如天地；豈顧不用哉」！

按：賈氏言禮法均爲致治之道，缺一不可。即孟子所謂「徒善不足以爲政；徒法不能以自行」。爲不易之定論也。

× × ×

附錄：對管子之平議

漢志列管子於道家，隋、唐志，則均列管子於法家。管子雖善因禍而爲福，但其書非純道家之言；管子書中雖有七法、法禁、重令、法法等篇任法之言，但其同時主張「倉廩實，則知禮節；衣食足，則知榮辱」。「四維不張，國乃滅亡」。亦非純係法治主義者，與法家之說，未盡相符合也。惟世以管商並稱，蓋因其任法之道，與致治之功，足爲法家權輿也。故特將古來對管子之評議，擇要附錄於法家之後：

孔子曰：「微管仲，吾其被髮左衽矣，如其仁！如其仁」！「管仲之器小哉」！

太史公曰：「余讀管氏牧民、山高、乘馬、輕重、九府，詳哉言之也」。「將順其美，匡救其惡，故能上下相親愛，豈管仲之謂乎」？

劉向管子書序：「管子既相，以區區之齊在海濱，通貨積財，富國強兵，與俗同好醜。故其書稱曰：『倉廩實而知禮節，衣食足而知榮辱，上服度則六親固，四維不張，國乃滅亡。下令猶流水之源，令順人心，故論卑而易行。俗所欲，因予之；俗所否，因去之。其爲政也，善因禍爲福，轉敗爲功。貴輕重，愼權衡」。

孟子：「公孫丑問曰：『夫子當路於齊，管仲晏子之功，可復許乎』？孟子曰：『子誠齊人也！知管仲晏子而已矣。……管仲曾西之所不爲也，而子爲我願之乎」？

方苞讀管子：「管子之用周禮也，體式之繁重，一變而爲徑捷焉；氣象之寬平，一變而爲嚴急焉。非故欲為此也，勢也。蓋周之時，四海一家，制禮於治定功成之後，故紀綱民物，可一循其自然之節，以俟其遲久而成。管子承亂，用區區之齊，將以合勢之散，正時之傾，非極其身，不能用也；非及其君之身，不能用也；而豈可俟哉？惟然而苦其難成，故其行之也，亦不得不嚴且急焉；是管子之不得已也。然周官之作，依乎天理，以盡萬物之性；而管子之整齊其民也，則將時用以取所求，是則其根源之異也。而讀其書，尚知令行禁勝之必本於君身，聰明思慮，當付之衆人而不自用，則又非諸法家之所能及矣夫」！

按：方氏言管子之用周禮，一變體式之繁重而為徑捷，變氣象之平寬而為嚴急，是因時異而勢不同，非故為此，不得已耳。而其令行禁勝之必本於君身，聰明思慮，當付之衆人而不自用，則尤為足多。

晁氏云：「予讀仲書，見其謹政令，通商賈，均力役，盡地利，既為富強，又頗以禮義廉恥化其國俗；如心術、白心諸篇，亦嘗側聞正心誠意之道；其能一天下，致君為五霸之盛，宜矣」！

趙用賢管子書序：「昔者蘇軾氏蓋論仲之變法而曰：『王者之兵，非以求勝，故其法繁而曲；霸者之兵，求以決勝，故其法簡而直。然則謂仲之用法異於周公之意，則可；而謂其法之盡詭於周公，則不可。故曰古今遞遷，道隨時降；王霸迭興，政由俗革』。吾以為周公經制之大備，蓋所以成王道之終；管子能變其常，而通其窮，亦所基伯道之始，夫亦勢之所趨，有不得不然者乎」！

按：晁趙二氏，均推崇管仲；蓋仲雖非純為道家或法家，但能兼有道家法家之長，而無其短。觀其善因禍而爲福，與任法之言行，均爲道法二家之精義；旣爲富强，又以四維化其國俗。其能佐桓公，九合諸侯，一匡天下，洵非偶然。宜乎各家對其均有好評。孔子譏其器小，孟子亦曾謂管仲曾西之所不爲者；蓋惜以管仲之才，相桓公僅止於霸，未能以齊王也。

此外，宋濂諸子辯，對管子論評，亦頗詳盡，並殊客觀，足供參考。茲節錄於后：

宋濂諸子辯：「管子二十四卷，齊大夫管夷吾撰。夷吾字仲，其書經劉向所定，凡九十六篇，今亡十篇。……先儒之是仲者，稱其謹政令，通商賈，均力役，盡地利。旣爲富强，又頗以禮義廉恥化其國俗；如心術、白心之篇，亦嘗側聞正心誠意之道，其能一匡天下，致君爲五伯之盛宜矣。其非仲者，謂先王之制，其盛極於周。后稷、公劉、太王、王季、文、武、成、康、周公之所以制周者，非一人之力，一日之勤；經營之難，積累之素，况又有出於唐虞夏商之舊者矣。及其衰也，而仲悉壞之，何仲之不仁也？嗚呼！非之者固失，而是之者亦未爲得也。何也？仲之任術立伯，假義濟欲，縱能致富强，而汲汲功利，禮義俱喪，其果有聞正心誠意之道乎？周自平王東遷，諸侯僭王，大夫僭諸侯，文武成康周公之法，一切盡壞，列國盡然，非止仲一人而已也。然則仲如何人？曰其人也，功首而罪魁者也。曰齊之申、韓、鞅、斯之列，亦有間乎？曰申、韓、鞅、斯刻矣，而仲不至是也。原其作俑之意，仲亦烏得無罪焉？薄乎云爾」！

第五篇　名　家

第一章　名家學術述要

第一節　名家學術之起因

宋濂諸子辯：「公孫龍、趙人，平原君客也。能辯說，傷明王之不興，疾名器之乖實，以假指物，以混是非，冀時君之有悟，而正名實焉」。

公孫龍子跡府篇：「公孫龍、六國時辯士也。疾名實之散亂，因資材之所長，爲守白之論，假物取譬，以守白辯」。

按：此均言名家之學術，受當時環境之影響。蓋物各有材，聖人所資用者也。當時衆材殊辯，各恃所長，更相是非，以邪削正，故賞罰不由天子，威福出自權臣，公孫龍目擊心傷，歎明王之不興，疾名器之乖實，乃爲是說，冀時君之有悟，而正名實也。

魯勝墨辯序：「名者所以別同異，明是非；道義之門，政化之準繩也。孔子曰：『必也正名，名不正則事不成』。墨子著書，作辯經以立名本。惠施公孫龍，祖述其學以正刑名，顯於世」。

按：魯氏言惠施、公孫龍之名學，係祖述墨子。而墨子係根據孔子之「必也正名」。孔子言爲政，必先正名；以爲「君子名之必可言，言之必可行」。又云「不曰堅乎？磨而不磷；不曰白乎？涅而不緇」。此皆名家之說所由仿也。

第二節　惠施之中心思想

惠施、姓惠，名施，宋人。其書已佚，惟與莊子同時，且與莊子友善，故莊子書中記載惠施之事頗多，茲略引述如後：

莊子天下篇：「惠施多方，其書五車，其道舛駁，其言也不中。歷物之意曰：『至大無外，謂之大一；至小無內，謂之小一。無厚不可積也，其大千里。天與地卑，山與澤平。日方中方睨，物方生方死。大同而與小同異，此之謂小同異；萬物畢同畢異，此之謂大同異。南方無窮而有窮，（古人視萬事皆爲循環，本此以推想地形，以爲南行不已，可以復返於北。）今日適越而昔來，連環可解也。我知天下之中央，燕之北，越之南是也。氾愛萬物，天地一體也』。惠施以此爲大觀於天下，而曉辯者（指桓團公孫龍辯者之徒）天下之辯者，相與樂之（謂樂惠施之所曉）。『卵有毛（此以下二十一事，皆天下辯者之徒。）雞三足，郢有天下，犬可以爲羊，馬有卵，丁子有尾，火不熱，山出口，輪不輾地，目不見，指不至，至不絕，龜長於蛇，矩不方，規不可以爲圓，鑿不圍枘，飛鳥之景，未嘗動也。鏃矢之疾，而有不行不止之時。狗非犬，黃馬驪牛三，白狗黑，孤駒未嘗有母。一尺之捶，日取其半，萬世不竭』。辯者以此與惠施相應，終身無窮」。

按：上述「氾愛萬物，天地一體也」二句，爲惠施宗旨之所在。此外皆爲此二句說明也。莊子秋水篇：「莊子與惠子遊於濠梁之上，莊子曰：『儵魚出游從容，是魚之樂也』。惠子曰：『子非魚，安知魚之樂』？莊子曰：『子非我，安知我不知魚之樂』？」又徐無鬼篇：「莊子過惠子之墓歎曰：『自夫子之死也，吾無與言矣』！」觀此，可知惠子與莊子之關係，莊子對惠子之論，均必信而有徵。根據莊子之言，惠子是以爲物無彼此之分，亦無古今之別，氾愛萬物，天地一體。此種思想，擴而充之，卽墨子之兼愛，亦卽所謂「民吾同胞，物吾與也」。惟其辯說以反人爲實，而欲以勝人爲名，以致與衆不適，此莊子所以爲之深歎惜歟？

第三節　公孫龍之中心思想

公孫龍，字子秉，趙人，嘗客平原君，著有公孫龍子一書，漢志列於名家。

公孫龍子白馬論：「白馬非馬，可乎？曰可！曰何哉？曰馬者，所以命形也；白者，所以命色也。命色者，非命形也，故曰白馬非馬。………馬者，無去取於色，故黃黑皆所以應；白馬者，有去取於色，黃黑馬皆所以色去，故惟白馬獨可以應耳。無去者非有去也，故曰，白馬非馬」。

堅白論：「堅、白、石、三，可乎？曰不可！曰二，可乎？曰可！曰何哉？曰：無堅得白，其舉也二；無白得堅，其舉也二。………視之不得其堅，而得其所白者，無堅也；拊之不得其所白，而得其所堅；得其所堅，無白也。……………得其白，得其堅，見與不見離，不見離，一一不相盈，故離。離也者，藏也」。

按：白馬論與堅白論，爲公孫龍子之中心思想。其謂白以色名，馬以形名，所以白馬非馬，實開論理學分析研究之先河。其以堅爲石之質，以白爲石之色，目視石則見其白，手觸石則知其堅；但堅不必白，白亦不必堅。石之質堅，堅者皆謂之石不可也；石之色白，白者皆謂之石，亦不可也。循名覈實，不使散亂，爲名家之宗旨，不特公孫龍爲然，卽惠施等亦均欲正名實而化天下也。

名家除惠施公孫龍外，尙有鄧析、尹文子二人，亦有足道者，玆略述其中心思想如次：

鄧析子無厚篇：「循名責實，察法立威，是明王也。………治世位不可越，職不可亂，百官有司，各務其形。上循名以督實，下奉敎而不違。所美觀其所終，所惡計其所窮。喜不以賞，怒不以罰，可謂治世」。「夫自見之明，借人見之闇；自聞之聰，借人聞之聾也。明君知此，則去就之分定矣」。轉辭篇：「勢者、君之輿，威者、君之策，臣者、君之馬，民者、君之輪。勢固則輿安，威定則策勁，臣順則馬良，民和則輪利。爲國失此，必有覆車奔馬折輪敗載之患，安得不危」。「目貴明，耳貴聰，心貴公。以天下之目視，則無不見；以天下之耳聽，則無不聞；以天下之智慮，則無不知。得此三術，則存於不爲也」。

按：觀上所述，可知鄧析學說是主於勢，統於尊，循名覈實，與法家之說爲近。

鄧析子轉辭篇：「心欲安靜，慮欲深遠；心安靜，則神策生；慮深遠，則計謀成。心不欲躁，慮不欲淺；心躁，則精神滑；慮淺，則百事傾」。「夫治世之法，莫大於私不行；功，莫大於使民不爭」。無厚篇：「為君當如冬日之陽，夏日之陰，萬物自歸，莫之使也。恬臥而功自成，優游而政自治。豈在振目搤腕，手據鞭朴，而後為治歟」？「死生自命，富貴自時；怨夭折者，不知命也；怨貧賤者，不知時也。故臨難不懼，知天命也；貧窮無懾，達時序也」。「治世之禮，簡而易行；亂世之禮，煩而難遵。上古之樂，質而不悲；當今之樂，邪而為淫」。

按：以上所述，與道家之虛靜無為，儒家之定靜安慮得，以及安貧樂道之旨相近。

× × ×

尹文子卷上：「名有三科……一曰命物之名，方圓黑白是也；二曰毀譽之名，善惡貴賤是也；三曰況謂之名，賢愚愛憎是也。………名者，名形者也；形者，應名者也。………無名，故大道無稱；有名，故名以正形。今萬物具存，不以名正之則亂；萬名具列，不以形應之則乖。故形名者，不可不正也。」「大道無形，稱器有名；名也者，正形者也。形正由名，則名不可差。故仲尼云：『必也正名乎？名不正，則言不順』。」

按：此言名學之意義與其重要性，名學之目的在於正名；因名不正，則言不順，事不成。此乃名家之所長。

尹文子卷下：「治王之興，必有所先誅；先誅者，非謂盜，非謂姦；此二惡者，一時之大害，非亂政之本也。下侵上之權，臣用君之術，心不畏時之禁，行不規時之法；此大亂之道也」。「道不足以治，則用法；法不足以治，則用術；術不足以治，則用權；權不足以治，則用勢；勢用則反權；權用則反術；術用則反法；法用則反道；道用則無爲而自治」。「仁、義、禮、樂、名、法、刑、賞，凡此八者，五帝三王治世之術也」。「世俗之人，聞譽則悅，聞毀則戚，此衆人之大情。有同己則喜，異己則怒，此人之大情。故佞人善爲譽者也，善順從者也，人言是，亦是之；人言非，亦非之；從人之所愛，隨人之所憎。故明君雖能納正直，未必能親正直；雖能遠佞人，未必能疏佞人」。

按：此與鄧析主於勢，統於尊，循名覈實之旨相同，惟言之更爲深切，與法家之說頗近。

尹文子：「今萬民之望人君，亦如貧賤之望富貴；其所望者，蓋欲料長幼，平賦斂，時其飢寒，省其疾痛，賞罰不濫，使役以時，如此而已。則於人君弗損也，然而弗酬，弗與同勞逸故也。故爲人君，不可弗與民同勞逸焉。故富貴者，可不酬貧賤者；人君不可不酬萬民；不酬萬民，則萬民之所不願戴；所不願戴，則君位替矣。危莫甚焉，禍莫大焉」！

按：此又與儒家「得天下有道，在於得民心」之旨相似。

第二章 先秦諸子對名家之訾議

莊子天下篇：「惠施多方，其書五車，其道舛駁，其言也不中。桓團公孫龍辯者之徒，飾人之心，易人之意，能勝人之口，不能服人之心，辯者之囿也。惠施日以其智與人辯，特與天下之辯者爲怪，此其柢也。然惠施之口談，自以爲最賢；曰天地其壯乎？施存雄而無術。南方有倚人焉，曰黃繚，問天地所以不墜不陷，風雨雷霆之故。惠施不辭而應，不慮而對，徧爲萬物說，說而不休，多而無已，猶以爲寡，益之以怪。以反人爲實，而欲以勝人爲名，是以與衆不適也。弱於德，强於物，其塗隩矣。由天地之道，觀惠施之能，其猶一蚊一虻之勞者也。其於物也何庸？夫充一尚可，曰愈貴道幾矣。惠施不能以此自寧，散於萬物而不厭，卒以善辯爲名。惜乎惠施之才，駘蕩而不得，逐萬物而不返，是窮響以聲，形與影競走也，悲夫」！

按：此爲莊子訾議惠施公孫龍等，以善辯爲名，以反人爲實，卒至與衆不適。曰「惜乎」曰「悲夫」者，是莊子深惜惠施等囿於辯也。

× × ×

韓非子問辯篇：「堅白無厚之詞章，而憲令之法息。故曰上不明，辯生焉」。

商君書說民篇：「辯慧亂之贊也」。算地篇：「夫治國者舍勢而任說，則身修而功寡」。

按：此爲法家訾議名家任辯說，而舍勢不務法，爲亂之本者。

荀子非十二子篇：「不法先王，不是禮義，而好治怪說，玩琦辭，甚察而不急，辯而無用，多事而寡功
，不可以爲治綱紀。然而其持之有故，其言之成理，足以欺惑愚衆；是惠施鄧析也」。解蔽篇：「惠子
蔽於辭，而不知實。……………由辭謂之，道盡論矣」。不苟篇：「山淵平，天地比，齊秦襲，入乎耳，
出乎口，鉤有鬚，卵有毛；是說之難持者也，而惠施鄧析能之」。正名篇：「故王者之制名，名定而實
辨，道行而志通，則愼率民而一焉。故析辭擅作名，以亂正名，使民疑惑，人多辨訟，則謂之大姦，其
罪猶爲符節度量之罪也。……………『見侮不辱』，『聖人不愛己』，『殺盜非殺人也』，此惑於用名以
亂名者也。……………『山淵平』，『情欲寡』，『芻豢不加甘，大鍾不加樂』，此惑於用實以亂名者也
。……………『非而謁楹』，『有牛馬非馬也』，此惑於用名以亂實者也。……………凡邪說辟言之離正道而
擅作者，無不類於三惑者矣」。「名聞而實喻，名之用也。累而成文，名之麗也。用麗俱得，謂之知名
。名也者，所以期異實也。辭也者，兼異實之名以喻一意也。辨說也者，不異實名，以喻動靜之道也。
期命也者，辨說之用也。辨說也者，心之象道也。心也者，道之工宰也。道也者，治之經理也。心合於
道，說合於心，辭合於說，正名而期，質請而喻，辨異而不過，推類而不悖，聽則合文，辨則盡故，以
正道而辨姦，猶引繩以持曲直，是故邪說不能亂，百家無所竄。有兼聽之明而無奮矜之容，有兼覆之厚
而無伐德之色，說行則天下正，說不行則白道而冥窮，是聖人之辨說也」。

按：此爲儒家辯議名家，治怪說，玩琦辭，蔽於巧辭詭辯，而不知實理，是惑於用名以亂名，惑於
用實以亂名，惑於用名以亂實，非聖人之辨說也。

孟子公孫丑篇：「詖辭知其所蔽，淫辭知其所陷，邪辭知其所離，遁知其辭所窮」。

按：此亦訾議詭辯一派者。

×　　×　　×

史記集解引別錄：「齊使鄒衍過趙，平原君見公孫龍及其徒綦毋子之屬，論白馬非馬之辯，以問鄒子。鄒子曰：『不可！彼天下之辯，有三勝五至，而辭至為下。辯者，別殊類，使不相害，序異端，使不相亂，抒意通指，明其所謂，使人與知焉，不務相迷也。故勝者不失其所守，不勝者得其所求；若是，故辯可為也。及至煩文以相假，飾詞以相惇，巧譬以相移，引人聲使不得及其意，如此害大道！夫繳紛爭言而競後息，不能無害君子』。坐皆稱善」。

按：此係陰陽家訾議名家者。章炳麟諸子系統說云：「惟陰陽牢守古義，不問是非，故於名家正為反對。據劉向別錄云，是其拒絕名家至矣」。

×　　×　　×

呂氏春秋精諭篇：「鄧析與民之有獄者約，大獄一衣，小獄一袴，民之獻衣襦袴而學訟者，不可勝數。以非為是，以是為非，是非無度，而可與不可日變，所欲勝者因勝，所欲罪者因罪」。「洧水甚大，鄭之富人有溺者，人得其死者，富人請贖之，其人求金甚多，以告鄧析。鄧析曰：『安之！人必莫之賣』。得死者患之，以告鄧析，鄧析又答之曰：『安之，此必無所更買矣』。」「鄭國多懸以書者，子產令無懸書，鄧析致之；子產令無致書，鄧析倚之；令無窮，則鄧析應之亦無窮矣」。

按：此爲雜家訾議名家者。亦卽列子力命篇所謂：「操兩可之說，設無窮之辭」者。鄧析曾以此數難子產，爲子產所殺。

第三章 對訾議名家之平議

章炳麟諸子系統說：「其專爲名家者，則公孫龍、惠施輩，論辯雖多，竟不知欲成何義？故有『鉤鈲析亂之譏』。若夫儒墨道家諸家，雖於名家多有詆譭，而實陰用其術。蓋名者學人之公器，非一家所得私，故成立亦最居後」。

按：章氏同意諸子對名家之訾議，惟名學爲學人之公器，各家雖對名家有訾議，而實則不能不陰用其術也。

揚子法言吾子篇：「或問公孫龍詭辭數萬以爲法，法歟？曰，斷木爲棊，捖革爲鞠，亦皆有法焉，不合乎先王之法者，君子不法也」。

按：此言公孫龍詭辭數萬，不合先王之法，離乎仁義，不可爲訓。

方孝孺讀公孫龍子：「君子無用乎辯也；豈惟無事乎辯，亦無事乎言也。充乎心不得已而後言，正言之而理不明，不得已而後辯；辯而無所明言，而不出乎道，則亦無用乎言與辯矣。若公孫龍之辯，不亦費其辭乎？孔子所謂正名，數言而煥然矣。龍術爲白馬指物通變堅白名實之論，枝蔓繁複，累數千言，然其意不越乎正名而已。傳有之曰：『有德者必有言』，有德之人，一言而有餘；不知道者，萬言而不足。故善學者，必務知道」。

按：此言公孫龍之辯，其意雖不越乎正名，但枝蔓繁複，爲不知道之費辭。

王啓湘公孫龍子校銓序：「據漢書藝文志，周秦人之以名學著者七人，今惟存鄧析、尹文、公孫龍三家，而以龍爲最卓絕。其名學要旨，蓋不出合同異四言之外。嘗試論之：合同異者，名學所謂歸納也。離堅白者，名學所謂演繹也。然不然，可不可者，於不然中求其然，不可中求其可也。誠能於不然中求其然，不可中求其可，斯謂能立。若能於然中求其不然，可中求其不可，則爲能破。演繹歸納，爲名學之方式；能立能破，爲名學之效果。以演繹歸納之方式，求能立能破之效果，而名家之能事畢矣」。

按：王氏謂公孫龍之學說，合於名學演繹歸納之方式，與能立能破之效果。此類解說，殊爲新穎。

四庫提要：「公孫龍子三卷……………其書大旨，疾名器乖實，乃假指物以混是非，借白馬而齊物我，冀時君有悟，而正名實。故諸史皆列於名家。淮南鴻烈解，稱公孫龍粲於辭而貿名，揚子法言，稱公孫龍詭辭數萬。蓋其持論雄贍，實足以聳動天下，故當時莊、列、荀卿，並著其言，爲學術之一。特品目稱謂之間，紛然不可數計，龍必欲一一核其眞，而理究不足以相勝。故言愈辯，而名實愈不可正。然其書出自先秦，義雖恢誕，而頗博辯。陳振孫書錄解題，概以淺陋迂僻譏之，則過矣」！

按：此言公孫龍子一書，爲當時所重，陳振孫以淺陋迂僻譏之爲過。惟品目稱謂紛然，不可數計，而欲一一核其眞，故言愈辯，而名實愈不可正。

方孝孺讀鄧析子：「鄭人鄧析所著無厚轉辭二篇，其言皆嚴酷督責之行，韓非李斯之徒也。嗚呼！先王之澤竭而仁義道德之說不振。刑名者流，著書以干諸侯，用之而亡國者何限？其遺毒餘燄，蔓延於天下，生民受其害，至今而未已，不亦哀哉！予擇其可取者二百言，著于篇，餘皆焚之：『夫水濁則無掉尾之魚，政苛則無逸樂之士。故令繁則民詐，政擾則民不定。不治其本，而務其末，譬如拯溺錘之以石，救火投之以薪』。『爲君當若冬日之陽，夏日之陰，萬物自歸，莫之使也。恬臥而功自成，優游而政自治；豈在振目扼腕，手據鞭扑，而後爲治與』？『心欲安靜，慮欲深遠；心安靜則神策生，慮深遠則計謀成。心不欲躁，慮不欲淺；心躁則精神滑，慮淺則萬事傾，怠生於宦成，病始於少瘳，偏生於懈慢，孝衰於妻子』。『目貴明，耳貴聰，心貴公；以天下之目視，則無不見。以天下之耳聽，則無不聞。以天下之知慮，則無不知』。」

按：此言鄧析子之言行爲韓非李斯之徒，其遺毒餘燄，蔓延禍國。惟其書亦尚有可取者。

宋濂辯諸子：「夫析之學，兼名法家者也。其言天於民無厚，君於民無厚，父於子無厚，兄於弟無厚，刻矣！夫民非天弗生，非君弗養，非父弗親，非兄弗友；而謂之無厚可乎？所謂不能屏勃厲全夭札執穿窬詐僞誅之。堯舜位爲天子，而丹朱商均爲布衣，周公誅管蔡，豈誠得已哉？非常也，變也。析之所言如此，眞不法先王，不是禮義，而好怪說者哉！其被誅戮宜也，非不幸也」。「白馬非馬之喩，堅白同異之言，終不可解。後屢閱之，見其如捕龍蛇，奮迅騰騫，益不可措手。甚哉其辯也，然而名實愈不可正何耶？言弗醇也。天下未有言弗醇而能正，苟欲名實之正，亟火之」。

按：此言鄧析不法先王，不是禮義，而好爲怪說，並謂名家辯愈甚，而名實愈不可正者，言弗醇也。

方孝孺讀尹文子：「尹文子一卷，劉向定爲刑名家書，仲長統分爲上下二篇，且以向之論爲誣。然向謂爲刑名家者誠是也。特善於鄧析、田駢者耳。其說治國之道，以爲人君任道不足以治，必用法術權勢。術者人君之所密用，羣下不可妄窺；勢者制法之利器，羣下不可妄爲。非刑名家而何？但其爲民之心頗切，末章尤中時君之弊，使舉而行之，名實正而分數明，賞罰嚴而事功舉，亦足以善其國。然其苛刻檢柅，而難於持循蹈履，非王者之道，以故君子不取。而統獨好之，遂因以斥向，殆有所激而然耶」？

按：此言尹文子一卷，確爲刑名家言，如實行其說，足以正名實而明分數，嚴賞罰而舉事功。惟苛刻難於持循蹈履，非王者之道，君子不取。

四庫提要：「尹文子一卷……其書本名家者流，大旨指陳治道，欲自處於虛靜，而萬事萬物，則一一綜核其實。故其言出入於黃老申韓之間。周氏涉筆，謂其自道以至名，自名以至法，蓋得其眞。晁公武讀書志，以爲誦法仲尼，其言誠過！宜爲高似孫緯略所譏。然似孫以儒理繩之，謂其淆雜，亦爲未允。百氏爭鳴，九流並列，各尊所聞，各行所知，自老莊以下，均自爲一家之言。讀其文者，取其博辯閎肆足矣，安能限以一格哉」？

按：此言尹文子之言，雖出入於黃老申韓之間，但博辯閎肆，自成一家之言。

晉書魯勝傳：「孟子非墨子，其作辯言正辭，則與墨同。荀卿莊周等，均非毀名家，而不能易其論也。名必有形，察形莫如別色，故有堅白之辯。名必有分明，分明莫如有無，故有有無序之辯。是有不是，可有不可，是名兩可。同而有異，異而有同，是之謂辯同異。至同無不同，至異無不異，是謂辯同辯異。同異生是非；是非生吉凶。取辯於一物，而原極天下之隆汙，名之至也」。

按：此言名學之作用，莊子荀卿等雖非毀名家，而不能易其論。

漢書藝文志云：「名家者流，蓋出於禮官，古者名位不同，禮亦異數，孔子曰：『必也正名乎？名不正，則言不順；言不順，則事不成』。此其所長也；及警（警、訐也。）者爲之，則苟鉤鈲（鈲、破也。）析亂而已」。

司馬談云：「名家使人檢而善失眞；然其正名實，不可不察也。…………名家苛察繳繞（繳繞、猶纏繞不通大體也。）使人不得反其意，專决於名，而失人情，故曰使人檢而善失眞。若夫控名責實，參伍不失，此不可不察也」。

按：此皆言名家之長，在於正名；而其流弊，則苛察繳繞，以亂名也。

× × ×

綜觀以上各家評議，名家主張控名責實，參伍不失，原有足多；惟其苛察繳繞，使人檢而善失眞，則不免爲人所詬病。漢志與司馬談之評論，均殊持平；四庫提要所云，亦爲探本究源，言而有據之客觀論評。以此三說爲訾議名家之平議，較爲公允而合理也。

第六篇　陰陽家

第一章　陰陽家學術述要

第一節　陰陽家學術之起因

史記孟子荀卿列傳：「鄒衍睹有國者益淫侈，不能尙德，若大雅整之於身施及黎庶矣；乃深觀陰陽消息而作怪迂之變，終始大聖之篇，十餘萬言」。

按：此言陰陽家學術之起因，亦受當時環境之影響。因當時之君主淫侈而不尙德，乃觀察陰陽消息，而作怪迂之變，以期警悟時君，如後所引述宋司星子韋書熒惑三徙之類是也。

章炳麟諸子系統說：「陰陽家惟見史談述錄，莊荀淮南，亦無說焉。太史所掌，文史而外，天官律歷是其專司，故其排比六家，猶以陰陽居首」。

×　　×　　×

漢書藝文志：「陰陽家者流，蓋出於羲和之官，敬順昊天，曆象日月星辰，敬授民時」。

按：尙書堯典：「乃命羲和，欽若昊天，歷象日月星辰，敬授人時。分命羲仲，宅嵎夷，曰暘谷，寅賓出日，平秩東作，日中星鳥，以殷仲春，厥民析，鳥獸孳尾。申命羲叔，宅南交，平秩南訛，敬致，日永星火，以正仲夏，厥民因，鳥獸希革。分命和仲，宅西，曰昧谷，寅餞納日，平秩西成，宵中星虛，以殷仲秋，厥民夷，鳥獸毛毨。申命和叔，宅朔方，曰幽都，平在朔易，日短星昴，以正仲冬，厥民隩，鳥獸氄毛。帝曰咨！汝羲暨和，朞、三百有六旬有六日，以閏月定四時成歲，允釐百工，庶績咸熙」。其歷舉四官掌四時，此班氏所謂：「敬順昊天，曆象日月星辰，敬授民時」。乃陰陽家學說所由本也。

尚書洪範：「初一、曰五行，次二，曰敬用五事，次三，曰農用八政，次四、曰協用五紀，次五、曰建用皇極，次六、曰乂用三德，次七，曰明用稽疑，次八、曰念用庶徵，次九、曰嚮用五福，威用六極。一五行：一曰水，二曰火，三曰木，四曰金，五曰土。水曰潤下，火曰炎上，木曰曲直，金曰從革，土爰稼穡。潤下作鹹，炎上作苦，曲直作酸，從革作辛，稼穡作甘」。此言五行，爲漢書藝文志所未引述，在陰陽家爲重要部份。

「四五紀：一曰歲，二曰月，三曰日，四曰星辰，五曰歷數」。此即上所言：「欽若昊天，曆象日月星辰」。「七稽疑：擇建立卜筮人，乃命卜筮；曰雨、曰霽、曰蒙、曰驛、曰克、曰貞、曰悔、凡七。卜五，占用二，衍忒，立時人作卜筮，三人占，則從二人之言。汝則有大疑，謀及乃心，謀及卿士，謀及庶人，謀及卜筮」。卜筮亦爲陽陰家所重。

「八庶徵：曰雨、曰暘、曰燠、曰寒、曰風、曰時；五者來備，各以其敘，庶草蕃廡。一極備，凶；一極無，凶。曰休徵：曰肅，時雨若；曰乂，時暘若；曰哲，時燠若；曰謀，時寒若；曰聖，時風若。曰咎徵：曰狂，恆雨若；曰僭，恆暘若；曰豫，恆燠若；曰急，恆寒若；曰蒙，恆風若。曰，王省惟歲，卿士惟月，師尹惟日。歲月日時無易，百穀用成，乂用明，俊民用章，家用平康。日月歲時既易，百穀用不成，乂用昏不明，俊民用微，家用不寧。庶民惟星；星有好風，星有好雨，日月之行，則有冬有夏。月之從星，則以風雨」。此言休徵，咎徵，以及卜筮，同為陰陽家所本者也。漢書五行志，引述備詳，皆為我國古昔帝王之所重視。可見陰陽家所包括者頗多。但以後之陰陽家，往往行其一部份，而不能全備，在吾國古籍中所載頗多。故陰陽家與儒家道家，均相關出入也。

易曰：「天垂象，見吉凶，聖人象之。河出圖，雒出書，聖人則之」。中庸云：「國家將興，必有禎祥；國家將亡，必有妖孽」。尚書云：「作善，降之百祥；作不善，降之百殃」。皆為陰陽家禨祥制度所自出。又論語堯授舜曰：「咨爾舜，天之歷數在爾躬，……舜亦以命禹」。等語，亦有五德轉移之意。

綜觀以上所述，可謂陰陽家之學，本於六經，出自儒家。而後世之儒，亦有參用陰陽家之禨祥者，此則益形末流之下矣。

第二節　騶衍之中心思想

騶子名衍，齊人，為燕昭王師。居稷下，號談天衍。漢書藝文志陰陽家有騶子四十九篇。又有騶子終始五十六篇，均已散佚。惟陰陽家之書雖已散佚，而陰陽家之說，則仍盛傳。漢代人士尤篤信陰陽五行之說；雖大儒董仲舒劉向等，亦頗受其影響。騶衍為陰陽家之代表人物，玆略述其學術梗概：

史記孟子荀卿列傳：「騶衍睹有國者益淫侈，不能尙德，若大雅整之於身施及黎庶矣，乃深觀陰陽消息，而作怪迂之變，終始大聖之篇，十餘萬言。其語閎大不經，必先驗小物，推而大之，至於無垠。先序今以上至黃帝，學者所共術，大並世盛衰，因載其禨祥制度，推而遠之，至於天地未生，窈冥不可考而原也。先列中國名山大川通谷禽獸，水土所殖，物類所珍；因而推之，及海外人之所不能睹，稱引天地剖判以來，五德轉移，治各有宜，而符應若茲。以為儒者所謂中國者，於天下乃八十一分居其一分耳。中國名曰赤縣神州，赤縣神州內，自有九州，禹之序九州是也。不得為州數，中國外，如赤縣神州者九，乃所謂九州也。於是有裨海環之，人民禽獸莫能相通者，如一區中者乃為一州；如此者九，乃有大瀛海環其外，天地之際焉，其術皆此類也。然要其歸，必止於仁義節儉，君臣上下六親之施。始也濫耳，王公大人初見其術，懼然顧化，其後不能行之，是以騶子重於齊；適梁，梁惠王郊迎，執賓主之禮；適趙，平原君側行撇席；如燕，昭王擁彗先驅，請列弟子之座而受業，築碣石宮，身親往師之。其遊諸侯，見尊禮如此，豈與仲尼菜色陳蔡，孟軻困於齊梁，同乎哉」？

按：觀史記所載，可知「深觀陰陽消息，而作怪迂之變」。是騶衍推行其學術之方法；「必止於仁義節儉，君臣上下六親之施」。使王公大人見其術而懼然顧化，乃騶衍學術之宗旨。太史公謂其語「閎大不經」者，蓋因其稱「儒者所謂中國者，於天下乃八十一分居其一分耳。中國名曰赤縣神州，赤縣神州內，自有九州，……………中國外，如赤縣神州者九，乃所謂九州也。於是有裨海環之，人民禽獸莫能相通者，如一區中乃爲一州，如此者九；乃有大瀛海環其外，天地之際焉」。此類見解，在太史公之時，固可認爲「閎大不經」；在現在觀之，則均爲事實，無不經可言。惜騶子四十九篇及騶子終始五十六篇，早已散佚。否則發現新大陸之類奇跡，亦不足稱奇焉。

鄒子云：「凡帝王之將興也，天必先見祥乎下民：黃帝之時，天先見大螾大螻，黃帝曰，土氣勝；土氣勝，故其色尚黃，其事則土。及禹之時，天先見草木秋冬不殺，禹曰，木氣勝；木氣勝，故其色尚青，其事則木。及湯之時，天先見金刃生於水，湯曰，金氣勝；金氣勝，故其色尚白，其事則金。及文王之時，天先見火，赤烏銜丹書集於周社，文王曰，火氣勝；火氣勝，故其色尚赤，其事則火。火者必將水，天且先見水氣勝；水氣勝，故其色尚黑，其事則水。水氣至而不知數備將徙於七」。（見玉函山房輯逸書）

按：史記所舉鄒衍陰陽消息，禨祥制度，是由尚書洪範八庶政等說而來，已如上述；其言五德轉移，符應若茲，雖亦由尚書一五行而來；而尚書祇言五行，未涉及五德轉移，符應之事。惟漢書五行志引述古籍五德轉移及符應略備，茲節引如下：

「世經：春秋昭公十七年，郯子來朝。傳曰：『昭子問少昊氏鳥名，何故』？對曰：『吾祖也，我知之矣。昔者黃帝氏以雲紀，故爲雲師而雲名。炎帝氏以火紀，故爲火師而火名。共工氏以水紀，故爲水師而水名。太昊氏以龍紀，故爲龍師而龍名。我高祖少昊摯之立也，鳳鳥適至，故紀於鳥，爲鳥師而鳥名」。言郯子據少昊受黃帝，黃帝受炎帝，炎帝受共工，共工受太昊；故先言黃帝，上及太昊。稽之於易，炮犧、神農，相繼之世可知」。

「太昊帝、易曰：『炮犧氏之王天下也，』言炮犧繼天而王，爲百王先首，德始於木，故爲帝。太昊作罔罟，，以田漁取犧牲，故天下號曰炮犧氏」。

「祭典曰：共工氏，伯九域，言雖有水德，在火木之間，非其序也。任知刑以強，故伯而不王。秦以水德，在周漢木火之間，周人遷其行序，故易不載」。

「炎帝、易曰：『炮犧氏沒，神農氏作』。言共工伯而不王，雖有水德，非其序也。以火承木，故爲炎帝；教民耕農，故天下號曰神農氏」。

「黃帝、易曰：『神農氏沒，黃帝堯舜氏作』。火生土故爲土德。與炎帝之後戰於阪泉，遂王天下，始垂衣裳，有軒冕之服，故天下號曰軒轅氏」。

「少昊帝、考德曰少昊曰清；清者，黃帝之子，清陽也。是其子孫名摯立。土生金，故爲金德，天下號曰金天氏。周遷其樂，故易不載，序於行」。

「顓頊帝、春秋外傳曰：少昊之衰，九黎亂德，顓頊受之。迺命重黎，蒼林、昌意之子也。金生水，故爲水德，天下號曰高陽氏。周遷其樂，故易不載，序於行。」

「帝嚳、春秋外傳曰：顓頊之所建帝嚳，受之清陽，玄囂之孫也。水生木，故爲木德，天下號曰高辛氏。帝摯繼之，不知世數。周遷其樂，故易不載，周人禘之」。

「唐帝、帝系曰：帝嚳四妃陳豐，生帝堯，封於唐。蓋高辛氏衰，天下歸之。木生火，故爲火德，天下號曰陶唐氏。讓天下於虞，使子朱處於丹淵，爲諸侯，即位七十載」。

「虞帝、帝系曰：顓頊生窮蟬，五世而生瞽叟，鼓叟生帝舜，處虞之嬀汭，堯嬗以天下。火生土，故爲土德，天下號曰有虞氏。讓天下於禹，使子商均爲諸侯，即位五十載」。

「伯禹、帝系曰：顓頊五世而生鯀，鯀生禹，虞舜嬗以天下。土生金，故爲金德，天下號曰夏后氏。繼世十七，王四百三十二歲」。

「成湯、書經湯誓，湯伐夏桀。金生水，故爲水德，天下號曰商，後曰殷」。

「武王、書經牧誓，武王伐商紂。水生木，故爲木德，天下號曰周室」。

於此可見王德轉移之說，在騶衍以前，早已有之。衍不過承襲其說，以成一家之言而已。騶子書雖亡，不可得知，要其大旨，蓋不外乎此。

宋司星子韋書：「宋景公之時，熒惑在心，公懼，召子韋而問焉，曰：『熒惑在心何也』？子韋曰：『熒惑也，天罰也；心者，宋分野也。禍當於君！雖然，可移於宰相』。公曰：『宰相所與治國家也，而移死焉，不祥！寡人請自當也』。子韋曰：『可移於民』。公曰『死民，寡人將誰爲君乎？寧獨死耳』！子韋曰：『可移於歲』。公曰：『歲，民之命；歲害則民饑；民饑必死。爲人君而欲殺其民以自活也，其誰以我爲君者乎？是寡人之命固已盡矣，子韋無復言矣』！子韋還走，北面再拜曰：『臣敢賀君，天之處高而聽卑，君有至德之言三，天必三賞君，今夕星必徙三舍，君延年二十一歲』。公曰：『子何以知之』？對曰：『君有三善，必有三賞，熒惑必三徙舍。舍行七星，星當七年，三七二十一，臣故曰延年二十一歲矣。臣請伏於陛下以伺候之；熒惑不徙，臣請死之』！公曰：『可』！是夕也，熒惑果徙三舍」。（玉函山房輯佚書）

按：「敬順昊天，歷象日月星辰，敬授民時」。雖爲陰陽家學術之主旨；但此乃周以前原有舊說，不足以驚世駭俗。其所以見尊於當時，並影響後世者，是其以陰陽消息之道，五行生尅之理，而證吉凶禍福之變也。亦卽史記所云：「乃深觀陰陽消息，而作怪迂之變」。但其出發點，在以福善禍淫因果之說，而達到其勸善戒過之旨。因禮法有時而窮，而因果之說，則深入於人心，有不畏刑法，而懼鬼神者；與墨子天志、明鬼之說，實不謀而合，對社會治安，有相當裨益也。史記謂鄒衍睹有國者益淫侈，不能尙德，故作此說，以警世俗，實爲探源之論。可知鄒衍亦非好爲此怪迂之說，不得已也。漢書嚴安傳引鄒子曰：「政教文質者，所以云救也。當時則用，過則舍之，有易則易也。故守一而不變者，未睹治之道也」。此亦爲「爲怪迂之變」之說明也。

第二章　先秦諸子對陰陽家之訾議

先秦諸子當時對陰陽家訾議者甚少，僅荀子非十二子篇謂其：「僻遠而無類，幽隱而無說，閉約而無解」。豈因陰陽五行之說，我國自古有之，當時各家，視若舊說，所以未予置評耶？迄秦漢之時，方士讖緯，咸祖述陰陽家，甚至曲解其說，不明其理，以至牽於禁忌，泥於小數，舍人事而任鬼神，則爲後世學者所詬病矣。但此非陰陽家本身之過；陰陽家之言，雖閎大不經，然要其歸，必止乎仁義節儉；王公大人所以懼然顧化者，皆以此也。閎大不經者，是其手段也；必止乎仁義節儉者，乃其目的也。倘捨其目的，而徒學其手段，則祇使人迷信而拘於禁忌，對國家社會毫無裨益，當非陰陽家立說之初意也。

陰陽五行，吉凶禍福之說，我國早已有之，在鄒子前，對於此類專門信任陰陽之說而外人事，予以駁正者，不一而足；其駁正之說，實無異對陰陽家之訾議。茲摘引春秋左氏傳所載數事以明之：

左傳：「僖公十九年夏，宋公使邾文公用鄫子于次睢之社，欲以屬東夷。司馬子魚曰：『古者六畜不相爲用，小事不用大牲，而況敢用人乎？祭祀以爲人也，民、神之主也，用人其誰饗之？齊桓公存三亡國，以屬諸侯，義士猶曰薄德；今一會而虐二國之君，又用諸淫昏之鬼，將以求霸，不亦難乎？得死爲幸』！」

「僖公二十一年夏，大旱，公欲焚巫尪，臧文仲曰：『非旱備也！修城郭，貶食，省用，務穡，勸分，此其務也。巫尫何爲？天欲殺之，則如勿生！若能爲旱，焚之滋甚」。公從之，是歲也，饑而不害」。

按：以上二事，均說明陰陽消息，不可廢人事，背人道。

左傳：「桓公八年，冬十二月，齊侯游於姑棼，遂田于貝丘，見大豕，行者曰：『公子彭生也』！公怒曰：『彭生敢見』！射之，豕人立而啼，公懼，墜於車，傷足，喪屨。反，誅屨於徒人費，弗得，鞭之，見血。走出遇賊於門，刼而束之，費曰：『我奚御哉』？袒而示之背，信之。費請先入，伏公而出，鬥死于門中。石子紛如死于階下。遂入，殺孟陽于牀，曰：『非君也，不類』！見公之足于戶下，遂弒之！而立無知。初襄公立，無常，鮑叔牙曰：『君肆民慢，亂將作矣』。奉公子小白出奔莒。亂作，管夷吾召忽奉公子糾來奔」。

「莊公十四年，鄭厲公自櫟侵鄭，及大陵，獲傅瑕。傅瑕曰：『苟舍我，吾請納君』！與之盟而赦之。六月甲子，傅瑕殺鄭子及其二子，而納厲公。初、內蛇與外蛇鬥於鄭南門中，內蛇死，六年而厲公入。公聞之，問於申繻曰：『猶有妖乎』？對曰：『人之所忌，其氣燄以取之，妖由人興也。人無釁焉，妖不自作，人棄常，則妖興，故有妖』。」

按：右述齊襄公見彭生豕立而啼，及鄭國內蛇與外蛇鬥，此陰陽家所謂之妖也。鮑叔牙斷之曰：「君肆民慢，亂將作矣」。申繻曰：「妖由人興」。皆歸之於人事，亦以見鬼神禍福之說，無非由人爲之。此皆足以破陰陽家禨祥之說，不可全信也。

左傳：「莊公三十二年，秋七月，有神降於莘，惠王問諸內史過曰：『是何故也』？對曰：『國之將興，明神降之，監其德也；將亡，神又降之，觀其惡也。故有得神以興，亦有以亡，虞、夏、商、周皆有之」。王曰：『若之何』？對曰：『以其物享焉，其至之日亦其物也』。王從之。內史過往，聞虢請命，反曰『虢必亡矣！虐而聽於神。』神居莘六月，虢公使祝應、宗區、史嚚享焉，神賜之土田。史嚚曰：『虢其亡乎？吾聞之，國將興，聽於民；將亡，聽於神。神聰明正直而壹者也，依人而行，虢多涼德，其何土之能得？』」

按：此言國家得神而可以興，可以亡，一視君人者有德與否？史嚚言虢必亡，歸之虢君多涼德。此可與宋景公時熒惑退三舍之事參看。

左傳：「莊公二十二年春，陳人殺其太子御寇，陳公子完與顓孫奔齊。顓孫自齊來奔，齊侯使敬仲爲卿，辭曰：『羈旅之臣，幸若獲宥，及於寬政，赦其不閑於教訓，而免於罪戾，弛於負擔，君之惠也，所獲多矣！敢辱高位，以速官謗，請以死告！詩曰：『翹翹車乘，招我以弓，豈不欲往？畏我友朋』！使爲工正，飲桓公酒樂，公曰：『以火繼之』！辭曰：『臣卜其晝，未卜其夜，不敢』。君子曰：『酒以成禮，不繼以淫，義也。以君成禮，弗納於淫，仁也』。初，懿氏妻敬仲，其妻占之，曰吉！是謂鳳凰于飛，和鳴鏘鏘，有媯之後，將育于姜，五世其昌，並于正卿，八世之後，莫之與京。陳厲公蔡出也，故蔡人殺五父而立之。生敬仲，其少也，周史有以周易見陳侯者，陳侯使筮之，遇觀䷓之否䷋曰：是謂觀國之光，利用賓于王，此其代陳有國乎？不在此，其在異國；非此其身，在其子孫。光遠而自他有耀者也。坤土也，巽風也，乾天也，風爲天於土上，山也，有山之材，而照之以天光，於是乎居土上，故曰觀國之光，利用賓於王。庭實旅百，奉之以玉帛，天地之美具焉，故曰利用賓于王。猶有觀焉，故曰其在後乎？風行而着於土，故曰其在異國乎？若在異國，必姜姓也。姜、太嶽之後也，山嶽則配天，物莫能兩大，陳衰，此其昌乎？及陳之初亡也，陳桓子始大於齊，其後亡也，成子得政」。

按：卜筮亦爲陰陽家所有事，本文序陳完奔齊，其後子孫奄有齊國，先敍陳完之爲人，知禮明義，亦依於人事；人事休明，卽爲福基，卜筮不能外此。於此可見倘外人事，而專談禨祥之不足恃。

以上所述，皆可與史記所言騶衍必止於仁義節儉參觀，騶子書雖不傳，其所言，大抵亦不越出以上所引述。但其末流，則舍人事，而專言吉凶，爲人所詬病矣。

第三章 對訾議陰陽家之平議

漢書藝文志諸子略序：「陰陽家者流，蓋出於羲和之官，敬順昊天，歷象日月星辰，敬授民時，此其所長也。及拘者爲之，則牽於禁忌，泥於小數，舍人事而任鬼神」。

司馬談論六家要旨：「竊嘗觀陰陽之術，大祥而衆忌諱，使人拘而多畏；然其序四時之大順，不可失也。夫陰陽四時、八位、十二度、二十四節，各有教令，順之則昌，逆之者，不死則亡，未必然也。故曰使人拘而多畏。夫春生夏長，秋收冬藏，此天道之大經也，弗順則無以爲天下綱紀。故曰序四時之大順，不可失也」。

按：以上二節均言陰陽家之長，爲序四時之大順，以敬授民時；而其所短，則爲牽於禁忌，舍人事而任鬼神，使人拘而多所畏。斯固不易之定論。但所謂牽於禁忌，舍人事而任鬼神，使人拘而多所畏者；蓋指秦漢時方士讖緯之說，陰陽家之流弊而言，非指陰陽家之本身也。因陰陽家之言，雖閎大不經，然要其歸，必止乎仁義節儉。仁義節儉者，是人事而非鬼神也。且其所以爲閎大不經之言者，是欲達到其必止乎仁義節儉之目的也。讀者應明瞭陰陽家立說之主旨，不可以其流弊而少之也。讖緯之說，甚於魏晉之時，至唐代亦盛行。至宋時則少信任。玆節錄宋歐陽修「論刪去九經正義中讖緯箚子」於後，藉資明瞭當時對陰陽家之情形：

「臣伏見國中近年以來，更定貢舉之科，以爲取士之法，建立學校，而勤養士之方；然士子文章未純，節行未篤，不稱朝廷勵賢興善之意，所以化民成俗之風。臣愚以爲士之所本，在乎六經，而自暴秦焚書，聖道中絕。漢興，收拾亡逸，所存無幾；或殘編斷簡，出於屋壁，而餘齡昏眊，得其口傳。去聖既遠，莫可考證，偏學異說，因自名家。然而授受相傳，尚有師法。至晉宋而下，師道漸亡，章句之篇，家藏私蓄。其後各爲箋傳，附著經文，其說存亡，以時好惡，學者茫莫知所歸。至唐太宗時，始詔名儒，撰定九經之疏，號爲正義，凡數百篇。自爾以來，著爲定論；凡不本正義者，謂之異端，則學者之宗師，百世之取信也。然其所載既博，所擇不精；多引讖緯之書，以相雜亂，怪奇詭僻，所謂非聖之書，異乎正義之名也。臣欲乞特詔名儒學官，悉取九經之疏，刪去讖緯之書，使學者不爲怪異之言惑亂，然後經義純一，無所駁雜。其用功至少，其爲益則多。臣愚以爲欲使士子學古勵行，而不本六經；欲學六經，而不去其詭異駁雜；欲望功化之成，不可得也。伏望聖慈，下臣之言，付外詳議，令取進止」。

沈歸愚評之曰：「讖緯之學，起於王莽時，劉歆之徒，相與僞造，而又託諸孔子之言。光武信之，曹褒宗之，所以羣經緯書，傳至有唐，不廢緯學一科也。歐公請悉刪除，其功偉矣」！其言良是。惟讖緯之說，並不始於王莽，在三代春秋戰國時已有，即史記所述騶衍五德轉移，符應若茲，皆是也。惟至王莽時，欲行篡竊，特因之盛行耳。此乃陰陽家之流弊，而非其本旨也。歐公所反對者蓋亦即此。

第七篇　縱橫家

第一章　縱橫家學術述要

第一節　縱橫家學術之起因

淮南要略：「晚世之時，六國諸侯，谿異谷別，水絕山隔，各自治其境內守其分地，握其權柄，擅其政令。下無方伯，上無天子，力征爭權，勝者爲右，恃連與國，約重致，剖信符，結遠援，以守其國家，持其社稷；故縱橫修短生焉」。

按：此言縱橫家之學術，受當時環境之影響。縱橫家之代表人物爲鬼谷子、蘇秦、張儀。彼等所爲縱橫捭闔之說，皆由觀察當時局勢，迎合時君心理而發。

章炳麟諸子系統說：「縱橫亦惟見淮南，由其語無執守，權事制宜，本不可以學術名者。孔氏設科言語文學，所由分矣。淮南用伍被之邪說，恃嚴助之內援，造作逆謀，八公之徒，大類戰國游士，故獨列縱橫者，由其素所好尚也」。

×　×　×

漢志云：「縱橫家者流，蓋出於行人之官，孔子曰：『誦詩三百，使於四方，不能專對，雖多亦奚以爲』！」

按：此言縱橫家之學術，淵源於王官。但近人對於此說頗有異議者，認班氏近於附會；然孔子嘗云：「不學詩，無以言」。而孔門四科，言語居其一。所謂行人之官，蓋猶今之所謂外交官。善於辭令，爲充任外交官者之主要才能。縱橫家之口若懸河，言辭動聽，有類古之行人之官，亦類今之外交官。班氏謂爲蓋出於行人之官者，不爲無因也。

高似孫子略：「一闔一闢，爲易之神，一翕一張，爲老氏之術」。

按：此又言縱橫家之學，淵源於易老。

第二節　鬼谷子之中心思想

鬼谷子、無姓名里居，戰國時，隱潁川陽城之鬼谷，故以爲號。風俗通云：「鬼谷先生，六國時縱橫家也」。其智謀，其數術，其變譎，其辭談。窮天之用，賊人之私，而陰謀詭祕，有金匱韜略之所不可該者，而鬼谷盡得而泄之。其言曰：

「世無常貴，事無常師」。「人動我靜，人言我聽。知性則寡累，知命則不憂」。「心欲安靜，慮欲深遠；心安靜，則神策生；慮深遠，則計謀成。神策生，則志不可亂；計謀成，則功不可間」。「口者、心之門戶也，心者、神之主也。志、意、喜、欲、思、慮、智、謀，此皆由門戶出入；故關之以捭闔，制之以出入。捭之者、開也，言也，陽也；闔之者、閉也，默也，陰也。陰陽其和，終始其義」。「揣情者，必以其甚喜之時，往而極其欲也；其有欲也，不能隱其情。必以其甚懼之時，往而極其惡也；其有惡也，不能隱其情。不能隱情欲，必出其變」。「夫情變於內者，形見於外；故常必以其見者，而知其隱者，此所謂測深揣情」。「摩者、揣之術也。……古之善摩者，如操鈞而臨深淵，餌而投之，必得魚焉」。「故謀莫難於周密，說莫難於悉聽，事莫難於必成」。「古人有言曰：口可以食，不可以言。言者，有諱忌也。衆口鑠金，言有曲故也」。「其身內，其言外者，疏；其身外，其言深者，危。無以人之所不欲，而强之於人；無以人之所不知，而教之於人。人之有好也，學而順之；人之有惡也，避而諱之。故陰道而陽取之」。「以天下之目視者，則無不見；以天下之耳聽者，則無不聞；以天下之心思慮者，則無不知」。「用賞貴信，用刑貴正」。「道貴制人，不貴制於人也。制人者，握權；制於人者，失命」。

按鬼谷子三卷，均類此陰謀詭祕之言，惟其中頗有與其他子書所言雷同者，此後人所以謂鬼谷子一書爲人所假託歟？

蘇秦張儀往見鬼谷子，擇日而學。鬼谷子之言，雖未由其本身實行，無以知其成敗得失；但儀秦用之，熒惑諸侯，傾覆萬乘，言非不辯，乃亂之道。儀秦本身，亦自食其果，無怪人多唾棄之也。

第三節　蘇秦之中心思想

蘇秦、東周雒陽人也，初以連橫說秦惠王，不用。後以合縱游說六國，遂佩六國相印，爲縱約長，十五年秦兵不敢出函谷關。後客齊，被刺死。曾自歎曰：「一人之身，貧窮則父母不子；富貴則親戚畏懼，人生世上，勢位富貴，蓋可忽乎哉」？其事散見國策、史記各書，茲摘述二篇，閱之卽可想見其爲人。

蘇季子說趙肅侯：「蘇秦從燕之趙，始合縱，說趙王曰：『天下之卿相人臣，乃至布衣之士，莫不高賢大王之行義，皆願奉教陳忠於前之日久矣。雖然，奉陽君妒，大王不得任事，是以外賓客；游談之士，無敢盡忠於前者。今奉陽君捐館舍，大王乃今然後得與士民相親，臣故敢盡其愚忠。爲大王計，莫若安民無事，請無庸有爲也。安民之本。在於擇交；擇交而得，則民安。擇交不得，則民終身不得安。請言外患，齊秦爲兩敵，而民不得安；倚秦攻齊，而民不得安；倚齊攻秦，而民不得安。故夫謀人之主，伐人之國，常苦出辭斷絕人之交，願大王愼無出於口也。請屏左右，白言所以異陰陽而已矣。大王誠能聽臣，燕必致氈裘狗馬之地，齊必致海隅魚鹽之地，楚必致橘柚雲夢之地，韓魏皆可使致封地湯沐之邑。貴戚父兄，皆可以受封侯。夫割地效實，五霸之所以覆軍禽將而求也；封侯貴戚，湯武之所以放殺而爭也。今大王垂拱而兩有之，是臣之所以爲大王願也。大王與秦，則秦必弱韓魏；與齊，則齊必弱楚魏。魏弱則割河外，韓弱則效宜陽；宜陽效則上郡絕，河外割則道不通，楚弱則無援；此三策者，不可不熟計也。夫秦下軹道，則南陽動；刦韓包周，則趙自銷鑠；據衛取淇，則齊必入朝；秦欲已得行於山東，則必舉甲而向趙。秦甲涉河踰漳，據番吾，則兵必戰於邯鄲之下矣。此臣之所以爲大王患也。當今之時，山東之建國，莫如趙彊；趙地方三千里，帶甲數十萬，車千乘，騎萬匹，粟十年，西有常山，南有河漳，東有淸河，北有燕國；燕固弱國，不足畏也。且秦之所畏害於天下者莫如趙；然而秦不敢舉兵甲而伐趙者，何也？畏韓魏之議其後也。然則韓魏，趙之南蔽也。秦之攻韓魏也則不然，無有名山大川之限，稍稍蠶食之，傅之國都而止矣。韓魏不能支秦，必入臣於秦；秦無韓魏之隔，禍必中於趙矣。此臣之所以爲大王患也。臣聞堯無三夫之分，舜無咫尺之地，以有天下；禹無百人之聚，以王諸侯；湯武之卒，不過三千人，車不過三百乘，而爲天子；誠得其道也。是故明主外料其敵國之彊弱，內度其士卒之衆寡，賢與不肖，不待兩軍相當，而勝敗存亡之機節，固已見於胸中矣。豈揜於衆人之言，而以冥冥決事哉？臣竊以天下地圖按之，諸侯之地，五倍於秦，料諸侯之卒，十倍於秦。六國幷力爲一，西面攻秦，秦必破矣；今西面而事之，見臣於秦。夫破人之與破於人也，臣人之與臣於人也，豈可同日而言之哉？夫衡人者，皆欲割諸侯之地以與秦成；與秦成，則高臺榭，美宮室，聽竽笙琴瑟之音，察五味之和，前有軒轅，後有長庭，美人巧笑，卒有秦患，而不與其憂。是故衡人日夜務以秦權恐猲諸侯，以求割地，願大王之熟計之也。臣聞明主絕疑去讒，屛流言之迹，塞朋黨之門，故尊主廣地，强兵之計，臣得陳忠於前矣。故竊爲大王計，莫如一韓魏齊楚燕趙六國從親以擯秦，令天下之將相，相與會於洹水之上，通質，刑白馬以盟之。約曰：「秦攻楚，齊魏各出銳師以佐之；韓絕食道，趙涉河漳，燕守常山之北。秦攻韓魏，則楚絕其後，齊出銳師以佐之，趙涉河漳，燕守雲中。秦攻齊，則楚絕其後，韓守成皋，魏塞午道，趙涉河漳博關，燕出銳師以佐之。秦攻燕，則燕守常山，楚軍武關，齊涉淸河，燕出銳師以佐之。諸侯有先背約者，五國共伐之」。六國從親以擯秦，秦必不敢出兵於函谷關，以害山東矣。如是，則霸業成矣』。趙王曰：『寡人年少，蒞國之日淺，未嘗得聞社稷之長計。今上客有意存天下，安諸侯，寡人敬以國從』。乃封蘇秦爲武安君，飭車百乘，黃金千鎰，白璧百雙，錦繡千純，以約諸侯」。

按：蘇秦所言曲折委宛，極盡威脅利誘之能事，而其宗旨，則在獵取功名利祿；在其未說趙王合縱前，曾以連橫說秦王，茲引述如後，更可知其所欲矣。

蘇秦始將連橫說秦惠王曰：「大王之國，西有巴蜀漢中之利，北有胡貉代馬之用，南有巫山黔中之限，東有肴函之固。田肥美，民殷富，戰車萬乘，奮擊百萬，沃野千里，蓄積饒多，地勢形便，此所謂天府天下之雄國也。以大王之賢，士民之衆，車騎之用，兵法之教，可以幷諸侯吞天下，稱帝而治，願大王少留意！臣請奏其效」。秦王曰：「寡人聞之，毛羽不豐滿者，不可以高飛；文章不成者，不可以誅罰；道德不厚者，不可以使民；政教不順者，不可以煩大臣。今先生儼然不遠千里而庭教之，願以異日」。蘇秦曰：「臣固疑大王之不能用也。昔者神農伐補遂，黃帝伐涿鹿而禽蚩尤，堯伐驩兜，舜伐三苗，禹伐共工，湯伐有夏，文王伐崇，武王伐紂，齊桓任戰而伯天下。由此觀之，惡有不戰者乎？古者使車轂擊，言語相結，天下爲一，約從連橫。兵革不藏，文士並餝，諸侯亂惑，萬端俱起不可勝理。科條既備，民多僞態；書策稠濁，百姓不足。上下相愁，民無所聊。明言章理，兵甲愈起。辯言偉服，戰攻不息。繁稱文辭，天下不治。舌弊耳聾，不見成功。行義約信，天下不親。於是乃廢文任武，厚養死士，綴甲厲兵，效勝於戰場。夫徒處而致利，安坐而廣地，雖古五帝三王五伯，明主賢君，常欲坐而致之，其勢不能，故以戰續之。寬則兩軍相攻，迫則杖戟相撞，然後可建大功。是故兵勝於外，義強於內，威立於上，民服於下。今欲并天下，淩萬乘，詘敵國，制海內，子元元，臣諸侯，非兵不可。今之嗣主，忽於至道，皆惛於教，亂於治，迷於言惑於語，沈於辯溺於辭。以此論之，王固不能行也」。說秦王書十上，而說不行，黑貂之裘弊，黃金百斤盡，資用乏絕，去秦而歸。羸縢履蹻，負書擔橐，形容枯槁，面目犁黑，狀有愧色。歸至家，妻不下紝，嫂不爲炊，父母不與言。蘇秦喟然歎曰：『妻不以我爲夫，嫂不以我爲叔，父母不以我爲子；是皆秦之罪也』。乃夜發書，陳篋數十，得太公陰符之謀，伏而誦之，簡練以爲揣摩。讀書欲睡，引錐自刺其股，血流至足，曰安有說人主，不能出其金玉錦繡取卿相之尊者乎？朞年，揣摩成曰，此眞可以說當世之君矣。於是乃摩燕烏集闕，見說趙王於華屋之下，抵掌而談。趙王大悅，封爲武安君，受相印，革車百乘，錦繡千純，白璧百雙，黃金萬溢，以隨其後。約從散橫，以抑強秦。………將說楚王，路過洛陽，父母聞之，淸宮除道，張樂設飲，郊迎三十里。妻側目而視，傾耳而聽。嫂蛇行匍伏，四拜自跪而謝。蘇秦曰：『嫂何前倨而後卑也』？嫂曰：『以季子之位尊而多金』！蘇秦曰：『嗟乎！貧窮則父母不子，富貴則親戚畏懼，人生世上，勢位富貴，盍可忽乎哉』？」

按：連橫與約縱，乃相反之行也。蘇秦連橫不成，乃事約縱；說秦不成，乃說六國。是其目的在於獵取功名富貴，初無定向也。

第四節　張儀之中心思想

張儀、魏人，以連橫說秦惠王，卒爲秦相，遊說六國，使背縱約，連橫事秦，秦號曰武信君。惠王卒，子孝王立，六國復合縱，儀被讒去秦，為魏相，一年而卒。其事亦詳見史記與戰國策：國策：「齊助楚攻秦，取曲沃。其後秦欲伐齊，齊楚之交善，惠王患之，謂張儀曰：『吾欲伐齊，齊楚方懽，子為寡人慮之，奈何』？張儀曰：『王其為臣約車幷幣，臣請試之』。張儀南見楚王曰：『大王苟能閉關絕齊，臣請使秦王獻商於之地方六百里。若此齊必弱；齊弱，則必為王役矣，則是北弱齊西德於秦，而私商於之地以為利也。則此一計而三利俱至』。楚王大悅，宣言之於朝廷曰：『不穀得商於之地六百里』。……楚王使人絕齊，使者未來，又重絕之。張儀反，秦使人使齊，齊秦之交陰合。楚因使一將軍受地於秦。張儀至，稱病不朝。楚王曰：『張子以寡人不絕齊乎』？乃使壯士往詈齊王。張儀知楚絕齊也，乃出見使者曰：『從某至某，廣從六里』。使者曰：『臣聞六百里，不聞六里』。儀曰：『儀固以小人，安得六百里』？使者反，報楚王，楚王大怒，欲興師伐秦。……楚兵大敗杜陵。故楚之土壤士民，非削弱僅以救亡者，計失於陳軫，過聽於張儀」。

按：張儀之言行與目的，亦與蘇秦相同，在於明辯說，善辭令，以通上下之情；而其動機，則為個人之富貴利祿，不似儒墨諸家，栖栖遑遑，席不暇暖，突不得黔，急於濟世救民也。

第二章 先秦諸子對縱橫家之訾議

孟子滕文公篇：「景春曰：『公孫衍張儀，豈不誠大丈夫哉？一怒而諸侯懼，安居而天下熄』。孟子曰：『是焉得為大丈夫乎？子未學禮乎？丈夫之冠也，父命之；女子之嫁也，母命之；往送之門，戒之曰：「往之女家，必敬必戒，無違夫子」！以順為正者，妾婦之道也。居天下之廣居，立天下之正位，行天下之大道；得志與民由之，不得志獨行其道；富貴不能淫，貧賤不能移，威武不能屈；此之謂大丈夫』。」

按：此為孟子訾議縱橫家，徒知以順為正，唯利是圖；而不知富貴不能淫，貧賤不能移，威武不能屈之大道。孟子又云：「善戰者，服上刑，連諸侯者，次之」。所謂連諸侯者，卽指合縱連橫之縱橫家而言也。

荀子臣道篇：「人臣之論，有態臣者，有簒臣者，有功臣者，有聖臣者。內不足使一民，外不足使距難，百姓不親，諸侯不信；然而巧敏佞說，善取寵乎上，是態臣者也。………用態臣者亡。………故齊之蘇秦……秦之張儀，可謂態臣者也。

按：此謂蘇秦張儀，乃亡國之臣。

荀子解蔽篇：「昔賓孟之蔽者，亂家是也」。

按：此亦為訾議縱橫家，擾亂天下者。賓、客也，孟、與萌古音相近。戰國時遊士往來諸侯之國，謂之賓孟。亂家、猶言亂道之家也。

墨子天志篇：「今天下之士君子之書，不可勝載，言語不可盡計，上說諸侯，下說列士；其於仁義，則大相遠也」。

按：此言遊說之士，言語雖多，而遠於仁義。

韓非子忠孝篇：「故世人不言國法，而言縱横。諸侯言縱者曰，縱成必霸；而言横者曰，横成必王。山東之言縱横，未嘗一日而止也。然而功名不成，霸王不立者，虛言非所以成治也。王者獨行謂之王，是以三王不務離合，而五霸不待縱横，察治內以裁外而已矣」。

按：此爲訾議縱横家，虛言不足以成治。

韓非子五蠹篇：「故羣臣之言外事者，非有分於從衡之黨，則有仇讎之忠，而借力於國也。從者、合衆弱以攻一强也；而衡者，事一强以攻衆弱也。皆非所以持國也。今人臣之言衡者皆曰：『不事大，則遇敵受禍矣』。事大必有實，則舉圖而委效璽而請矣。獻圖則地削，效璽則名卑；地削則國削，名卑則政亂矣。事大爲衡，未見其利也，而亡地亂政矣。人臣之言從者曰：『不救小而代大，則失天下；失天下則國危；國危而主卑』。救小必有實，則起兵而敵大矣。救小未必能存，而敵大未必不有疏，有疏，則爲强國制矣。出兵則軍敗，退守則城拔。救小爲縱，未見其利，而亡地敗軍矣。是故事强，則以外權士官於內；救小，則以內重求利於外。國利未立，封土厚祿至矣。主上雖卑，人臣尊矣；國地雖削，私家富矣。事成，則以權長重；事敗，則以富退處。人主之聽說於其臣，事未成則爵祿已尊矣；事敗而弗誅，則游說之士孰不爲用繒繳之說而徼倖其後？故破國亡主以聽言談者之浮說。此其何故也？是人君不明乎公私之利，不察當否之言，而誅罰不必其後也。……故周去秦爲從，期年而舉；衛離魏爲衡，半歲而亡。是周滅於從，衛亡於衡也。使周衛緩其從橫之計，而嚴其境內之治，明其法禁，必其賞罰。盡其地力，以多其積；致其民死，以堅其城守。天下得其地則其利少，攻其國則其傷大。萬乘之國莫敢自頓於堅城之下，而使強敵裁其弊也。此必不亡之術也。舍必不亡之術，而道必滅之事，治國者之過也」。

按：此言從衡之術，爲滅亡之道，周滅於從，衛亡於衡，是其例也。

×　　×　　×

以上爲先秦諸子對縱橫家之訾議，而縱橫家亦有自相攻擊者；蘇秦張儀俱事鬼谷子，及蘇秦相六國，則合山東之縱以擯秦；張儀相六國，則破其縱而連秦之橫；故蘇爲合縱，張爲連橫。

第三章　對訾議縱橫家之平議

方孝孺讀戰國策：「及乎戰國則不然，……功利熾而仁義銷矣，游說行而廉恥衰矣，譎詐盛而忠厚之風息矣。觀乎十二國之所載，繁辭瑰辨，爛然盈目。及求其指意，非謀以奪人之國，則以搖人之位；非間人之骨肉，則皆眩惑人之事。或大言倨禮以激之，或佯疑曲問以入之，或卑聲曲體以冀其哀，或正貌詐心以釣其名，或揣其志而詭其計。非不博且富也；欲一簡之合乎道，而不可得。豈惟不合乎道，欲一簡如左氏所傳公卿大夫之言，亦不可得矣。先王之遺澤餘化漫盡，而國家繼之以亡，豈不哀哉」！

按：縱橫家言，俱載於戰國策，方氏謂戰國策所載，雖繁辭瑰辨，爛然盈目，但其指意，在奪人之國，搖人之位，間人骨肉，眩惑人心，以達其陰謀詭計，無一言以合乎道。此乃同意先秦諸子對縱橫家之訾議者。

淮南子說林訓：「蘇秦以百誕成一誠（誠、售也。），質的張而弓矢集，林木茂而斧斤入。非或召之，形勢所致者也。待利而後拯溺人，亦必以利溺人矣」。

楊子法言淵騫篇：「或問儀秦學乎鬼谷術，而習乎縱横言，安中國者各十餘年，是夫？曰，詐人也！聖人惡諸。曰，孔子讀而儀秦行何如？曰，甚矣！鳳鳴而鷙翰也。然則子貢不爲與？曰，亂而不解，子貢恥諸；說而不富貴，儀秦恥諸」。

鹽鐵論論誹第二十四：「夫蘇秦張儀，熒惑諸侯，傾覆萬乘，使人主失其所秉，非不辯，然亂之道也」

按：以上三說，亦均針對縱橫家之缺點，而同意先秦諸子對縱橫家之訾議者。

柳宗元辨鬼谷子：「鬼谷子言益奇，而道益陋。使人狙狂失守，而易於陷墜」。

宋濂諸子辨：「小夫蛇鼠之智，家用之則家亡，國用之則國僨，天下用之則失天下。學士大夫宜唾棄不道」。

按：柳宋二氏極端排斥縱橫家言，亦同意先秦諸子對縱橫家之訾議者。

× × ×

漢書藝文志諸子略序：「縱橫家者流，蓋出於行人之官，孔子曰：『誦詩三百，使於四方，不能專對，雖多亦奚以爲！』又曰：『使乎！使乎！』！言其當權事制宜，受命而不辭；此其所長也。及邪人爲之，則上詐諼而棄其信」。

按：班氏言縱橫家所長，在出使專對，不辱使命；而其流弊，則尚詐棄信。

史記太史公曰：「三晉多權變之士夫，言從橫強秦者，大抵皆三晉之人也。夫張儀之行事，甚於蘇秦；然世惡蘇秦者，以其先死，而儀振暴其短，以扶其說，成其衡道。要之：此兩人眞傾危之士哉」！又曰：「蘇秦兄弟三人，皆游說諸侯以顯名，其術長於權變。而蘇秦被反閒以死，天下共笑之，諱學其術。然世言蘇秦多異，異時事有類之者，皆附之蘇秦。夫蘇秦起閭閻，連六國從親，此其智有過人者。吾故列其行事，次其時序，毋令獨蒙惡聲焉」。

按：太史公言蘇秦張儀，雖皆爲傾危之士，而對蘇秦頗爲同情。此外，則甚少同情蘇秦張儀之言行者。胡應麟則謂：「鬼谷子之書淺陋，蓋後人僞爲之者」。姚際恆亦謂：「鬼谷子一書，爲六朝人所託」。

× × ×

綜觀上述各家評論，可見先秦諸子對縱橫家之訾議不爲過苛。而班氏漢志及太史公所言，較爲持平，蘇張有知，亦當首肯。惟所謂合縱連橫，乃屬策略；合縱連橫之徒，亦類政客之流，原不足以言學術，在本篇第一章，已引章炳麟先生之言說明矣。先秦諸子之學，皆在用世；上焉者，救世補弊，如孔孟之類是也。中焉者，潔身自好，如老莊之類是也。下焉者，迎合時主，以取勢位，如蘇張之類是也。故縱橫家不但不足以與儒道墨法諸家相抗衡，即與陰陽家名家等，亦不能相提並論也。故其雖能在六國紛爭之時，煊耀一時，至秦漢統一後，即漸告湮沒也。以後研究其學者，則變爲鄒陽輩之辭賦家矣。

第八篇 農 家

第一章 農家學術述要

第一節 農家學術之起因

孟子滕文公篇：「有爲神農之言者許行」。

按：漢書藝文志有農家神農二十篇，注曰：「六國時，諸子疾時怠於農事，道耕農之事，託之神農」。許行爲農家之代表人物，是其學說之產生，亦受當時環境之影響，而託之神農，以售其說者。章炳麟諸子系統說云：「蓋農家自董安國以下，皆屬漢人。惟宰氏十七篇，宰氏即計然，爲越王勾踐師。野老十七篇，其人生於六國。而神農二十篇，劉向別錄，則疑爲李悝商君所說，其書既少，又或出入法家，故前世無敍述者」。

× × ×

漢書藝文志諸子略序：「農家者流，蓋出於農稷之官，播百穀，勸耕桑」。

按：農家神農書法篇：「丈夫丁壯而不耕，天下有受其飢者；婦人當年而不織，天下有受其寒者。故天子親耕，后妃親織，以爲天下先。不貴難得之貨，不器無用之物。是故其耕不強者，無以養生；其織不力者，無以揜形。有餘不足，各歸其身。衣食饒溢，姦邪不生。安樂無事，而天下均平。智者無所施其策，勇者無以行其威。故衣食爲民之本，而工巧爲其末也」。此卽漢志所云：「播百穀，勸耕桑」。是農家之學，有所因襲也。

第二節　許行之中心思想

孟子滕文公篇：「有爲神農之言者許行，自楚至滕，踵門而告文公曰：『遠方之人聞君行仁政，願受一廛而爲氓』。文公與之處，其徒數十人，皆衣褐，捆屨織席以爲食。陳良之徒陳相，與其弟辛，負耒耜而自宋之滕，曰：『聞君行聖人之政，是亦聖人也，願爲聖人氓』。陳相見許行而大悅，盡棄其學而學焉。陳相見孟子，道許行之言曰：『滕君則誠賢君也！雖然，未聞道也；賢者與民並耕而食，饔飧而治。今也滕有倉廩府庫，則是厲民而以自養也。……從許子之道，則市賈不二，國中無僞，雖使五尺之童適市，莫之或欺。布帛長短同，則賈相若；麻縷絲絮輕重同，則賈相若；五穀多寡同，則賈相若；屨大小同，則賈相若』」。

按：許行託神農之言，主張君臣並耕而食，反對治人者食於人，治於人者食人之說。此卽其中心思想也。

此外玉函山房所輯農家佚書中，有闡發務農之意義與其重要性，視許行所言更爲警闢者。茲摘錄如后：

農家神農教書篇：「有石城十仞，湯池百步，帶甲百萬，而無粟者，不能守也。民爲邦本，食爲民天。農不正，食不充；民不正，用不衷」。

農家野老書上農篇：「古先王之所以導其民者，先務於農；民農非徒爲地利也，貴其志也。民農則樸；樸則易用；易用則邊境安，主位尊。民農則重；重則少私義；少私義則公法立，力專一。民農則其產復；其產復則重徙；重徙則死其處而無二慮。民捨本而事末，則不令；不令則不可以守不可以戰。民舍本而事末，則其產約；其產約，則輕遷徙；輕遷徙，則國家有患，皆有遠志，無居心。民舍本而事末則好智；好智則多詐；多詐則巧法令，以是爲非，以非爲是。后稷曰：『所以務耕織者，以爲本教也』。是故天子親率諸侯耕，帝籍田，大夫士皆有功業，……后妃率九嬪蠶於郊，桑於田……是故丈夫不織而衣，婦人不耕而食，男女貿功以長生；此聖人之制也。故敬時將日，非老不休，非疾不息，非死不舍……」。

按：以上所述神農野老之言，視許行所云更爲具體明切。惟許行雖爲神農之言，但與神農此說有不同者：神農之書，主張天子爲天下先；而許行則倡君民並耕；神農之書，主張丈夫不織而衣，婦人不耕而食，男女貿功而長生；許行則主倡賢者與民並耕而食，昧於分工之義。

第二章　先秦諸子對農家之呰議

孟子滕文公篇：「陳相見孟子，道許行之言曰：『滕君則誠賢君也；雖然，未聞道也！賢者與民並耕而食，饔飱而治；今也滕有倉廩府庫，則是厲民而以自養也，惡得賢』？孟子曰：『許子必種粟而後食乎』？曰：『然』！『許子必織布而後衣乎』？曰：『否，許子衣褐』。『許子冠乎』？曰：『冠』！曰：『奚冠』？曰：『冠素』！『自織之與』？曰：『否，以粟易之』。曰：『許子奚爲不自織』？曰：『害於耕』！曰：『許子以釜甑爨，以鐵耕乎』？曰：『然』！『自爲之與』？曰『否！以粟易之』。『以粟易械器者，不爲厲陶冶？陶冶亦以其械器易粟者，豈不爲厲農夫哉？且許子何不爲陶冶？舍皆取諸其宮中而用之，何爲紛紛然與百工交易？何許子之不憚煩』？曰：『百工之事，固不可耕且爲也』！『然則治天下，獨可耕且爲與？有大人之事，有小人之事；且一人之身，而百工之所爲備；如必自爲而後用之，是率天下而路也。……從許子之道，相率而爲僞者也，惡能治國家』？

按：農家許行，主張君民並耕而食，饔飱而治，昧於分工之義，故孟子譏其是率天下而路，相率以爲僞也。

第三章　對訾議農家之平議

漢志諸子略序：「農家者流，蓋出於農稷之官；播百穀，勸耕桑。故八政；一曰食，二曰貨。孔子曰，所重民食，此其長也。及鄙者爲之，以爲無所事聖王，欲使君臣並耕，誖上下之序」。

按：我國以農立國，有傳統性之重農思想，舜耕於甽畝之中，后稷以農起家；孔子所云足食，孟子所云不違農時，均爲重視農業之表示。

時至戰國，怠於農事，「釋耒耜而學不驗之語，曠日彌久，而無益於理。往來浮游，不耕而食，不蠶而衣，巧僞良民，以奪農妨政」。（鹽鐵論相刺第二十）許行輩疾之已甚，故倡此君臣並耕而食過激之論。孟子譏其不知分工之義，固不爲過當；但其重農之說，實爲不易之論！漢志所評，殊客觀也。

第九篇 雜家

第一章 雜家學術述要

雜家乃雜取各家之長，而自成一家之言者，章炳麟諸子系統說云：「雜家惟淮南自述，莊荀太史，皆不以此爲一家之言。蓋漫羨無歸，非諸家之倫比也」。其代表作品，爲呂氏春秋，呂氏春秋實秦相呂不韋門下士所共輯，於儒、道、墨、法、陰陽、農家之說，無不採入。汪中呂氏春秋序云：「勸學、尊師、誣徒、善學四篇，皆教學之方，與學記表裏。大樂、侈樂、適音、古樂、音律、音初、制樂，皆樂論。……凡此諸篇，則六藝之遺文也。十二紀、發明、明堂禮，則明堂陰陽之學也。貴生、情欲、盡數、審分、君守五篇，尙清靜養生之術，則道家流也。蕩兵、振亂、禁塞、懷寵、論威、簡選、决勝、愛士七篇，皆論兵，則兵權謀形勢二家也。上農、任地、辨土三篇，皆農桑樹藝之事，則農家者流也」。盧文弨書呂氏春秋後云：「呂氏春秋一書，大約宗墨氏之學，而緣飾以儒術。其重己、重生、節喪、安死、尊師、下賢，皆墨道也」。此乃不主一家，爲吾國最古之類書。

茲摘述數則於後，俾明其梗概：

呂氏春秋本生篇：「始生之者，天也。養成之者，人也。能養天之所生，而勿攖之，謂之天子。天子之動也，以全天爲故（故、事也）者也。此官之所自立也，立官者，以全生也。今世之惑主，多官而反以害生，則失所爲立之矣。譬之若修兵者，以備寇也；今修兵而反以自攻，則亦失所爲修之矣」。

按：此言人主應以全天爲事，而勿攖之；否則反以害生，失去立官之旨。

貴生篇：「聖人深慮天下，莫貴於生。夫耳目鼻口，生之役也。耳雖欲聲，目雖欲色，鼻雖欲芬香，口雖欲滋味，害於生則止。在四官者不欲，利於生者則爲。由此觀之，耳目口鼻，不得擅行，必有所制；譬之若官職，不得擅爲，必有所制，此貴生之術也。堯以天下讓於子州支父，子州支父對曰：『以我爲天子猶可也；雖然，我適有幽憂之病，方將治之，未暇在天下也』。天下重物也，而不以害其生，又況於他物乎？惟不以天下害其生者也，可以託天下」。

按：此言貴生之道。

貴因篇：「三代所寶莫如因，因則無敵，禹通三江五湖，決伊闕，溝迴陸，注之東海，因水之力也。舜一徙成邑，再徙成都，三徙成國，而堯授之禪位，因人之心也。湯武以千乘制夏商，因民之欲也。……武王使人候殷，反報岐周曰：『殷其亂矣』。武王曰：『其亂焉至』？對曰：『讒慝勝良』。武王曰：『尚未也』。又復往，反報曰：『其亂加矣』。武王曰：『焉至』？對曰：『賢者出走矣』。武王曰：『尚未也』。又往，反報曰：『其亂甚矣』。武王曰：『焉至』？對曰：『百姓不敢誹怨矣』。武王曰：『嘻』！遽告太公，太公對曰：『讒慝勝良，命曰戮；賢者出走，命曰崩；百姓不敢誹怨，命曰刑勝。其亂至矣，不可以駕矣』。故選車三百，虎賁三千，朝要甲子之期，而紂爲禽。則武王固知其無與爲敵也。因其所用，何敵之有矣」！

按：此言因之可貴，所謂善因禍而爲福也。

以上均與道家之言相同。

× × ×

順民篇：「先王先順民心，故功名成。夫以德得民心，以立大功名者，上世多有之矣。失民心而立功名者，未之曾有也」。

按：此言得民心之重要，所謂「得天下有道，在於得民心也」。

孝行篇：「凡爲天下治國家，必務本而後末；所謂本者，非耕耘種殖之謂，務其人也。務其人，非貧而富之，寡而衆之，務其本也。務本莫貴於孝」。

按：此言孝爲本務，所謂「君子務本，本立而道生也」。

貴公篇：「昔先聖王之治天下也，必先公；公則天下平矣。……故洪範曰：『無偏無黨，王道蕩蕩，無偏無頗，遵王之義；無或作好，遵王之道；無或作惡，遵王之路』。天下非一人之天下也，天下之天下也。陰陽之和，不長一類；甘露時雨，不私一物；萬民之主，不阿一人」。

去私篇：「天無私覆也，地無私載也，日月無私燭也，四時無私行也。行其德，而萬物得遂長焉。……堯有子十人，不與其子而授舜。舜有子九人，不與其子而授禹。至公也」。

按：此言公之可貴，所謂「大道之行也，天下爲公」。

去宥篇：「齊人有欲得金者，清旦被衣冠，往鬻金者之所，見人操金，攫而奪之。吏搏而束縛之，問曰：『人皆在焉，子攫人之金，何故』？對吏曰：『殊不見人，徒見金耳』。此眞大有所宥也。夫人有所宥者，固以晝爲昏，以白爲黑，以堯爲桀；宥之爲敗亦大矣。亡國之主，其皆甚有所宥邪。故凡人必別宥然後知，別宥則能全其天矣」。

按：此言宥之爲害，所謂「視思明，聽思聰」。

愼大篇：「賢主愈大愈懼，愈彊愈恐。凡大者小鄰國也，彊者勝其敵也。勝其敵則多怨，小鄰國則多患；多患多怨，國雖强大，惡得不懼？惡得不恐？故賢主於安思危，於達思窮，於得思喪。周書曰：『若臨深淵，若履薄冰』。以言愼事也」。

按：此言人主當戒愼恐懼，如臨深履薄，所謂「生於憂患，死於安樂也」。

士節篇：「士之爲人，當理不避其難，臨患忘利，遺生行義，視死如歸。有如此者，國君不得而友，天子不得而臣。大者定天下，其次定一國，必由如此人者也。故人主之欲大立功名者，不可不務求此人也」。

按：此卽所謂：「見義勇爲」，「臨難毋苟免」，「以天下與人易，爲天下得人難」也。

誠廉篇：「石可破也，而不可奪堅；丹可磨也，而不可奪赤。堅與赤，性之有也。性也者，所受於天也，非擇取而爲之也。豪士之自好者，其不可漫以汙也，亦猶此也」。

按：此卽所謂：「不曰堅乎？磨而不磷；不曰白乎？涅而不緇」也。

大樂篇：「凡樂，天地之和，陰陽之調也。……世之學者，有非樂者矣，安由出哉？大樂君臣父子長少之所懽欣而說也，歡欣生於平，平生於道。道也者，視之不見，聽之不聞，不可爲狀。有知不見之見，不聞之聞，無狀之狀者，則幾於知之矣」。

按：此卽所謂「樂者，樂也，人情之所必不免也」。

勸學篇：「先王之教，莫榮於孝，莫顯於忠。忠孝，人君人親之所甚欲也。顯榮，人子人臣之所甚願也。然而人君人親不得其所欲，人子人臣不得其所願，此生於不知理義。不知理義，生於不學。學者，師達而有材，吾未知其不爲聖人，聖人之所在，則天下理矣」。

尊師篇：「神農師悉諸，黃帝師大撓……越王勾踐師范蠡大夫種。此十聖人六賢者，未有不尊師者也。今尊不至於帝，智不至於聖，而欲無尊師，奚由至哉」？

按：此言勸學尊師之道，卽所謂「國將興，必貴師而重傅」。「學數有終，若其義則不可須臾舍也」。

察今篇：「楚人有涉江者，其劍自舟中墜於水，遽刻其舟曰，是吾劍之所從墜。舟止，從其所刻者，入水求之，舟已行矣，而劍不行。求劍若此，不亦惑乎？以此故法爲其國，與此同。時已徙矣，而法不徙，以此爲治，豈不難哉」？

按：此言爲政不當刻舟求劍，亦荀子法後王之意也。

以上均與儒家之言相同。

× × ×

呂氏春秋離謂篇：「言者以諭意也，言意相離，凶也。亂國之俗，甚多流言，而不顧其實，務以相毀，務以相譽。毀譽成黨，衆口熏天，賢不肖不分。以此治國，賢主猶惑之也，又況乎不肖者乎」。

按：此言參驗覈實之重要性，所謂：「無參驗而必之者，非愚即誣也」。

審應篇：「人主出聲應容，不可不審。凡主有識，言不欲先，人唱我和，人先我隨，以其出爲之入，以其言爲之名，取其實以責其名。則說者不敢妄言，而人主之所執其要矣」。

知度篇：「明君者，非徧見萬物也。明於人主之所執也。有術之主者，非一自行之也，知百官之要也。知百官之要，故事省而國治也。明於人主之所執，故權專而姦止。姦止則說者不來，而情諭矣。情者不飾，而事實見矣，此謂之至治」。

按：此言人主御下之術。

以上均與法家之言論相同。

×　×　×

呂氏春秋正名篇：「名正則治，名喪則亂，使名喪者，淫說也。說淫則可不可，而然不然。是不是，而非不非。故君子之說也，足以言賢者之實，不肖者之充而已矣。足以諭治之所悖，亂之所由起而已矣。足以知物之情，人之所獲以生而已矣。凡亂者，刑名不當也」。

按：此言正名之重要性，與名家之言相同，而淵源於孔子必也正名之說者。

當染篇：「墨子見染素絲者而歎曰：『染於蒼則蒼，染於黃則黃』。所以入者變，其色亦變，五入而以爲五色矣。故染不可不愼也。非獨染絲然也，國亦有染」。

按：此引墨子之言，謂人之近習，不可不愼，國亦如此。

論人篇：「凡論人，通則觀其所禮，貴則觀其所進，富則觀其所養，聽則觀其所行，止則觀其所好，習則觀其所言，窮則觀其所不受，賤則觀其所不爲。喜之以驗其守，樂之以驗其僻，怒之以驗其節，懼之以驗其特，哀之以驗其人，苦之以驗其志。八觀六驗，此賢主之所以論人也」。

按：此言論人之法，有八觀六驗，均係至理名言，執此以衡人，當鮮有失之矣。

第二章　對雜家之平議

雜家在先秦諸子中爲最後出，且兼儒、墨，合名、法，故當時各家，對其訾議者甚少。僅孟子曾云：「夫道一而已矣」。然亦非爲雜家而言也。惟秦漢而後，對雜家評論者，則頗不乏人，玆摘引如後：

方孝孺讀呂氏春秋：「呂氏春秋十二紀、八覽、六論，凡百六十篇，呂不韋爲秦相時，使其賓客所爲者也。……不韋以大賈乘勢而奇貨致富貴，而行不謹，其功業無足道者，特以賓客之書，顯其名於後世。況乎人君，任賢以致治者乎？然其書誠有足取者。其節哀、安葬篇，譏厚葬之弊。其勿躬篇，言人君之要在任人。用民篇，言刑罰不如德禮。達鬱、分職篇，皆盡人君之道，切中始皇之病。其後秦卒以是數者僨敗亡國，非知幾之士，豈足以爲之哉」？

按：此言呂不韋行不謹，其功業無足道者，惟其以賓客所爲呂氏春秋，則尚有足取。

盧文弨書呂氏春秋後：「世儒以不韋故，幾欲棄絕此書，然書與不韋固無與也。以秦王之嚴，秦丞相之勢燄，而其爲書時寓規諷之旨，求其一言近於揣合而無有，此則風俗人心之古，可以明示天下後世而不作者也。世儒不察，猥欲幷棄之，此與耳食何異哉」？

按：此言呂氏春秋，能不曲學阿世，可以明示天下後世，不可因不韋故而少之。

汪中呂氏春秋序：「司馬遷謂不韋使其客，人人著所聞，以爲備天地萬物古今之事……然其所采摭，今見於周漢諸書，十不及三四。其餘則本書已亡，而先哲之話言，前古之佚事，賴此以傳於後世。其善者可以勸，其不善者可以懲焉。亦有閭里小智，一意采奇詞奧旨，可喜可觀，庶幾乎立言不朽者矣」。

按：此言先哲之話言，前古之佚事，賴呂氏春秋以傳，爲不朽之作。

徐時棟呂氏春秋雜記序：「其書瑰瑋宏博，幽怪奇艷，上下鉅細，事理名物之故，粲然皆具。讀之如身入寶藏，貪者既得恣所欲以去，廉介之士，雖一毫無取，而不能不歎羨其備物之富有也。乃儒者獨以不韋之書而羞稱之。嗚呼！此豈陽翟大賈與奔走於其門下者之所能爲哉？夫蠭之毒也，而蜜人食之；衣工之賤也，而裘人衣之。蜜成於蠭也，蠭采之於百華；裘成於工也，工集之於千狐。惡蠭而傾其蜜，賤工而裂其服，則豈不悖矣！呂氏之書，呂氏爲之，抑豈呂氏之爲哉？遺文逸事，名言至理，往往而在。考其徵引神農之教，黃帝之誨，堯之戒，舜之詩，后稷之書，伊尹之說，夏之鼎，商周之箴，三代以來，禮樂刑政。以至春秋戰國之法令，易、詩、禮、孝經，周公、孔子、曾子、子貢、子思之言，以及關、列、老、莊、文子、子華子、季子、李子、魏公子牟、惠施、愼到、甯越、陳駢、孫臏、墨翟、公孫龍之書，上志古記，歌誦謠諺。其擴摭也博，故其言也雜。然而其說多醇而少疵。嗚呼：此豈賈人子與其食客之所能爲者哉」？

許維遹呂氏春秋集釋自序：「夫呂覽之爲書，網羅精博，體制謹嚴，析成敗升降之數，備天地名物之文，總晚周諸子之精英，薈先秦百家之眇義。雖未必一字千金，要亦九流之喉襟，雜家之管鍵也」。

按：徐許二氏，均對呂氏春秋有所贊揚，認爲網羅精博，多醇少疵，爲九流之喉襟，不可以不韋故而少之。

畢沅呂氏春秋新校正序：「不韋書在秦火以前，故其采綴原書類亡，不能悉尋其所本。今觀其至味一篇，皆述伊尹之言，而漢儒如許愼、應邵等，間引其文，一則直稱伊尹曰，一則又稱伊尹書。今考藝文志道家，伊尹五十一篇，不韋所本，當在是矣。又上農、任地、辨土等篇，述后稷之言，與元倉子所載略同，則亦周秦以前農家者流，相傳爲后稷之說無疑也。他如采老子文子之說，亦不一而足，是以其書沈博絕麗，彙儒墨之旨，合名法之源，古今帝王天地名物之故，後人所以探索而靡盡與」？

按：此言呂氏春秋，沈博絕麗，其采綴原書，類皆亡佚，古今帝王天地名物制度，賴此書以存，供後人探索，其貢獻甚偉。

四庫總目子部雜家類：「不韋固小人，而是書（呂氏春秋）較諸子之言，獨爲醇正。大抵以儒爲主，而參以道家墨家，故多引六籍之文與孔子曾子之言。其他如論音，則引樂記，論鑄則引考工記。雖不著篇名，而其文可案。所引莊列之言，皆不取其放誕恣肆者。墨翟之言，不取其非儒明鬼者。而縱橫之術，刑名之說，一無及焉。其持論頗爲不苟。論者鄙其爲人，因不甚重其書，非公論也」。

按：此言呂氏春秋，持論不苟，較諸子之言，獨爲醇正。

漢志諸子略序：「雜家者流，蓋出於議官，兼儒墨，合名法，知國體之有此，見王治之無不貫。此其所長也。及盪者爲之，則漫羨而無歸心」。

按：此亦言雜家本身，尙有足取，惟其流弊，則複雜而無中心。

綜觀以上各家評論，對呂不韋之為人，雖均不齒，但對呂氏春秋，則咸有佳評。詳觀其書內容，確如四庫總目所云，持論不苟，獨爲醇正。而先哲之話言，前古之佚事，賴其以傳後世，厥功尤偉焉。謂其長在博，其短在雜者，亦持平之論也。

第十篇 小說家

第一章 小說家學術述要

第一節 小說家學術之起因

荀子正論篇引宋子之言云：「明見侮之不辱，使人不鬥。人皆以見侮爲辱，故鬥也。知見侮之不爲辱，則不鬥也」。

按：宋子所以倡導「見侮不辱，使人不鬥」，「情欲寡淺，禁攻寢兵」之說者，均因戰國之際，兵連禍結，民不聊生，而圖有以挽救之也。是小說家學說之起因，亦受當時環境影響也。

莊子天下篇：「不累於俗，不飾於物，不苟於求，不忮於衆；願天下之安寧，以活民命。人我之養，畢足而止，以此白心。古之道術有在於是者，宋牼、尹文，聞其風而悅之」。

按：莊子言小說家之學，源於古之道術。宋牼著有宋子一書，漢志列於小說家，記宋牼言近指遠之辭，今已散佚。尹文著有尹文子一書，漢志列於名家，本章專述小說家，故以下但言宋牼，不及尹文。

漢書藝文志：「小說家者流，蓋出於稗官。街談巷語，道聽途說之所造也」。

按：此言小說家之學，源於稗官。漢志所錄小說家之書，有十五家，千三百八十篇，均已散佚。其內容約可分爲四類：如周考、周紀、靑史子之屬，爲野史佚聞；如伊尹說、鬻子說、所錄故事，均以人爲中心，乃外史別傳；如封禪、心術、未央術，均爲方士所作，屬齊諧搜神；如宋子，乃記宋牼言近指遠之辭，屬寓言；均由街談巷議，道聽途說來也。

第二節　宋牼之中心思想

宋子、名牼，莊子逍遙遊作宋榮子，天下篇作宋鈃，韓非子作宋榮；、牼、鈃、榮，蓋均爲一音之轉也。漢志所錄小說家之書，均已散佚，惟寓言類宋子之言行，散見於孟子、莊子、荀子、韓非子等書中，爲後世所重視。茲節引如后：

莊子天下篇：「……古之道術有在於是者，宋鈃，尹文聞其風而悅之。作爲華山之冠以自表。接萬物以別囿爲始。語心之容，命之曰心之行。以聏合驩，以調海內，請欲置之以爲主。見侮不辱，救民之鬥。禁攻寢兵，救世之戰。以此周行天下，上說下敎，雖天下不取，强聒而不舍者也。故曰：『上下見厭而强見也』。雖然，其爲人太多，其自爲太少，曰：『欲請固置五升之飯足矣。先生恐不得飽，弟子雖飢，不忘天下』。日夜不休，曰：『我必得活哉，圖傲乎救世之士哉』！曰：『君子不爲苛察，不以身假物』。以爲無益於天下者，明之不如已也。以禁攻寢兵爲外，以情欲寡淺爲內，其小大精粗，其行適至是而止」。

按：根據莊子所言，宋牼之中心思想「以禁攻寢兵爲外，以情欲寡淺爲內」。宋子目擊當時兵連禍結，民不聊生，研究消弭戰鬥之根本辦法，故倡導見侮不辱，禁攻寢兵之說。並主張情欲寡淺，與見侮不辱之論相輔而行。而尤注重別宥。所謂宥者，卽呂氏春秋去宥篇所云：「人有所宥者，固以晝爲昏，以白爲黑，以堯爲桀也」。故曰：「接萬物以別宥爲始」。

宋牼禁攻寢兵與情欲寡淺之說，似與墨道兩家爲近，所謂「禁攻寢兵救世之戰」者，卽墨子非攻之旨也。墨子認爲人類之所以交相攻者，由於交相惡。所以交相惡者，由於不能兼相愛。故極力倡導兼愛，而謀消滅戰爭之因素。宋子亦認爲人類之所以交相攻者，是由於見侮爲辱，故極力倡導見侮不辱之說，以禁攻寢兵。情欲寡淺之說，固屬道家之言，卽見侮不辱之旨，亦與道家以弱勝强，以柔克剛之說相同也。

× × ×

小說家除宋子而外，淳于髡之言行，亦散見於孟子、史記、戰國策諸書中。淳于髡，齊人，博聞彊記，學無所主，梁惠王欲以爲師，髡謝去，終身不仕。茲摘錄其說時君之言如次：

淳于髡說齊王見七士：「淳于髡一日而見七人於宣王，王曰：『子來！寡人聞之，千里而一士，是比肩而立。百世而一聖，若隨踵而至也。今子一朝而見七士，則士不亦衆乎』？淳于髡曰：『不然！夫鳥同翼者而聚居，獸同足者而俱行。今求柴胡、桔梗於沮澤，則累世不得一焉。及之睪黍、梁父之陰，則郤車而載耳，夫物各有疇，今髡賢者之疇也。譬若挹水於河，而取火於燧也。髡將復見之，豈特七士哉』

？」

淳于髡說齊王止伐魏：「齊欲伐魏，淳于髡謂齊王：『韓子盧者，天下之疾犬也。東郭逡者，海內之狡兎也。韓子盧逐東郭逡，環山者三，騰山者五，兎極於前，犬廢於後，犬兎俱罷，各死其處。田父見之，無勞倦之苦，而擅其功。今齊魏久相持，以頓其兵，敝其衆，臣恐強秦大楚承其後，有田父之功』。齊王懼，謝將休士」。

淳于髡解受魏璧馬：「齊欲伐魏，魏使人謂淳于髡曰：『齊欲伐魏，能解魏患，惟先生也。敝邑有寶璧二雙，文馬二駟，請之先生』。淳于髡曰：『諾』！入說齊王曰：『楚、齊之仇敵也。魏、齊之與國也。夫伐與國，使仇敵制其餘敝，名醜而實危，爲王弗取也』。齊王曰：『善』！乃不伐魏。客謂齊王曰：『淳于髡言不伐魏者，受魏之璧馬也』。王以謂淳于髡曰：『聞先生受魏之璧馬有諸』？曰：『有之』！『然則先生爲寡人計之如何』？淳于髡曰：『伐魏之事，不便，魏雖刺髡，於王何益？若誠便，魏雖封髡，於王何損？且夫王無伐與國之誹，魏無見亡之危，百姓無被兵之患，臣有璧馬之寶，於王何傷乎』？」

按：觀上所述，可見淳于髡之寓言取譬，非攻禁兵，亦爲小說家之流也。

第二章 先秦諸子對小說家之訾議

孟子萬章篇：「咸丘蒙問曰：『語云，盛德之士，君不得而臣，父不得而子，舜南面而立，堯帥諸侯北面而朝之，瞽瞍亦北面而朝之。舜見瞽瞍，其容有蹙。孔子曰，於斯時也，天下殆哉！岌岌乎』。不識此語，誠然乎哉？孟子曰：『否？此非君子之言，齊東野人之語也』。」

按：孟子所謂齊東野人之語者，卽所以距道聽途說，無所根據之小說家言也。

孟子告子篇：「宋牼將之楚，孟子遇於石丘。曰：『先生將何之』？曰：『吾聞秦楚構兵，我將見楚王，說而罷之。楚王不悅，我將見秦王，說而罷之。二王我將有所遇焉』。曰：『軻也，請無問其詳，願聞其指，說之將何如』？曰：『我將言其不利也。』曰：『先生之志則大矣，先生之號則不可。先生以利說秦楚之王，秦楚之王悅於利，以罷三軍之師，是三軍之士，樂罷而悅於利也。爲人臣者，懷利以事其君，爲人子者，懷利以事其父，爲人弟者，懷利以事其兄。是君臣父子兄弟，終去仁義，懷利以相接。然而不亡者，未之有也。先生以仁義說秦楚之王，秦楚之王悅於仁義，而罷三軍之師，是三軍之士，樂罷而悅於仁義也。爲人臣者，懷仁義以事其君，爲人子者，懷仁義以事其父，爲人弟者，懷仁義以事其兄。是君臣父子兄弟，去利，懷仁義以相接也。然而不王者，未之有也。何必曰利』？」

按：此乃孟子訾議宋牼，不當唯利是言，應以仁義上說下敎也。

莊子天下篇譏宋牼云：「見侮不辱，救民之鬥，禁攻寢兵，救世之戰。以此周行天下，上說下敎，雖天下不取，强聒而不舍者也。故曰上下見厭而强見也。雖然，其爲人太多，其自爲太少」。

按：根據莊子所言，宋牼在當時，雖矢志救世，周行天下，上說下教，但並不受當時朝野之歡迎。宋牼仍能强聒不舍，其救世之苦心與熱忱，堪與墨子相提並論。莊子謂其爲人過多，自爲過少，似譏之，實譽之矣。

韓非子顯學篇：「宋榮之議，設不鬥爭，取不隨仇，不羞囹圄，見侮不辱。世主以爲寬而禮之」。

按：宋子見侮不辱與不羞囹圄之說，與韓非法治精神相左。所以韓非在其主觀立場，而予以訾議也。

荀子正論篇：「子宋子曰：『明見侮之不辱，使人不鬥。人皆以見侮爲辱，故鬥也。知見侮之爲不辱，則不鬥矣』。應之曰：『然則亦以人之情爲不惡侮乎？』曰：『惡而不辱也（雖惡其侮而不以爲辱）』。曰：『若是，則必不得所求焉。凡人之鬥也，必以其惡之爲說，非以其辱之爲故也。今俳優侏儒狎徒詈侮而不鬥者，是豈鉅知見侮之爲不辱哉？然而不鬥者，不惡故也。今人或入其央瀆，竊其豬彘，則援劍戟而逐之，不避死傷。是豈以喪豬爲辱也哉？然而不憚鬥者，惡之故也。雖以見侮爲辱也，不惡則不鬥。雖知見侮爲不辱，惡之則必鬥。然則鬥與不鬥也，亡與辱之與不辱邪，乃在於惡之與不惡也。夫今子宋子不能解人之惡侮，而務說人以勿辱也，豈不過甚矣哉』？」

按：此爲評論宋子見侮不辱則不鬥之說，認爲鬥不鬥，由於惡不惡，不由於辱不辱也。

荀子正論篇：「子宋子曰：『人之情，欲寡，而皆以己之情爲欲多，是過也。故率其羣徒，辨其談說，明其譬稱，將使人知情欲之寡也』。應之曰：『然則亦以人之情爲欲，目不欲綦色，耳不欲綦聲，口不欲綦味，鼻不欲綦臭，形不欲綦佚。此五綦者，亦以人之情爲不欲乎」？曰：『人之情欲是已』。曰：『若是，則說必不行矣。以人之情爲欲，此五綦者而不欲多，譬之是猶以人情爲欲富貴而不欲貨也。好美而惡西施也。古之人爲之不然，以人之情爲欲多，而不欲寡，故賞以富厚，而罰以殺損也。是百王之所同也。故上賢祿天下，次賢祿一國，下賢祿田邑，愿慤之民完衣食。今子宋子以是之情爲欲寡而不欲多也。然則先王以人之所不欲者賞，而以人之所欲者罰邪？亂莫大焉。今子宋子嚴然而好說，聚人徒，立師學，成文曲。然而說不免於以至治爲至亂也，豈不過甚矣哉』？」解蔽篇：「宋子蔽於欲，而不知得」。天論篇：「宋子有見於少，無見於多」。

按：此言宋子以凡人之情所欲在少不在多，是亂之道，是有所蔽。但事實雖如此，如人人能重視寡欲知足之道，則人我之養，畢足而止。爭端由此而息，天下可安謐而無事矣。

孟子告子篇：「淳于髡曰：『魯繆公之時，公儀子爲政，子柳，子思爲臣，魯之削也滋甚。若是乎賢者之無益於國也』。孟子曰：『虞不用百里奚而亡，秦穆公用之而霸，不用賢則亡，削何可得與』？曰：『昔者，王豹處於淇，而河西善謳，緜駒處於高唐，而齊右善歌，華周杞梁之妻善哭其夫，而變國俗。有諸內必形諸外，爲其事而無其功者，髡未嘗見之也。是故無賢者也，有則髡必識之』。曰：『孔子爲魯司寇，不用，從而祭，燔肉不至，不稅冕而行。不知者以爲爲肉也，其知者以爲爲無禮也。乃孔子則欲以微罪行，不欲爲苟去。君子之所爲，衆人固不識也』。」

按：此爲訾議淳于髡，徒知功利與現實，而不知仁賢之所爲。

第三章　對訾議小說家之平議

漢志云：「小說家者流，蓋出於稗官，街談巷語，道聽途說者之所造也。孔子曰：『雖小道，必有可觀者焉。致遠恐泥，是以君子不爲也』。然亦弗滅也。閭里小智者之所及，亦使綴而弗忘。如或一言可采，此亦芻蕘狂夫之議也」。

按：此言小說家言，雖係街談巷語，道聽途說者之所爲，但芻蕘狂夫之言，亦不無參考價值。且寓言取譬，言近指遠，言之者無罪，聞之者足以爲戒。而其上說下教，强聒不休之宣傳精神，亦有足多。其周行天下，禁攻寢兵之救世苦心，尤有足取。與墨家非攻之精神相較，亦無愧色。其接萬物以別宥爲始之見解，更爲正本清源之藥石。蓋人有宥則偏；偏則私；私則爭；爭則天下亂矣。去宥則不偏；不偏則無私；無私則不爭；不爭則天下平矣。其寡欲知足之說，亦爲救世良藥，如人人誠能清心寡欲，則人我之間畢足而止，爭端亦無由起矣。此漢志所以列其爲十家之一歟？至道家法家等對其所訾議，亦所謂道不同不相爲謀也。

第十一篇　綜論各家

臚列諸子，明其宗旨，述其系統，而綜論其長短得失者：有莊子天下、荀子非十二子、呂氏春秋不二、淮南要略論諸子學之所由生、司馬談論六家之要指、漢書藝文志志諸子、章炳麟諸子系統說、抱朴子百家、劉晝新論九流、中說周公、高似孫子略序、文心雕龍諸子、四庫全書總目提要子部總敘，熊賜履學統，陳澧諸子書等；均有綜合扼要之論述。學者如能於此三致意焉，則於研究諸子之學說，當有莫大之裨益。爰特擇要補述如次：

一、莊子天下（節錄）

天下之治方術者多矣，皆以其有為不可加矣。

古之所謂道術者果惡乎在？

曰，無乎不在。

曰，神何由降？明何由出？

聖有所生。王有所成。皆原於一。

不離於宗，謂之天人。不離於精，謂之神人。不離於眞，謂之至人。以天爲宗，以德爲本，以道爲門，兆於變化，謂之聖人。以仁爲恩，以義爲禮，以禮爲行，以樂爲和，薰然慈仁，謂之君子。以法爲分，以名爲表，以操爲驗，以稽爲決，其數一二三四是也、百官以此相齒。以事爲常，以衣食爲主，蕃息畜藏，老弱孤寡爲意，皆有以養，民之理也。

古之人其備乎？配神明，醇天地，育萬物，和天下，澤及百姓，明於本數，係於末度，六通四闢，小大精粗，其運無乎不在。

其明而在數度者，舊法世傳之史尚多有之。其在於詩、書、禮、樂者，鄒魯之士縉紳先生多能明之，——詩以道志，書以道事，禮以道行，樂以道和，易以道陰陽，春秋以道名分。其數散於天下而設於中國者，百家之學時或稱而道之。

天下大亂，賢聖不明，道德不一，天下多得一察焉以自好。譬如耳、目、鼻、口，皆有所明，不能相通。猶百家衆技也，皆有所長，時有所用。雖然，不該不徧，一曲之士也，判天地之美，析萬物之理，察古人之全，寡能備於天地之美，稱神明之容。是故，內聖外王之道闇而不明，鬱而不發，天下之人各爲其所欲焉以自爲方。悲夫！百家往而不反，必不合矣。後世之學者，不幸不見天地之純，古人之大體，道術將爲天下裂。

不侈於後世，不靡於萬物，不暉於數度，以繩墨自矯，而備世之急，古之道術有在於是者。墨翟，禽滑釐聞其風而悅之。爲之太過，已之太順，作爲「非樂」，命之曰「節用」，生不歌，死不服。墨子氾愛兼利而非鬬，其道不怒。又好學而博，不異，不與先王同，毀古之禮樂。黃帝有「咸池」，堯有「

大章」，舜有「大韶」，禹有「大夏」，湯有「大濩」，文王有辟雍之樂，武王、周公作「武」。古之喪禮，貴賤有儀，上下有等，天子棺槨七重，諸侯五重，大夫三重，士再重。今墨子獨生不歌，死不服，桐棺三寸而無槨，以爲法式。以此教人，恐不愛人。以此自行，固不愛己。未敗墨子道，雖然，歌而非歌，哭而非哭，樂而非樂，是果類乎？其生也勤，其死也薄，其道大觳。使人憂，使人悲，其行難爲也。恐其不可以聖人之道，反天下之心，天下不堪。墨子雖獨能任，奈天下何？離於天下，其去王也遠矣。墨子稱道曰，「昔者禹之湮洪水，決江河，而過四夷九州也，名山三百，支川三千，小者無數，禹親自操橐耜而九雜天下之川，腓無胈，脛無毛，沐甚雨，櫛疾風，置萬國。禹，大聖也，而形勞天下也如此」！使後世之墨者多以裘褐爲衣，以跂蹻爲服，日夜不休，以自苦爲極，曰，「不能如此，非禹之道也，不足謂墨」。相里勤之弟子，五侯之徒，南方之墨者苦獲、已齒、鄧陵子之屬，俱誦墨經，而倍譎不同，相謂「別墨」。以「堅白同異」之辯相訾，以觭偶不仵之辭相應。以「巨子」爲聖人，皆願爲之尸，冀得爲其後世，至今不決，墨翟、禽滑釐之意則是，其行則非也。將使後世之墨者必自苦以腓無胈，脛無毛，相進而已矣。亂之上也，治之下也。雖然，墨子眞天下之好也。將求之不得也，雖枯槁不舍也。才士也夫！

不累於俗，不飾於物，不苟於人，不忮於衆，願天下之安寧以活民命，人我之養畢足而止，以此白心，古之道術有在於是者。宋鈃、尹文聞其風而悅之，作爲華山之冠以自表。接萬物，以別宥爲始。語心之容，命之曰心之行。以胹合驩，以調海內，請欲置之以爲主。見侮不辱，救民之鬭。禁攻寢兵，救世之戰。以此周行天下，上說下教，雖天下不取，强聒而不舍者也。故曰，「上下見厭而强見也」。雖然，其爲人太多，其自爲太少，曰，「欲請固置五升之飯足矣。先生恐不得飽，弟子雖飢，不忘天下」。日夜不休，曰，「我必得活哉」。圖傲乎救世之士哉！曰，「君子不爲苛察，不以身假物」，以爲無益於天下者，明之不如已也。以禁攻寢兵爲外，以情欲寡淺爲內，其小大精粗，其行適至是而止。

公而不黨，易而無私，決然無主，趣物而不兩，不顧於慮，不謀於知，於物無擇，與之俱往，古之道術有在於是者。彭蒙、田駢、慎到聞其風而悅之。齊萬物以爲首，曰，「天能覆之而不能載之，地能載之而不能覆之，大道能包之而不能辯之」。知萬物皆有所可，有所不可，故曰，「選則不徧，教則不至，道則無遺者矣」。是故，慎到棄知去己而緣不得已，冷汰於物以爲道理，曰，「知不知，將薄知而後鄰傷之者也」。謑髁無任，而笑天下之尙賢也。縱脫無行，而非天下之大聖，椎拍輐斷，與物宛轉。舍是與非，苟可以免。不師知慮，不知前後，魏然而已矣。推而後行，曳而後往，若飄風之還，若羽之旋，若磨石之隧，全而無非，動靜無過，未嘗有罪。是何故？夫無知之物，無建己之患，無用知之累，動靜不離於理，是以終身無譽。故曰，「至於若無知之物而已。無用賢聖。夫塊不失道」。豪傑相與笑之，曰，「慎到之道，非生人之行，而至死人之理，適得怪焉」。田駢亦然。學於彭蒙，得不教焉。彭蒙之師曰，「古之道，人至於莫之是，莫之非而已矣。其風窢然，惡可而言？常反人不聚觀，而不免於魭斷」。其所謂道非道，而所言之韙不免於非，彭蒙、田駢、慎到不知道。雖然，概乎皆嘗有聞者也。

以本爲精，以物爲粗，以有積爲不足，澹然獨與神明居，古之道術有在於是者。關尹、老聃聞其風而悅之，建之以常無有，主之以太一，以濡弱謙下爲表，以空虛不毀萬物爲實。關尹曰，「在己無居，形物自著。其動若水，其靜若鏡，其應若響。芴乎若亡，寂乎若淸。同焉者和，得焉者失。未嘗先人而常隨人」。老聃曰，「知其雄，守其雌，爲天下谿。知其白，守其辱，爲天下谷」。人皆取先，己獨取後，曰，「受天下之垢」。人皆取實，己獨取虛，無藏也，故有餘，——巋然而有餘。其行身也，徐而不費，無爲也而笑巧。人皆求福，己獨曲全，曰，「苟免於咎」。以深爲根，以約爲紀，曰，「堅則毀矣，銳則挫矣」。常寬容於物，不削於人，可謂至極。關尹、老聃乎？古之博大眞人哉！

寂漠無形，變化無常，死與？生與？天地並與？神明往與？芒乎何之？忽乎何適？萬物畢羅，莫足以歸，古之道術有在於是者。莊周聞其風而悅之，以謬悠之說，荒唐之言，無端崖之辭，時恣縱而不儻，不以觭見之也。以天下爲沈濁不可與莊語，以巵言爲曼衍，以重言爲眞，以寓言爲廣。獨與天地精神往來，而不敖倪於萬物。不譴是非，以與世俗處。其書雖瓌瑋，而連犿，無傷也。其辭雖參差，而諔詭，可觀。彼其充實，不可以已。上與造物者遊，而下與外死生，無終始者爲友。其於本也，弘大而闢，深閎而肆。其於宗也，可謂調適而上遂矣。雖然，其應於化而解於物也，其理不竭，其來不蛻。芒乎，昧乎，未之盡者。

惠施多方，其書五車，其道舛駁，其言也不中。歷物之意，曰，

至大無外，謂之大一。至小無內，謂之小一。

無厚不可積也，其大千里。

天與地卑。山與澤平。
日方中方睨，物方生方死。
大同而與小同異，此之謂小同異。萬物畢同畢異，此之謂大同異。
南方無窮而有窮。
今日適越而昔來。
連環可解也。
我知天下之中央，燕之北，越之南是也。
氾愛萬物，天地一體也。
惠施以此爲大觀於天下而曉辯者，天下之辯者相與樂之。
卵有毛。
雞三足。
郢有天下。
犬可以爲羊。
馬有卵。
丁子有尾。
火不熱。

山出口。

輪不輾地。

目不見。

指不至，至不絕。

龜長於蛇。

矩不方。

規不可以爲圓。

鑿不圍枘。

飛鳥之景未嘗動也。

鏃矢之疾，而有不行不止之時。

狗非犬。

黃馬，驪牛，三。

白狗黑。

孤駒未嘗有母。

一尺之捶，日取其半，萬世不竭。

辯者以此與惠施相應，終身無窮。桓團、公孫龍辯者之徒，飾人之心，易人之意，能勝人之口，不能服人之心，辯者之囿也。惠施日以其知與人辯，特與天下之辯者爲怪，此其柢也。然惠施之口談，自以爲最賢，曰，「天地其壯乎」！施存雄而無術。南方有倚人焉，曰黃繚，問天地所以不墜不陷，風雨雷霆之故。惠施不辭而應，不慮而對，徧爲「萬物說」，說而不休，多而無已，猶以爲寡，益之以怪。以反人爲實，而欲以勝人爲名，是以與衆不適也。弱於德，强於物，其塗隩矣。由天地之道，觀惠施之能，其猶一蚊一虻之勞者也，其於物也何庸？夫充一尙可，曰愈貴道幾矣，惠施不能以此自寧，散於萬物而不厭，卒以善辯爲名。惜乎惠施之才，駘蕩而不得，逐萬物而不反，是窮響以聲，形與影競走也。悲夫！

按：此篇遍論墨翟、禽滑釐、宋鈃、尹文、愼到、田駢、彭蒙、關尹、老聃、惠施、桓團、公孫龍諸子之學術淵源得失，並兼述周之所獨得者。

二、荀子非十二子（節錄）

假今之世，飾邪說，文姦言，以梟亂天下，矞宇，嵬瑣，使天下混然不知是非治亂之所存者，有人矣。

縱情性，安恣睢，禽獸之行，不足以合文通治，然而其持之有故，其言之成理，足以欺惑愚衆，──是它囂、魏牟也。

忍情性，綦谿，利跂，苟以分異人爲高，不足以合大衆，明大分，然而其持之有故，其言之成理，足以欺惑愚衆，——是陳仲、史鰌也。

不知壹天下建國之權稱，上功用，大儉約而僈差等，曾不足以容辨異，縣君臣，然而其持之有故，其言之成理，足以欺惑愚衆，——是墨翟、宋鈃也。

尙法而無法，不循而好作，上則取聽於上，下則取從於俗，終日言成文典，反紃察之，則倜然無所歸宿，不可以經國定分，然而其持之有故，其言之成理，足以欺惑愚衆，——是愼到、田駢也。

不法先王，不是禮義，而好治怪說，玩琦辭，甚察而不急，辯而無用，多事而寡功，不可以爲治綱紀，然而其持之有故，其言之成理，足以欺惑愚衆，——是惠施、鄧析也。

略法先王而不知其統，然而猶材劇志大，聞見雜博，案往舊造說，謂之五行，甚僻違而無類，幽隱而無說，閉約而無解，案飾其辭而祇敬之曰，「此眞先君子之言也」！——子思唱之，孟軻和之。世俗之溝猶瞀儒嚾嚾然不知其所非也，遂受而傳之，以爲仲尼子游爲玆厚於後世。是則子思孟軻之罪也。

若夫總方略，齊言行，壹統類，而羣天下之英傑而告之以大古，敎之以至順，奧窔之閒，簟席之上，歛然聖王之文章具焉，佛然平世之俗起焉，六說者不能入也，十二子者不能親也。無置錐之地而王公不能與之爭名，在一大夫之位，則一君不能獨畜，一國不能獨容，成名況乎諸侯，莫不願得以爲臣，是聖人之不得勢者也，——仲尼、子弓是也。

一天下，財萬物，長養人民，兼利天下，通達之屬，莫不從服，六說者立息，十二子者遷化，則聖人之得勢者，——舜、禹是也。

今夫仁人也，將何務哉？——上則法舜禹之制，下則法仲尼子弓之義，以務息十二子之說。如是，則天下之害除，仁人之事畢，聖王之跡著矣。

按：此篇係綜論它囂、魏牟、陳仲、史鰌、墨翟、宋鈃、愼到、田駢、惠施、鄧析、子思、孟軻、申不害、莊周諸家之長短得失者。

三、呂氏春秋不二（節錄）

七曰：聽羣衆人議以治國，國危無日矣。何以知其然也？老耼貴柔，孔子貴仁，墨翟貴兼，關尹貴清，子列子貴虛，陳駢貴齊，陽生貴己，孫臏貴勢，王廖貴先，兒良貴後。有金鼓所以一耳，必同法令所以一心也。智者不得巧，愚者不得拙，所以一衆也。勇者不得先，懼者不得後，所以一力也。故一則治，異則亂。一則安，異則危。……

按：此篇評論孔墨等人，各以一字而揭其主義者。

四、淮南子要略論諸子所由生

文王之時，紂爲天子，賦斂無度，殺戮無止，康梁沈湎，宮中成市，作爲炮烙之刑，刳諫者，剔孕婦，天下同心而苦之。文王四世纍善，脩德行義，處岐周之閒，地方不過百里，天下二垂歸之。文王欲以卑弱制强暴，以爲天下去殘除賊而成王道，故太公之謀生焉。

文王業之而不卒。武王繼文王之業，用太公之謀，悉索薄賦，躬擐甲冑，以伐無道而討不義，誓師牧野，以踐天子之位。天下未定，海內未輯，武王欲昭文王之令德，使夷狄各以其賄來貢，遼遠未能至，故治三年之喪，殯文王於兩楹之閒，以俟遠方。武王立三年而崩，成王在襁褓之中，未能用事，蔡叔管叔輔公子祿父而欲爲亂，周公繼文王之業，持天子之政，以股肱周室，輔翼成王，懼爭道之不塞，臣下之危上也，故縱馬華山，放牛桃林，敗鼓折枹，搢笏而朝，以寧靜王室，鎮撫諸侯。成王既壯，能從政事，周公受封於魯，以此移風易俗。孔子脩成康之道，述周公之訓，以教七十子，使服其衣冠，脩其篇籍，故儒者之學生焉。

墨子學儒者之業，受孔子之術，以爲其禮煩擾而不悅，厚葬靡財而貧民，久服傷生而害事，故背周道而用夏政。禹之時，天下大水，禹身執虆臿以爲民先，剔河而道九岐，鑿江而過九路，辟五湖而定東海。當此之時，燒不暇撌，濡不給扢，死陵者葬陵，死澤者葬澤，故節財，薄葬，閒服生焉。

齊桓公之時，天子卑弱，諸侯力征，南夷北狄交伐中國，中國之不絕如綫。齊國之地，東負海而北障河，地狹田少而民多智巧。桓公憂中國之患，苦夷狄之亂，欲以存亡繼絕，崇天子之位，廣文武之業，故管子之書生焉。

齊景公內好聲色，外好狗馬，獵射忘歸，好色無辨。作爲路寢之臺，族鑄大鐘，撞之庭下，郊雉皆呴，一朝用三千鐘贛。梁丘據、子家噲道於左右，故晏子之諫生焉。

晚世之時，六國諸侯谿異谷別，水絕山隔，各治其境內，守其分地，握其權柄，擅其政令，下無方伯，上無天子，力征爭權，勝者爲右，恃連與約重致，剖信符，結遠援，以守其國家，持其社稷，故縱橫脩短生焉。

申子者，韓昭釐之佐。韓，晉別國也，地墽民險而介於大國之閒，晉國之故禮未滅，韓國之新法重出，先君之令未收，後君之令又下，新故相反，前後相謬，百官背亂，不知所用，故刑名之書生焉。

秦國之俗，貪狼強力，寡義而趨利，可威以刑而不可化以善，可勸以賞而不可厲以名，被險而帶河，四塞以爲固，地利形便，畜積殷富。孝公欲以虎狼之勢而吞諸侯，故商鞅之法生焉。

若劉氏之書，觀天地之象，通古今之事，權事而立制，度形而施宜。原道之心，合三王之風，以儲與扈治。玄眇之中，精搖靡覽，棄其畛挈，斟其淑靜，以統天下，理萬物，應變化，通殊類。非循一迹之路，守一隅之指，拘繫牽連於物而不與世推移也。故置之尋常而不塞，布之天下而不窕。

按：此篇論孔子、墨子、管子、晏子、申子、商子以及縱橫長短之學之淵源。

五、司馬談論六家之要指

易大傳，「天下一致而百慮，同歸而殊塗」。夫陰陽、儒、墨、名、法、道德，此務爲治者也，直所從言之異路，有省不省耳。

嘗竊觀陰陽之術，大祥而衆忌諱，使人拘而多所畏。然其序四時之大順，不可失也。

儒者，博而寡要，勞而少功，是以其事難盡從。　然其序君臣父子之禮，列夫婦長幼之別，不可易也。

墨者，儉而難遵，是以其事不可徧循。　然其彊本節用，不可廢也。

法家，嚴而少恩。然其正君臣上下之分，不可改矣。

名家，使人檢而善失眞。然其正名實，不可不察也。

道家，使人精神專一，動合無形，贍足萬物。　其爲術也，因陰陽之大順，采儒墨之善，撮名法之要，與時遷移，應物變化。　立俗施事，無所不宜。　指約而易操，事少而功多。　儒者則不然。　以爲人主，天下之儀表也，主倡而臣和，主先而臣隨。　如此，則主勞而臣逸。　至於大道之要，去健羨，絀聰明，釋此而任術。　夫神大用則竭，　形大勞則敝。形神騷動，欲與天地長久，非所聞也。

夫陰陽，四時，八位，十二度，二十四節，各有敎令，順之者昌，逆之者不死則亡，未必然也。故曰，使人拘而多畏。　夫春生，夏長，秋收，冬藏，此天道之大經也，弗順則無以爲天下綱紀。　故曰，四時之大順不可失也。

夫儒者，以六藝爲法。　六藝經傳以千萬數，累世不能通其學，當年不能究其禮。　故曰，博而寡要，勞而少功。　若夫列君臣父子之禮，序夫婦長幼之別，雖百家弗能易也。

墨者，亦尚堯舜道，言其德行曰，「堂高三尺，土階三等，茅茨不翦，采椽不刮，食土簋，啜土刑，糲粱之食，藜藿之羹，夏日葛衣，冬日鹿裘」。其送死，桐棺三寸，舉音不盡其哀。　敎喪禮，必以此爲萬民之率。使天下法若此，則尊卑無別也。夫世異時移，事業不必同。故曰，儉而難遵。要曰彊本節用，則人給家足之道也，此墨子之所長，雖百家弗能廢也。

法家，不別親疏，不殊貴賤，一斷於法，則親親尊尊之恩絕矣，可以行一時之計，而不可長用也。故曰，嚴而少恩。若尊主卑臣，明分職不得相踰越，雖百家弗能改也。

名家，苛察繳繞，使人不得反其意，專決於名而失人情。故曰，使人儉而善失眞。若夫控名責實，參伍不失，此不可不察也。

道家，無爲，又曰無不爲。其實易行，其辭難知。其術以虛無爲本，以因循爲用，無成勢，無常形，故能究萬物之情。不爲物先，不爲物後，故能爲萬物主。有法無法，因時爲業，有度無度，因物與合，故曰，「聖人不巧，時變是守」。虛者，道之常也。因者，君之綱也。羣臣並至，使各自明也。其實中其聲者謂之端。實不中其聲者謂之窾。窾言不聽，姦乃不生，賢不肖自分，白黑乃形。在所欲用耳，何事不成？乃合大道，混混冥冥。光耀天下，復反無名。凡人所生者神也，所託者形也。神大用則竭，形大勞則敝，形神離則死。死者不可復生，離者不可復反，故聖人重之。由是觀之，神者生之本也，形者生之具也，不先定其神形，而曰，「我有以治天下」，何由哉？

按：此篇綜論儒、墨、法、名、道、陰陽六家之要指。各家之學雖各有所短長，但皆務爲治，殊途同歸。

六、漢書藝文志志諸子(節錄)

儒家者流，蓋出於司徒之官。助人君順陰陽，明教化者也。游文於六經之中，留意於仁義之際，祖述堯舜，憲章文武，宗師仲尼，以重其言，於道最爲高。孔子曰，「如有所譽，其有所試」。唐、虞之隆，殷、周之盛，仲尼之業，已試之效者也。然惑者既失精微，而辟者又隨時抑揚，違離道本，苟以譁衆取寵，後進循之，是以五經乖析，儒學寖衰。此辟儒之患。

道家者流，蓋出於史官。歷記成敗存亡禍福古今之道，然後知秉要執本，淸虛以自守，卑弱以自持，此人君南面之術也。合於堯之「克攘」易之「嗛嗛」，一謙而四益，此其所長也。及放者爲之，則欲絕去禮學，兼弃仁義曰，「獨任淸虛，可以爲治」。

陰陽家者流，蓋出於羲、和之官。「敬順昊天，歷象日月星辰，敬授民時」。此其所長也。及拘者爲之，則牽於禁忌，泥於小數，舍人事而任鬼神。

法家者流，蓋出於理官。信賞必罰，以輔禮制。易曰，「先王以明罰飭法」。此其所長也。及刻者爲之，則無教化，去仁愛，專任刑法而欲以致治，至於殘害至親，傷恩薄厚。

名家者流，蓋出於禮官。

古者名位不同，禮亦異數。孔子曰，「必也正名乎！名不正則言不順，言不順則事不成」。此其所長也。及警者爲之，則苟鈎鈲析亂而已。

墨家者流，蓋出於清廟之守。

茅屋采椽，是以貴儉。養三老五更，是以兼愛。選士大射，是以上賢。宗祀嚴父，是以右鬼。順四時而行，是以非命。以孝視天下，是以上同。此其所長也。

及蔽者爲之，見儉之利，因以非禮樂。推兼愛之意，而不知別親疏。

從橫家者流，蓋出於行人之官。

孔子曰，「誦詩三百，使於四方，不能專對，雖多，亦奚以爲」？又曰，「使乎！使乎」！言其當權事制宜，受命而不受辭。此其所長也。

及邪人爲之，則上詐諼而棄其信。

雜家者流，蓋出於議官。

兼儒、墨，合名、法，知國體之有此，見王治之無不貫。此其所長也。

及盪者爲之，則漫羨而無所歸心。

農家者流，蓋出於農稷之官。

播百穀，勸耕桑，以足衣食。故「八政，一曰食，二曰貨」。孔子曰，「所重民食」。此其所長也。及鄙者爲之，以爲無所事聖王，欲使君臣並耕，誖上下之序。

小說家者流，蓋出於稗官。街談巷語，道聽塗說者之所造也。孔子曰，「雖小道，必有可觀者焉。致遠恐泥，是以君子弗爲也。」然亦弗滅也，閭里小知者之所及，亦使綴而不忘。如或一言可采，此亦芻蕘狂夫之議也。

凡諸子，百八十九家，四千三百二十四篇。出「蹴鞠」一家，二十五篇。

諸子十家，其可觀者，九家而已。皆起於王道既微，諸侯力政，時君世主好惡殊方，是以九家之術蠭出並作，各引一端，崇其所善，以此馳說，取合諸侯。其言雖殊，辟猶水火相滅，亦相生也。仁之與義，敬之與和；相反而皆相成也。易曰，「天下同歸而殊塗，一致而百慮」。今異家者，各推所長，窮知究慮，以明其指，雖有蔽短，合其要歸，亦六經之支與流裔，使其人遭明王聖主，得其所折中，皆股肱之材已。仲尼有言，「禮失而求諸野」。方今去聖久遠，道術缺廢，無所更索，彼九家者，不猶瘉於野乎？若能修六藝之術，而觀此九家之言，舍短取長，則可以通萬方之略矣。

按：此篇敘述先秦諸子學說大綱及源流派別，其認爲諸子之學，雖各引一端，崇其所善，但譬猶水火，相滅亦相成也。

七、章炳麟諸子系統說（節錄）

諸子學之源流，前於講習會中言之。據漢書藝文志所說，分爲十家。曰儒家、道家、陰陽家、法家、名家、墨家、縱橫家、雜家、農家、小說家，說未究竟。大抵西漢以前，臚列諸子，訂其得失者，凡得四事。曰莊子天下篇，曰荀子非十二子篇，曰淮南子要略篇，曰史記太史公自序；若增入藝文志，則爲五事。藝文志出於劉歆七略，是亦西漢人說也。

如上所徵五事，其臚列諸子，詳略不同。莊子所說，墨子是墨家，彭蒙田駢慎到是法家，惠施是名家，關尹老聃莊周是道家；惟宋鈃於藝文志入小說家，尹文於藝文志入名家，而莊子合爲一類。

案荀子以墨翟宋鈃並稱，觀其禁攻寢兵，卽墨子非攻之說；五升置飯，卽墨腹之義。是宋尹固爲墨家流裔。尹文書專說正名，亦本墨子經說，是則莊子所陳，曰墨家法家名家小說家道家而已。荀子所說，它囂魏牟是道家，墨翟是墨家，宋鈃是小說家，愼到田駢是法家，惠施鄧析是名家，子思孟軻是儒家；惟陳仲史鰌無書，都凡六家，較之莊子，其數贏一。然莊子於敍述諸家之前，有所謂鄒魯之士搢紳先生，是亦未嘗無儒，則荀莊大較一也。淮南所說，太公管子是道家，孔晏是儒家，墨子是墨家，從橫修短是從橫家，申商是法家，已所著書是雜家；較諸莊荀，去小說家名家而有雜家從橫家。太史談所說，陰陽家儒家墨家名家法家道家，較諸莊荀，去小說家而入陰陽。總之推較當篇，無過六家而止，合之則爲儒道陰陽名法墨從橫雜小說，都凡九家。藝文志又入農家，故爲十家。其徵舉之詳略，有可說者。蓋農家自董安國以下，皆屬漢人，惟宰氏十七篇，宰氏卽計然，爲越王勾踐之師。（史記正義言姓辛者誤）野老十七篇，其人生於六國；而神農二十篇，則劉向別錄，疑爲李悝商君所說，其書旣少，又或出入法家，故前世無敍述者。雜家惟淮南自述，莊荀太史皆不以此爲一家之言，蓋漫羨無歸，非諸家之倫比也。從横亦惟見淮南，由其語無執守，權事制宜，本不可以學術名者。孔氏設科，言語文學，所由分矣。淮南用伍被之邪說，恃嚴助之內援，造作逆謀，自比高祖，八公之徒，大類戰國游士，故獨列從横者，由其素所好尙也。陰陽家惟見史談述錄，莊荀淮南亦無說焉。太史所掌，文史而外，天官律歷是其專司，故其排比六家，猶以陰陽居首，而道家與史官密合，故歸心則又在彼矣。然則考迹晚周，惟儒道墨名法小說六家，實能自成一說。小說旣難備考，宋銒之說又可附入墨家。若陰陽家雖乏專書，而上古實崇其術。至子思孟軻，造說五行以來，賈董亦通其道。漢時緯書，卽陰陽之支別。故今與諸君討論者，略如太史六家之說而已。六家之名雖殊，然其系統則一。草昧初開，實惟陰陽家爲其初祖。故黃帝所以高世者，曰獲寶鼎迎日推，筴舉風后力牧，常先大鴻以治民，順天地之紀幽明之占，死生之說，存亡之難。時播百穀草木，淳化鳥獸蟲蛾，旁羅日月星辰，水波土石金玉，勞動心力耳目，節用水火材物，此皆陰陽之要事也。太史公歷書曰，黃帝考定星歷，建立五行，起消息，正潤餘，於是有天地神祇物類之官，是謂五官，各司其序，不相亂也。民是以有信，神是以能有明德，民神異業，敬而不瀆，故神降之，嘉生民以物享，災禍不生，所求不匱。少皞氏之衰也，九黎亂德，民神雜擾，不可放物，禍災荐至，莫盡其氣。顓頊受之，乃命南正重司天以屬神，命火正黎司地以屬民，使復舊常，無相侵瀆。其後三苗服九黎之德，故二官咸廢所職，而閏餋乖次，孟陬殄滅，攝提無紀，歷數失序。堯復育重黎之後不忘舊者使典之，而立羲和之官，明時正度，則陰陽調，風雨節，茂氣至，民無夭疫。年耆禪舜，申戒文祖云，天之歷數在爾躬，舜亦以命禹。由是觀之，王者所重也。下逮周官，則馮相保章與太史以下五官，皆隸宗伯；而明堂月令，爲王者動作之規。其在醫術，則素問陰陽應象大論云，陰陽者天地之道，萬物之綱紀，變化之父母，生殺之本始，神明之府，故病必求於本。然則陰陽家所掌者，厥有多端。天官律歷，一也。明堂合宮，二也。方位時日，三也。封禪祠祀，四也。水火工虞，五也。醫方穀食，六也。歷史記載，七也。所包既廣，是以冒萬物而爲言，名之曰道。其所謂道，與道家之所謂道有異，而實爲其根源。人事滋繁，思想發達，拘牽於有形者漸不足用，於是墨家起而代之。墨家稱號，雖以墨翟得名，而周初史佚，實爲墨家之祖，先於孔老四五百年。尊天右鬼之義，實由封禪祠祀而來，而六位時日之誕妄，則已漸歸淘汰。是故日者黑龍之說，墨子拒之。若夫制械拒衡，其術爲墨氏所獨擅，則與水火工虞，互爲影響。惟夫上同兼愛非攻尚賢之術，則陰陽家所萌芽未發，而墨家探索得之。蓋陰陽家得其法式，而墨家得其義指，此所以不相混合。史佚之說，滯於有形，於是道家繼之，爲說清淨自然之義。雖然，此特自老子始爾。老子以前，伊尹太公管仲，漢志皆列道家，其所謂道，猶與老莊不類。伊尹書今不可見，呂氏載其本味一篇，所謂割烹要湯者，而先已篇所述，欲取天下，必先治身，用新棄陳，腠理遂通，精氣日新，邪氣盡去，及其天年，此謂眞人，則即素問醫家之說。漢志經方家有湯液經法三十二卷，相傳以爲伊尹所作。蓋取天下者，往往利用此術。神農嘗草，少康作酒，以此撫九有而光舊物。降逮叔季，妖人創亂。率以符水治病爲先，而伊尹亦以引取桀，則所謂道家者，實陰陽家之變形也。太公所說，今亦無傳。惟六韜有云，丁侯不朝，太公畫丁侯射之，丁侯病困。（御覽七百三十七）是則太公用術，直與巫蠱不殊。其所謂道家者，又陰陽家之變形也。管子後出，言近雅馴，雖其言本陰陽，而其術爲高尚。幼官四時五行諸篇，純是明堂陰陽之法。宙合篇近道家矣，其云方明者察於事，故不官於物而旁通於道。案方明見於覲禮，木以爲之上下四維，樹以六王，此亦明堂之器，陰陽家以爲實有之神靈，道家以爲人爲之表象，故源本雖同，而支流自異。又其所云，左操五音，右執五味，春采生，秋采蓏，夏處陰，冬處陽者，猶是陰陽舊說。侈靡篇云，以時事天，以天事神，以神事鬼，故國無罪而君壽，而民不殺，又與墨家相類，實亦封禪祠祀之儀。其言形變，則謂陰陽分定，甘苦草生，以此推驗，至於百歲以後，此則糅雜讖緯，即鄒衍五德主運所昉。惟心術白心內業諸篇，乃純是道家之說。是其所謂道家者，又陰陽家之變形也。老子建立自然，始一掃陰陽家恠迂之語。故後世言道家者，必以老子爲本，而伊呂管仲勿與焉。莊周生於戰國，時勢又殊，故言愈近人，而與天時絕遠，所謂帝之懸解者，至此乃灑落無餘。然則本一陰陽，因世異而變爲墨，又世異而變爲道。亦如經師之說周易者，京君明以推災異，虞仲翔以成濟，王令升以驗周受同家命之符，說雖不，其不出陰陽則一，是周易之本旨然也。鄭康成唯用爻辰，其他則略不一道，要其發明者，在乎文王周公制禮作樂之本，其說漸近人事，則陰陽之趨爲墨也。王輔嗣韓康伯輩，刻畫淸言，藉以說易，非特不言易象，即典禮亦非所樂談，則陰陽之趨爲道也。故同一周易，而自三方測之，則方方各有異相。同一陰陽，而自三家測之，則家家各有殊術。要非應於時代之變遷，則不能爲爾也。雖然，當老子時，亦惟一道家耳。一傳孔子，而儒家遂與道家分派。其始陰陽與墨，無不求道于天，自老子言自然，又以天爲粗劣。儒家則非特不言自然，而亦不欲言天。其見於周易繫辭者，雖云知幽明之故，死生之說，鬼神之情狀，此爲箋注六藝，各遵其本。至儒術則不然，直云務民之義而已。蓋急於應世，則張皇幽眇，非其所宜，而清靜無爲之法，適可以勸人主爲南面之貞符，若夫智效一官，執掌王事，其所以爲已者，則必不可以清靜處之。於是或言仁智，或稱忠恕，或說孝弟，或陳禮樂，要于人格完全，足爲世用。故近世論者，多謂儒家所言，不出常識，其稍近精微者，惟言性而已爾。孟荀持論，較孔子爲恢張，其宗義亦能成條貫。孔子涉獵既多，故不能無所牴牾。竊比老彭，則于道家未嘗拒絕也。孟子力排楊墨，其在稷下，與諸子亦無酬酢。然同在儒家者，則猶不相非薄。比于孔子，則爲峻矣。荀子非十二子，儒家思軻張夏之倫，亦所鄙夷不道。比于孟子，爲尤峻矣。深覩儒家之弊，博而寡要，是故隆禮義而殺詩書。韓非李斯之法，自此萌芽。原夫法家者本未自儒家流出，蕞爾一邦，必有典章可守，上溯周官，下逮管子，孰非法家經國之書。然其自名一家，實由矯拂儒家而起。儒家之用，因時建言，惟變所適；而法家則明布憲章，昭示氓庶，李悝商鞅，此其選也。慎到申不害輩，略述機權，或與道家相似，韓非則謂術者主之所執，法者臣之所師，和會兩家取長捨短，要其法後王貴時制，則較然與儒生異術矣。荀卿以儒家宗子爲法家師，秦皇用之，卒收同文一量之效，固非魯仲連輩所能企及。然亦應合時勢，開發神思，若生子思孟軻以前，必不能爲此說也。然則遠自陰陽，進而爲墨爲道爲儒爲法，陶鍊舊術，滓盡無餘。觀秦琅邪臺刻石云，古之五帝三王，知教不同法度不明，假威鬼神以欺遠方，是則法家一出，而陰陽家摧傷破滅，靡有孑遺矣。若夫名家之說，最爲後起者，則以上世學術未分，不煩爭論，孔老初起，辯論尚希。故莊子云，六合之外，聖人存而不論；六合之內，聖人論而不議；春秋經世，先王之志，聖人議而不辯。（齊物論）且立言規則，百姓與能，雖田舍傭耕之夫，未知文字，而是非取捨，語必有經，故名家可以不立。其後九流蠭起，各欲自堅其說，以破他人。于是墨家有經說，儒家有正名，道家有齊物論，互相摧陷，冀以自完；而法家如鄧析，則其書惟在辨名，是諸家兼有名家之說也。其專爲名家者，則公孫龍惠施輩，論辯雖多，竟不知欲成何義，故有鉤鈲析亂之譏。惟陰陽牢守古義，不問是非，故與名家正爲反對。據劉向別錄云，齊使鄒衍過趙平原君，見公孫龍及其徒綦母子之屬，論白馬非馬之辯，以問鄒子，鄒子不可，彼天下之辯有五勝三至，而辭正爲下。辯者別殊類使不相害，序異端使不相亂，抒意通指，明其所謂，使人與知辭以相悖，巧譬以相移引人聲使不得及其意，如此害大道。夫繳紛爭言而競後息，不能無害君子。（史記平原君列傳集解引）是其拒絕名家至矣。蓋陰陽家三統五德之說，絕無據依，而又不可合於論理，一遇名家，其說自破，故悍然却之，不令一見，亦其無可如何也。按史記所載鄒衍大九州之說，固由想像而成；而莊子亦述惠施能對天地不墜不陷風雨雷霆之問，則名家所說，非無與陰陽家同者。要其所分，在論理之有無耳。鄒衍惟任獨斷，獨斷則其說不根。惠施惟任比量，比量則其言可立。此其所以異也。若夫儒墨道家諸家，雖於名家多有詆諆，而實陰用其術。蓋名者學人之公器，非一家所得私，故成立亦最居後。綜觀六家之說，陰陽最先，其次則有墨家，其次則有道家，其次則有儒家，其次則有法家，其次則有名家。濁者漸清，亂者愈整，其統系發生，因于世界進化，不能自已。所惜先秦諸子存者無多，無由知其委悉耳。

問者曰，漢志論九流所出，悉自王官，官守不同，持論亦異。若如所說，上古惟有陰陽一家，墨道皆從此出，而儒家復以道家爲本，名家又自諸子合成，此與官守之說，何其相左？答曰，凡一事一物之成，各有本因，亦藉多緣相助。疇人世官，傳其家學，以貽後生，論議各遵其本，此所謂內因也。自陰陽家而下，展轉推移，以應時變，而各自成其說者，此所謂外緣也。無因不生，無緣不起。因緣和合，後果始成。是二說者，復何相左之有？

上來所述，自上古以至晚周，學術統系如此。然則秦皇一統以後，任法家則陰陽家遂無所容足乎？驗之事實，卽又不然。蓋自六國滅亡，海內混一，又爲六合更始之期。昔之以陰陽家始，以名家終者，已運而往矣；今則復以陰陽家始，所異于上古者，惟不使任政耳。尋史記封禪書云，「秦始皇既幷天下而帝，或曰黃帝得土德，黃龍地，地螾見；夏得木德，青龍止于郊，草木暢茂；殷得金德，銀自山溢；周得火德，有赤烏之符。今秦變周，水德之時。昔秦文公出獵，獲黑龍于郊，此其水德之瑞。於是秦更命河曰德水，以冬十月爲年首，色上黑，度以六爲名，音上大呂，事總上法」。又云，自齊威宣之時，鄒子之徒，論著終始五德之運，及秦帝而齊人奏之，故始皇采用之。則他可知矣。然猶自爲一家，未與他家相亂。漢祖初興，卽有神母夜號之瑞，旗識上赤，以應赤帝之名。其後張蒼相漢，復以水德爲言。賈誼董仲舒輩，皆漢世大儒，而五德三統之說，糾紛不已。於是經術所重，亦在陰陽。尙書則鴻範五行，自爲一家，復移之以推春秋災異。說詩者則有轅固翼奉承之，乃有五際六情之說。說禮者則以明堂陰陽三十三篇別出舊記之外。其後緯候煩興，窮極詭祕，西漢之經說，大抵陰陽家也。太史公學術至高而所作素王眇論，猶是五行。楊雄創作太玄，以擬周易，本屬陰陽專家；惟法言乃爲儒術，亦雜老氏之風。所謂爰清爰淨，維寂維寞者，是楊氏之本旨，而又稱述嚴平，高其行義，蓋子雲名爲儒者，實以陰陽兼道，與前述管子之爲道家頗相類，而猶未及老莊之淸曠也。東漢光武以赤伏符中興，於是尊崇祕書，又過前代。然自劉歆以後，古文家接踵而生，頗以緯書怪誕，不足措意。鄭興杜林衞宏賈逵馬融諸家，語經純樸，鮮述禨鬼之辭，而著書達意者，亦較前漢爲多。兩漢之間，先有桓譚，始著新論，今其書已不傳，惟王充獨尊之，以爲質定世事，論說世疑，桓君山莫上也。故仲舒之文可見，而君山之論難追。（論衡案書篇）然則桓氏著書，蓋長於考證者，充作論衡，亦君山之旨。其自述曰，論衡就世俗之書，訂其眞僞，辯其實虛，儒生就先師之說，詰而難之。文吏就獄卿之事，覆而考之。（對作篇）又自建武以後，單篇筆札，相繼而興，即近世別集所昉。充復疾其華辭，是故所作論衡，以形露易觀爲職志。故曰沒華虛之文，存敦厖之朴。撥流失之風，反宓戲之俗。（自紀篇）並世文士，莫之與京矣。考訂旣精，論性諸篇亦皆允愜人意，此則儒家之純質者，非子雲之儕也。和安以後，漢道漸衰。降及桓靈，刑章日弛。故崔實作政論，王符作潛夫論，仲長統作昌言，皆以明罰飭法爲歸。蜀先主謂陳元方鄭康成未嘗言赦，蓋法家之術，至此始彰。其時汝潁之間，品第人物，褒貶得情。魏晉有九品中正之官，衡量人士。於是魏文帝作士操，劉劭作人物志，姚信作士緯新書，皆在名家，而與古之名家有異，其書專爲選擧而作。故近人謂名家者流，出於夏官司士，說亦可采。正始以後，玄言大興，爭端日起。至於晉時，魯勝始注墨辯，以繼戰國名家之學。觀其思想變遷，亦與前世不異。秦及西漢，惟陰陽家用事；西漢之末，楊雄始以陰陽之說，兼涉道儒。桓王繼作，純爲儒術。東漢季年，法家坌起。爰曁魏晉，名家大興。中間獨少墨家，爲與前代異耳。自此以後，譯述梵書，競爲宗主，則爲內典時代，非諸子時代矣。

問曰，陰陽之學，流為墨道二家，其他證據，可得聞耶？答曰，上古命官，巫醫瞽史，互為官聯。傳曰，人而無恆，不可以作巫醫。又曰，吾非瞽史，焉知天道？又曰，用史巫紛若此，皆四官合一之證也。楚語云，「古者民神不雜，民之精爽不攜貳者，而又能齊肅衷正，其智能上下比義，其聖能光遠宣朗，其明能光照之，其聰能聽徹之，如是則明神降之，在男曰覡，在女曰巫。其時宰相，大率以巫祝充之。殷之巫咸，即其證也。巫咸又治天文，隋經籍志有巫咸五星占一卷。開元占經亦數引之。則又馮相保章之術也。巫字從工，詩言工祝致告，古之大匠，亦出巫官。明堂合宮之制，實為宮室之先。由天文而歷數興，由宮室而規矩作。歷數必由推步，規矩必合方員，於是不得不求算術。古之算術，實為陰陽而作。漢時張蒼為陰陽家大師，而九章算術，即出其手。此可見算術之本於陰陽也。世本言巫彭作醫素問，言古之治病可祝由而已，至今猶有祝由一科，而左氏述醫和之言云，良臣將死，天命不祐，後世醫家，亦有太素之術。其言皆近占驗。又左氏述郯子說，太皞紀龍，炎帝紀火，黃帝紀雲，少皞紀鳥，是亦陰陽家說，賈誼本之，以為五曹官制。而隋志醫方家有郯子說陰陽經一卷，又凡剖解之術，隋志皆以明堂孔穴稱之。孔穴而繫以明堂，足證其出於巫術。是則醫術亦本於陰陽也。神仙之說，本醫術之變形，古人衞生之藥，多用金石，大抵鐘乳為其最要。今於外臺祕要，猶多見之。寒食散方，魏晉間士大夫視如穀食，於是金丹之法生焉。隋志醫方家自太清諸丹集要以下，還丹鍊金之術，三十餘種，是神仙又自醫術生也。其間又雜有火教。原夫南正司天，火正司地，古之重火至矣。周禮有司爟之職，則有所謂變國火以救時疾者，鄒子云，春取榆柳之火，夏取棗杏之火，季夏取桑柘之火，秋取柞楢之火，多取槐檀之火。（周禮司爟注引）管子幼官篇，則云春以羽獸之火爨，夏以毛獸之火爨，秋以介蟲之火爨，多以鱗獸之火爨，此則醫家所有事，而又兼乎祕祝者也。瞽亦上古所重，周語云「古之神瞽，考中聲而量之，以制度律均鐘百官軌儀，紀之以三，平之以六，成於十二」。其沒則祀之學官，猶存瞽宗之號，以律審音，推其分寸節度，則又不得不用算術。故漢書律曆志，有備數和聲審度嘉量權衡五術，亦與九章相符焉。史氏之官本以治曆測天爲重。故太史公自述譜系，本之重黎；而左氏亦多錄星曆卜筮之言。蓋史官本掌曆紀，主書年月，而後事蹟繫焉。故春秋雖一時無事，猶必空書，是可知史官之本，固在排比日月而已。其在春秋，宋有六鷁退飛之祥，楚有赤鳥夾日之變，皆以問之周史，而伯陽史蘇蔡墨之徒，皆以史官而明占驗。漢時太史列位在丞相上，明其爲「天官」也。史遷父子，皆能記事。遷卒以後，則太史專爲星曆之官。續漢書百官志云，「太史令一人掌天時星曆，凡歲將終，奏新年曆，凡國祭祀喪娶之事，掌奏良日及時節禁忌。凡國有瑞應災異，掌記之。丞一人，明堂及靈臺丞一人，二丞掌守明堂靈臺，靈臺掌候日月星氣，皆屬太史」。注引漢官儀曰，「太史待詔三十七人，其六人治曆，三人龜卜，三人廬宅，四人日時，三人易筮，二人典禳，九人籍氏許氏典昌氏各三人，嘉法請雨解事各二人，醫二人，靈臺待詔四十二人，其十四人候星，二人候日，三人候風，十二人候氣，三人候晷景，七人候鐘律，一人舍人」。據此，則漢時太史，與今欽天監相類，而復兼治醫術。此卽上古巫醫瞽史互爲官聯之法也。由是以推，則墨家之出於陰陽家者，凡有數端可驗。一以治器驗之，易言治器尚象，其後作者，則有規矩準繩諸法，悉屬陰陽，而墨家史佚，實掌是官，史佚亦作尹佚，其後則有尹氏。漢書律曆志曰，規者所以規圜器械，令得其類也。矩者所以矩方器械，令不失其形也。準者，所以揆平取正也。繩者，上下端直經緯四通也。準繩連體，衡權合德，百工繇焉，以定法式。輔弼執玉，以翼天子。詩云，尹氏太師，秉國之鈞，四方是維，天子是毗，俾民不迷，咸有五象，其義一也。是則尹氏所掌，在此五器，故其後傳之墨翟，制械却攻，得使公輸斂手。此墨家之出於陰陽一也。二以紀瑞驗之，墨家田俅子，言黃帝時草生帝庭，有佞人入，則草指之，名曰屈軼。少昊之時，赤燕集戶，獻其丹書。堯爲天子，蓂莢生庖，爲帝成歷。解廌緝毛，爲帝作帳。湯爲天子，有神手牽白狼口銜金鉤而入湯庭，此皆雜見諸書隨引，又與陰陽家符應之說不殊。此墨家之出於陰陽二也。三以讀史驗之，墨子貴義篇曰，子墨子南遊使衞關中，載書甚多，兼愛下篇云，先聖六王吾非與之並世同時，親聞其聲見其色也，以其所書於竹帛，鏤於金石，琢於盤盂，傳於後世子孫者知之。尚賢中篇曰，先王之書，距年之言，明鬼下篇引周之春秋，燕之春秋，宋之春秋，齊之春秋。而隋李德林引墨子之言，則有云「吾見百國春秋」者，蓋尹氏世爲周史，故墨子亦傳其術，然推其會歸，則云先王之書，一尺之帛，一篇之書，語數鬼神之有也，重又重之。（明鬼下）此墨家之出於陰陽三也。四以神仙驗之，隋志醫方家有墨子枕內五行紀要一卷，抱朴子遐覽篇云，「變化之術大者惟有墨子五行記，本有五卷，昔劉君安未仙去時，鈔取其要，以爲一卷。其法用藥用符，乃能令人飛行上下，隱淪無方，含笑卽爲婦人，蹙面卽爲老翁，踞地卽爲小兒，執杖卽成林木，種物卽生，瓜果可食，畫地爲河，撮壤成山，坐致行廚，興雲起火，無所不作也」。此或方士僞作，非必墨子本書。然墨子於丹鼎之術，亦自素所信任。耕柱篇云，「昔者夏后開，使蜚廉採金於山川，而陶鑄之於昆吾，是使翁難乙卜於目若之龜，龜曰鼎成三足而方，不炊而自烹，不舉而自臧，不遷而自行，以祭於昆吾之墟上鄉。乙又言兆之繇曰，饗矣逢逢白雲，一南一北，一西一東，九鼎既成，遷於三國」。觀於秦皇求仙，沒泗而探九鼎；墨子之意，蓋亦若是。五行記之別出於墨書，亦猶淮南萬畢別在鴻烈之外。此墨家之出於陰陽，四也」。

若以道家言之，其出於陰陽者，亦有數端可驗。一以列子天瑞驗之，蓋陰陽家五德主運之說，實以洪範九疇爲本。今見於鄒子者，凡有數事。一曰五行相次轉用，事隨方面爲服。（漢郊祀志如淳注引）二曰政敎文質者，所以云救也。當時則用，過則舍之，有易則易。（漢書嚴安傳引）是則陰陽之說，已知生無不滅，盛必有衰，道家因之妙見化理。故云萬物皆出於機，皆入於機。運轉亡已，天地密移，疇覺之哉」。又進其說，乃與佛家輪廻相似。列子述「林類曰，死之與生，一往一返，故死於是者，安知不生於彼」。莊子祖述其說，亦云生也死之徒，死也生之始。（知北游篇）死何以爲生之始，其爲形氣轉續明矣。又云，適來夫子時也。適去夫子順也。指窮於爲薪，火傳也，不知其盡也。（養生主篇）此亦輪廻之說，而道家所以能作是想者，實由五德轉運而生，此其形迹可驗者也。二以列子力命驗之，五德遷移，任運旋轉，則尋思者必以命爲歸。墨家救世，故矯之言非命，道家厭世，故循之言有命。巫醫本爲一術，而醫家之精者，亦不得不言有命。列子云，季梁得疾，七日大漸，其子環而泣之，請醫，季梁謂楊朱曰，吾子不肖如此之甚，女奚不爲我歌以曉之。楊朱歌曰，天其弗識，人胡勿覺，匪祐自天，弗孽曰人。我乎女乎，其弗知乎。巫乎醫乎，其知之乎。其子勿曉，終謁三醫。一曰矯氏，二曰俞氏，三曰盧氏，診其所疾。矯氏謂季梁曰，女寒溫不節，虛實失度，病由饑飽色欲，精慮煩散，非天非鬼，雖漸可攻也。季梁曰，衆醫也，亟屏之。兪氏曰，女始則胎氣不足，乳湩有餘，病非一朝一夕之故，其所由來漸矣，弗可已也。季梁曰，良醫也，且食之。盧氏曰，女疾不由天，亦不由人，亦不由鬼，稟生受形，既有制之者矣，亦有知之者矣，藥石其如女何！季梁曰，神醫也，重貺遣之」。又曰，「管夷吾非薄鮑叔，不得不薄；非厚隰朋，不得不厚；子產非能用竹刑，不得不用；鄧析非能屈子產，不得不屈；子產非能誅鄧析，不得不誅」。則一切治亂盛衰之故，皆由前定。非陰陽家之說而誰爲之。此又其形迹可驗者也。三以列子湯問驗之，陰陽家鄒子之說曰，儒者所謂中國者，於天下乃八十一分居其一分耳。中國名曰赤縣神州，外如赤縣神州者九，乃所謂九州也，於是有裨海環之。如此者九，乃有大瀛海環其外，天地之際焉。（史記孟荀列傳）而列子亦云，「四海之外，猶齊州也，渤海之東，不知幾億萬里，有大壑焉，名曰歸墟，中有五山，相去七萬里，以爲隣居」。則與鄒衍之說相似，而推尋衍說所本，則與山海經似有影響，故列子得用之。此又可以形迹驗者也。（今所傳列子書，文義淺易，似是魏晉人僞作，然八篇之目，則劉向校錄已然。或後人因其舊文，復加敷演，要是王肅家語，枚賾古文尚書之類，非全無根據者也，故引之）。由是言之，墨家多妖妄之談，道家貴淸虛之說，其質則異，而其原於陰陽一也。

然則儒家以下，遂無與陰陽家涉入者乎？曰惟法家名家則然；儒家猶有二師，未能無累。且如禮記郊祭諸篇，皆陰陽家之舊術，此自在六藝家，非儒家之說。其純爲儒家者，則荀子譏子思孟軻云，案往舊造說，謂之五行，孟子所言五行，今不可見，若子思則明有其徵。據沈約云，「中庸表記坊記緇衣皆取子思子」，尋表記云，今父之親子也，親賢而下無能。母之親子也，賢則親之，無能則憐之。母親而不尊，父尊而不親。水之於民也親而不尊，火尊而不親。土之於民也，親而不尊，天尊而不親。命之於民也親而不尊，鬼尊而不親」。此以水火土三，比父母之於其子。其後仲舒作五行對五行之義等篇，又以臣子事其君父比況五行，則子思為之兆也。又中庸云，天命之謂性，鄭注「木神則仁，金神則義，火神則禮，水神則信，土神則智」，王制正義引孝經說，與此略同。皆卽子思舊說。其後翼奉說詩，亦以五行論性，而其說則與子思小異。漢書翼奉傳，奉上封事曰，「知下之術，在於六情十二律而已。北方之情，好也，好行貪狼，申子主之。東方之情，怒也，怒行陰賊，亥卯主之，貪狼必待陰賊而後動，陰賊必待貪狼而後用。二陰並行，是以王者忌子卯也。南方之情，惡也，惡行廉貞，寅午主之。西方之情，喜也，喜行寬大，己酉主之。二陽並行，是以王者吉午酉也。上方之情，樂也，樂行姦邪，辰未主之，下方之情，哀也，哀行公正，戌丑主之。詩之為學，情性而已。五性不相害，六情更興廢，觀性以歷，觀情以律。（其所謂五性者，則晉灼注云，翼氏五性肝性靜，靜行仁，甲己主之。心性躁，躁行禮，丙辛主之。脾性力，力行信，戊癸主之。肺性堅，堅行義，乙庚主之。腎性智，智行敬，丁壬主之），蓋自洪範始說五行，猶未與五性相符。子思始昌其說，至於翼奉稍益變更。翼奉亦六藝家，不得以儒家論。然在漢世，則儒家六藝家已不能分。而月令素問諸書，其論性亦多與此類。其誣罔，實自子思始。此荀子所以力斥其說也。自此而外，儒說固與陰陽相遠，遷延迤靡，名法嗣興，抨彈舊經，略無餘滓。

譬之鑛中得金，金性有殊於鑛；粱中出酒，酒味乃異於粱。源流正變，可得詳焉。

按：章氏謂草昧初開，實惟陰陽家爲其始祖，墨道皆從此出，而儒家復以道家爲本，名家又自諸子合成。

八、抱朴子百家

抱朴子曰：百家之言，雖不皆清翰銳藻，弘麗汪濊；然悉才士所寄，心一夫澄思也。正經爲道義之淵海，子書爲增深之川流。仰而比之，則景星之佐三辰；俯而方之，則林薄之裨嵩岳。而學者專守一業，游井忽海，遂躑躅於泥濘之中，而沈滯於不移之困。子書披引玄曠，眇邈泓窈，總不測之源，揚無遺之流，變化不繫於規矩之方圓，旁通不淪於違正之邪徑。風格高嚴，重仞難盡。是偏嗜酸甜者，莫能賞其味也。用思有限者，不得辯其神也。先民歎息於才難，故百世爲隨踵。不以璞不生板桐之嶺，而捐曜夜之寶。不以書不出周孔之門，而廢助教之言。猶彼操水者，器異而救火同焉。譬若鍼灸者，雖術殊而攻疾均焉。狹見之徒，區區執一，去博辭精，思而不識。合錙銖可以齊重於山陵，聚百千可以致數於億兆。惑詩賦瑣碎之文，而忽子論深美之言，眞僞顛倒，玉石混殽；同廣樂於桑閒，均龍章於素質，可悲可慨，豈一條哉。

按：此篇言正經爲道義之淵海，子書爲增深之川流，相輔相成，不可或缺。學者倘專守一業，則無異游井忽海也。

九、北齊劉晝新論九流

儒者：晏嬰、子思、孟軻、荀卿之類也。順陰陽之性，明教化之本，遊心於六藝，留情於五常；厚葬，文服，重樂，有命；祖述堯舜，憲章文武，宗師仲尼，以尊敬其道。然而薄者流廣文繁，難可窮究也。

道者：鬻熊、老聃、關尹、莊周之類也。以空虛為本，清靜為心，謙挹為德，卑弱為行；居無為之事，行不言之教，裁成宇宙不見其跡，亭毒萬物不有其功。然而薄者，全棄忠孝，杜絕仁義，專任清虛，以為治也。

陰陽者：子韋、鄒衍、桑丘、南公之類也。敬順昊天，曆象日月星辰，敬受民時。範三光之度，隨四時之運，知五行之性，通八風之氣；以厚民生，以為政治。然而薄者，則拘於禁治，溺於術數也。

名者：宋鈃、尹文、惠施、公孫捷之類也。其道主名；名不正則言不順，故定尊卑，正名分，愛平尚儉，禁攻寢兵。故作華山之冠，以表均平之製，則寬宥之說，以示區分。然而薄者，捐本就末，分拆明辯，苟折華辭也。

法者：慎到、李悝、韓非、商鞅之類也。其術在於明罰討陣整法，誘善懲惡，俾順軌度，以為治本。然而薄者，削仁廢義，專任刑法，風俗刻薄，嚴而少恩也。

墨者：尹佚、墨翟、禽滑、胡非之類也。儉嗇，兼愛，尚賢，右鬼，非命，薄葬無服，不怒，俳鬭。然而薄者，其道大觳，儉而難遵也。

縱橫者：騶子、龐煖、蘇秦、張儀之類也。其術本於行仁，譯二國之情，弭戰爭之患；受命不受辭，因事而制權。安危扶傾，轉禍就福。然而薄者，則苟尚華詐，而棄忠信也。

雜者：孔甲、尉繚、尸佼、淮南之類也。明陰陽，通道德，兼儒墨，合名法，苞縱橫，納農植；觸類取與，不拘一緒。然而薄者，則蕪穢蔓衍，無所係心也。

農者：神農、野老、宰氏、范勝之類也。其術在於務農，廣爲墾闢，播植百穀，國有盈儲，家有蓄積。倉廩充實，則禮義生焉。然而薄者，若使王侯與庶人並耕於野，無尊卑之別，失君臣之序也。

觀此九家之學雖有深淺，辭有詳略，偝僪形反流分乖隔，然皆同其妙理，俱會治道。迹雖有殊，歸趣無異。猶五行相滅，亦還相生；四氣相反，而共成歲；淄澠殊源，同歸於海；宮商異聲，俱會於樂；夷惠同操，齊蹤爲賢；二子殊行，等迹爲仁。道者，玄化爲本；儒者，德教爲宗。九流之中，二化爲最。夫道以無爲化世；儒以六藝濟俗。無爲以清虛爲心；六藝以禮教爲訓。若以教行於大同，則邪僞萌生；使無爲化於成康，則氛亂競起。何者？澆淳時異，則風化應殊；古今乖舛，則政教宜隔。以此觀之，儒教雖非得眞之說，然茲教可以導物；道家雖爲達情之論，而違禮復不可以救弊。今治世之賢，宜以禮教爲先；嘉遁之士，應以無爲是務。則操業俱遂，而身名兩全也。

按：此言九家之學，雖各有長短得失，但同具妙理，俱會治道。

十、中說周公

子謂史談善述九流，知其不可廢，而知其各有弊也。安得長者之言哉？子曰：通其變，天下無弊法；執其方，天下無善教。故曰存乎其人。……子曰：詩書盛而秦世滅，非仲尼之罪也；虛玄長而晉室亂，非老莊之罪也；齋戒修而梁國亡，非釋迦之罪也。易不云乎？苟非其人，道不虛行。

按：各家之學雖有流弊，但非其本身之罪。

十一、高似孫子畧序

六經後，士以才藝自聲於戰國秦漢間，往往騁辭立言，成一家法。觀其趺宕古今之變，發揮事物之機，智力足以盡其神，思致足以殫其用。其指心運志，固不能盡宗於經，而經緯表裏，亦有不能盡忘乎經者。使之純乎道，昌乎世，豈不可馳騁規畫，鉤錚事功，而與典謨風雅並傳乎？所逢如此，所施又如此，終亦六六，與羣言如一，百氏同流，可不嗟且惜哉？嗚呼！仲尼皇皇，孟子切切，猶不克如皐夔，如伊呂周召，況他乎？至若荀況揚雄氏，是學孔孟者也，又不可與諸子同日語。或知此意，則一言可以明道藝，究訏謨；可以立身養性，致廣大，盡高明；可以著書立言，丹青金石，垂訓乎後世。顧所擇如何耳。審哉審哉！乃系以諸子之學，必有因其學而決其傳，存其流而辨其術者，斯可以通各家，究指歸矣。作子略。

按：此言諸子之書，雖不能盡宗乎經，而經緯表裏，亦有不能盡忘乎經者。

十二、劉彥和諸子（文心雕龍）

諸子者，入道見志之書。太上立德，其次立言。百姓之羣居，苦紛雜而莫顯。君子之處世，疾名德之不彰。唯英才特達，則炳曜垂文，騰其姓氏，懸諸日月焉。昔風后力牧伊尹，咸其流也。篇述者，蓋上古遺語，而戰伐所記也。至鬻熊知道，而文王諮詢，餘文遺事，錄爲鬻子。子自肇始，莫先於玆。及伯陽識禮，而仲尼訪問，爰序道德，以冠百氏。然則鬻惟友，李實孔師。聖賢並世，而經子異流矣。

逮及七國力政，俊乂蠭起，孟軻膺儒以磬折，莊周述道以翺翔，墨翟執儉确之教，尹文課名實之符，野老治國於地利，騶子養政於天下，申商刀鋸以制理，鬼谷脣吻以策勳，尸佼兼總於雜術，青史曲綴以街談。承流而枝附者，不可勝算。並飛辯以馳術，饜祿而餘榮矣。

暨於暴秦烈火，勢炎崐岡。而煙燎之毒，不及諸子。逮漢成留思，子政校讐，於是七略芬菲，九流鱗萃。殺青所編，百有八十餘家矣。

迄至魏晉，作者間出，讕言兼存，璅語必錄。類聚而求，亦充箱照軫矣。然繁辭雖積，而本體易總。述道言治，枝條五經。其純粹者入矩，踳駁者出規。禮記月令，取乎呂氏之紀。三年問喪，寫乎荀子之書。此純粹之類也。若乃湯之問棘，云蚊睫有雷霆之聲。惠施對梁王，云蝸角有伏尸之戰。列子有移山跨海之談，淮南有傾天折地之說。此踳駁之類也。是以世疾諸混同虛誕。按歸藏之經，大明迂怪，乃稱羿斃十日，嫦娥奔月。殷易如茲，況諸子乎？至如商韓，六蝨五蠹，棄孝廢仁。轘藥之禍，非虛至也。公孫之白馬孤犢，辭巧理拙。魏牟比之鴞鳥，非妄貶也。昔東平求諸子史記，而漢朝不與。蓋以史記多兵謀，而諸子雜詭術也。然洽聞之士，宜撮綱要，覽華而食實，棄邪而採正。極睇參差，亦學家之壯觀也。

研夫孟荀所述，理懿而辭雅。管晏屬篇，事覈而言練。列禦寇之書，氣偉而采奇。鄒子之說，心奢而辭壯。墨翟隨巢，意顯而語質。尸佼尉繚，術通而文鈍。鶡冠緜緜，亟發深言。鬼谷眇眇，每環奧義。情辨以澤，文子擅其能。辭約而精，尹文得其要。慎到密理之巧，韓非著博喻之富。呂氏鑒遠而體周，淮南汎採而文麗。斯則得百氏之華采，而辭氣文之大略也。

若夫陸賈典語，賈誼新書，揚雄法言，劉向說苑，王符潛夫，崔實政論，仲長昌言，杜夷幽求，或敘經典，或明政術。雖標論名，歸乎諸子。何者？博明萬事爲子，適辨一理爲論。彼皆蔓延雜說，故入諸子之流。

夫自六國以前，去聖未遠，故能越世高談，自開戶牖。兩漢以後，體勢漫弱，雖明乎坦途，而類多依採。此遠近之漸變也。

嗟夫！身與時舛，志共道申。標心於萬古之上，而送懷於千載之下。金石靡矣，聲其銷乎？

贊曰：大夫處世，懷寶挺秀。辨雕萬物，智周宇宙。立德何隱？含道必授。條流殊述，若有區囿。

十三、熊賜履學統

一、荀子（節錄）

荀卿當戰國淆亂之時，獨能稱述仲尼，以排斥百氏，意誠善矣！然見道不明，師心自是，故其為書，皆雜引物類，蹖駮蔓衍，務馳騁於文詞，而不能一軌於義理之域，方之田駢鄒衍之徒，殆未見其能遠過也。然自揚雄而下，皆推尊之，以配孟子。卽震川歸氏，亦以其精造，雖孟子不能過。頗咎宋儒之妄加詆黜，致後世不復知有荀氏。吁！斯亦過矣。荀子三十二篇，卽所為觀學修身之說，其陋已甚。其非十二子也，至以子思孟軻為仲尼之罪人，其言曰：「孟子謂人之學者其性善，是不及知人之性，而不察乎人之性偽之分者也。凡性者，天之就也。禮義者，聖人之所生也。聖人化性而起偽，偽起於性，而生禮義。禮義生，而制法度」。嗚呼！是言也，抑何其大謬也？蓋荀卿病不知性爾。既不知性，又烏知禮？既不知禮，又烏知學？則又烏知夫仲尼思孟之所以為仲尼思孟也哉？學者大本一差，無往而不見其戾。卽又奚怪荀卿也。獨是荀卿之說，正與孟氏相背，殆不啻枘鑿？然而世儒顧彊而同之，所謂齊孔墨，而並顏跖也。此何理也？嗚呼！讀書論世，亦豈易易也哉。

二、老子（節錄）

自開闢來，歷羲農以訖姬孔，宇宙間，惟有儒爾。老氏出，而異學始作俑焉。楊朱、莊周、列禦寇之徒，首先和之。不數傳，而汗漶若洪水矣，不可以止塞矣。要其所爭差，則一有一無之間而已。儒者曰，上天之載，無聲無臭。又曰，無極而太極，太極本無極。是合有無而一之也。合有無而一，舉天下之至無，皆天下之至有矣。老氏曰，道可道，非常道。名可名，非常名。無名天地之始，有名萬物之母。又曰，元牝之門，是謂天地根。又曰，有物混成，先天地生。是有無而二之也。分有無而二，舉天下之至有，皆天下之至無矣。至有，則至實而虛。無即在其中。至無，則至虛而實，有乃在其外。孔老之分，如是而已。故老氏之學，以事爲幻，以物爲粗，以玄虛爲妙用，以儒弱謙下爲表，以虛空不毀萬物爲實。顧自漢魏而降，時君世主，往往篤好之，而謬悠迂怪之士，溺其荒誕，樂其放恣，輒相習以成尙。其爲說也，愈變愈弊，愈差愈遠。如爲長生，爲方藥，爲陰謀，爲刑名慘刻，爲縱橫捭闔，爲符咒幻術，爲放蕩，爲淸譚，爲禪宗寂滅，大率皆無之一言爲之鵠而盪其波也。其於吾儒也，或竄入其中，或駕出其上，或峙爲三敎，或混爲一家。而老氏遂爲萬世異端之鼻祖矣。

嗚呼！老氏之弊，可勝術哉？陋哉！葛充之言曰：「老子體自然而然，生乎太無之先，起乎無因，經歷天地終始，不可稱載。與大道而論化，爲天地而立根。布炁於十方，抱道德之至淳。三光恃以朗照，天地禀以得生，乾坤運以吐精，高而無民，貴而無位，覆載無窮。闡敎八方諸天，普宏大道。開闢以前，復下爲國師，代代不休，人莫能知之」。又曰：「道德二篇，天人自然經也，精進研之，則聲參太極，高上遙唱，諸天歡樂，則携契元人。靜思期眞，則衆妙感會。內觀形影，則神炁長存。體洽道德，則萬神震伏，禍滅九陰，福生十方，安國寧家。孰能知乎無爲之文」？

嗚呼！元之言，亦荒唐甚矣！元者，所謂太極左仙公是也。自餘箋註道德經者，不啻千百家，其稱述老氏，大率類此。嗚呼！此亦何難於致辨，而往往大惑不能解，則何也？

三、莊子（節錄）

老氏之有莊周，猶孔子之有孟軻也。周於學無所不闚，而要歸本於老氏。著書十餘萬言，寓言十九，重言十七，大抵皆巵言也。以天下爲沈濁，不可與莊語，故以巵言爲曼衍，洸洋恣肆以自適。其作漁父、盜跖、胠篋、發冢等篇，以詆訾孔子之徒，明老子之術。所稱畏累亢桑子之屬，皆空語，無事實。若周者，殆所謂大不敬，略無忌憚者歟？

周本老氏，而後世清談禪宗之弊，又本於周。嗚呼！異教之興也，有自來矣。或曰，列稍前於莊，莊生著書，頗捃摭其語，嘗曰，先有作者，蓋指列也。而列之生生形形化化等語，即佛氏亦多用之。雖然，南華與道德，殆譁世之尤者。沖虛經較差平淡云。

四、楊子（節錄）

楊朱嘗曰：「人知生之暫來，知死之暫往，從心而動，不違自然。從性而遊，不逆萬物。故不爲名所勸，不爲形所役」。又曰：「古之人，損一毫而利天下，不與也。悉天下以奉一身，不取也。專愛嗇以自務」。又曰：「舜、天人之窮毒者也。禹、天人之憂苦者也。周公、天人之危懼者也。孔子、天民之遑遽者也。四聖雖美之所歸，苦以至終，同歸於死矣。桀、天民之逸蕩者也。紂、天民之放縱者也。二凶雖惡之所歸，樂以至終，亦同歸於死矣」。蓋朱學於老氏者也。故禽子嘗謂朱曰：「以子之言，問於老聃、關尹，則子言當矣」。而列莊之書，並頗稱引其說。孟子則斥之曰無君。曰拔一毛利天下，不爲。所以闢之者至矣。然則孟子亦何嘗不闢老氏之學哉？知孟子未嘗不闢老，則知周元公未嘗不闢佛也。

五、墨子（節錄）

墨子兼愛上中下三篇，大意謂察亂之所自起，起不相愛。若使天下兼相愛，視人室之若其室，誰竊？視人身若其身，誰賊？視人家若其家，誰亂？視人國若其國，誰攻？國與國不相攻，家與家不相亂，盜賊無有，則天下治。墨氏之意如此，而孟子闢之爲無父，蓋謂其流弊之必至乎此爾。然墨氏非儒篇，詆毀孔子，至以爲汙邪詐僞，則其罪有不容於誅者矣。顧非儒之謬，人所知也。兼愛之弊，人未必知也。孟子不闢非儒，而闢兼愛，指其隱而難見者以示人，其用心良苦哉。又按：墨氏泛愛兼利而非鬭，其道不怒。佛氏大悲類之。然則孟子之直而見道，不爲過矣。

十四、四庫全書總目提要子部總敘

自六經以外，立說者皆子書也。其初亦相淆，自七略區而別之，名品乃定；其初亦相軋，自董仲舒別而白之，醇駁乃分。（仲舒推明孔氏，抑黜百家。）其中或佚不傳，或傳而後莫爲繼，或古無其目而今增，古各爲類而今合。大都篇帙繁富，可以自爲部分者；儒家以外，有兵家，有法家，有農家，有醫家，有天文算法，有術數，有藝術，有譜錄，有雜家，有類書，有小說家。其別教則有釋家，有道家，敘而次之，凡十四類。

儒家尙矣，有文事者有武備，故次之以兵家。兵刑類也，唐虞無臯陶，則寇賊姦宄無所禁，必不能風動時雍，故次以法家。民，國之本也；穀，民之本也，故次以農家。本草經方，技術之事也，而生死繫焉；神農黃帝，以聖人爲天子，尙親治之，故次以醫家。重民事者先授時，授時本測候，測候本積數，故次以天文算法。以上六家，皆治世者所有事也。

百家方技，或有益，或無益，而其說久行，理難竟廢，故次以術數。遊藝亦學問之餘事，一技入神，器或寓道，故次以藝術。以上二家，皆小道之可觀者也。

詩取多識，易稱制器，博聞有取，利用攸資，故次以譜錄。羣言歧出，不名一類，總爲薈粹，皆可採摭菁英，故次以雜家。隸事分類，亦雜言也，舊附於子部，今從其例，故次以類書。稗官所述，其事末矣，用廣見聞，愈於博弈，故次以小說家。以上四家，皆旁資參考者也。

二氏，外學也，故次以釋家道家終焉。

夫學者研理於經，可以正天下之是非；徵事於史，可以明古今之成敗，餘皆雜學也。然儒家本六藝之支流，雖其間依附草木，不能免門戶之私，而數大儒明道立言，炳然具在，要可與經史旁參。其餘雖眞僞相雜，醇疵互見，然凡能自名一家者，必有一節之足以自立；卽其不合於聖人者，存之亦可爲鑒戒。雖有絲麻，無棄菅蒯。狂夫之言，聖人擇焉。在博收而愼取之爾。

十五、陳澧諸子書（節錄）

漢書藝文志云，「觀九家之言，舍短取長，則可以通萬方之略矣」。文心雕龍諸子篇云，「洽聞之士，宜撮綱要，覽華而食實，棄邪而採正。」柳子厚辯文子云，「觀其往往有可立者，又頗惜之，今刊去謬惡亂雜者，取其近是者，權載之。」進士策問云，「九流百家，論著利病，有可以輔經術而施教化者，皆爲別白書之。」黃氏日鈔讀家語云，「千載而下，倘有任道者出，體任微言，闡揚奧旨，與莊周及諸子百家所傳述，節而彙錄之，其有功於聖門，匪淺鮮矣。」澧案隋書經籍志，唐書藝文志，梁庾仲容沈約，皆有子鈔。直齋書錄解題，有司馬溫公徽言，溫公手鈔子書也。皆所謂舍短取長者也。澧讀諸子書，亦節而鈔之於左。（不鈔荀子者，以其醇粹者多，鈔之不勝鈔，但當如韓昌黎所云：削其不合者，以附於聖人之籍耳。）

管子語史記已采入列傳，其餘尚多可取者。其言曰：「道之在天者，日也。其在人者，心也。」（樞言）「日益之而患少者，惟忠。日損之而患多者，惟欲。」（同上）「先王之書心之敬執也，而衆人不知也。故有事，事也。無事，亦事也。」（同上）「思之思之又重思之，思之而不通，鬼神將通之，非鬼神之力也，精氣之極也。」（內業。心術下略同）「凡人之生也，必以平正。所以失之，必以喜怒憂患。是故止怒莫若詩，去憂莫若樂，節樂莫若禮，守禮莫若敬，守敬莫若靜，內靜外敬，能反其性，性將大定。」（同上。心術略同）「人能正靜者，筋肕而骨強。」（心術下）「善氣迎人，親如弟兄。惡氣迎人，害於戈兵。不言之言，聞於雷鼓。」「無根而固者，情也。」「寡交多親，謂之知人。寡事成功，謂之知用。聞一言以貫萬物，謂之知道。多言而不當，不如其寡也。博學而不自反必有邪。」（同上）「適身行義，儉約恭敬。其唯無福，禍亦不來矣。驕傲侈泰，離度絕理。其唯無禍，福亦不至矣。」（禁藏）「顧憂者可與致道。」（形勢）「寧過於君子，而毋失於小人。過於君子，其爲怨淺。失於小人，其爲禍深。」（立政）「全生之說勝，則廉恥不立。」（立政九敗解）「聖人畏微，而愚人畏明。」（霸言）「古之隳國家，隕社稷者，非故且爲之也。必少有樂焉。不知其陷於惡也。」（中匡）「善罪身者，民不得罪也。不能罪身者，民罪之。」（小稱）「堂上遠於百里，堂下遠於千里，門廷遠於萬里，今步者一日，百里之情通矣，堂上有事，十日而君不聞，此所謂遠於百里也。步者十日，千里之情通矣，堂下有事，一月而君不聞，此所謂遠於千里也。步者百日萬里之情通矣。門廷有事，期年而君不聞，此所謂遠於萬里也。」（法法）「士農工商，四民者，國之石民也。不可使雜處，雜處則其言哤，其事亂。」（小匡）「甚富不可使甚貧不知恥。」（侈靡）「懼之以罪，則民多詐。」（小問）「論賢不鄉舉，則士不及行。」（八觀）「商賈之人，不論志行，而有爵祿也，則上令輕。法制毀。」（同上）「十至私人之門，不一至於庭。百慮其家，不一圖國。屬數雖衆，非以尊君也。百官雖具，非以任國也。此之謂國無人。」（明法）今恃不信之人，而求以智，用不守之民，而欲以固，將不戰之卒，而幸以勝。此兵之三闇也。（九變）

晏子春秋可取者曰：「爲政患善惡之不分。」（問上）「羞問之君，不能保其身。」（同上）「君正臣從，謂之順。君僻臣從，謂之逆。」（諫上。諫下同）「所謂和者，君甘則臣酸，君淡則臣鹹。」（同上）「諸侯並立，能終善者爲長，列士並學，能終善者爲師。」（同上。問下同）「國有三不祥，夫有賢而不知，一不祥。知而不用，二不祥。用而不任，三不祥也（諫下）。」「朝居嚴則下無言，下無言則上無聞矣。下無言，則吾謂之瘖，上無聞，則吾謂之聾。」「自有受而不用，惡有拒而不受者哉。」（同上）「君子無禮，是庶人也。庶人無禮，是禽獸也。夫勇多則弒其君，力多則殺其長，然而不敢者，維禮之謂也。」（同上）「人君無禮，無以臨其邦，大夫無禮，官吏不恭，父子無禮，其家必凶，兄弟無禮，不能久同。」（重而異者）「夫藏財而不用，凶也。」（諫下）「聖人千慮，必有一失，愚人千慮，必有一得。」（雜下）「爲者常成，行者常至，常爲而不置，常行而不休者，故難及也。」（同上）「古之能行道者，道用與世樂業，不用有所依歸，不以傲上華世，不以枯槁爲名。」（問下）「有良鄰，則日見君子。」（不合經術者。）

墨子可取者曰：「是故國有賢良之士衆，則國家之治厚。賢良之士寡，則國家之治薄。」（尙賢上）「自貴且智者，爲政乎愚且賤者，則治。自愚且賤者，爲政乎貴且智者，則亂。」「凡天下禍簒怨恨，其所以起者，以不愛生也。」（兼愛中）「譬若築牆然，能築者築，能實壤者實壤，能欣者欣，（畢氏注云：說文，掀舉出也，與欣同）。然後牆成也。爲義猶是也。能談辯者談辯，能說書者說書，能從事者從事，然後義事成也。」（耕柱）「世俗之君子，貧而謂之富，則怒。無義而謂之有義，則喜。豈不悖哉。」（同上）「慧者心辯，而不繁說。」（修身）「善無主於心者不留。」（同上）「立辭而不明於其類，則必困矣。」（大取）

老子可取者曰：「天道無親，常與善人。」（七十九章）「飄風不終朝，驟雨不終日，孰爲此者，天地。天地尚不能久，而況於人乎。」（二十三章）「知人者智，自知者明。勝人者有力，自勝者强。知足者富，强行者有志。不失其所者久。死而不亡者壽。」（三十三章）「不自見，故明。不自是，故彰。不自伐，故有功。不自矜，故長。」（二十二章）「多言數窮，不如守中。」（二章）「重爲輕根，靜爲躁君。」（二十六章）「民之從事常於幾，成而敗之，愼終如始，則無敗事。」（六十四章）「聖人常善救人，故無棄人。常善救物，故無棄物。」（二十七章）「天下多忌諱，而民彌貧。」（五十七章）「法令滋彰，盜賊多有。」（同上）「民不畏死，奈何以死懼之。」（七十四章）「民不畏威，則大威至。」（七十二章）「和大怨，必有餘怨。」（七十九章）「夫慈以戰則勝，以守則固，天將救之，以慈衞之。」（六十七章）「禍莫大於輕敵。」（六十九章）。（黄氏足鈔，鈔老子語爲二章，一爲保身章，一爲保國章，今於黄氏已鈔者不錄。）

列子可取者曰：「天地無全功，聖人無全能，萬物無全用。」（天瑞）「生者理之必終者也。終者不得不終，亦如生者之不得不生。」（同上）「可以生而生，天福也。可以死而死，天福也。」（力命）「一體之盈虛消息，皆通於天地，應於物類。」（周穆王）「人未必無獸心，禽獸未必無人心。」（黄帝）「人而無義，唯食而已，是雞狗也。彊食靡角，勝者爲制，是禽獸也。爲雞狗禽獸矣，而欲人之尊己，不可得也。人不尊己，則危辱及之矣。」（說符）「聖人不察存亡，而察其所以然。」（同上。此稱關尹子語）「治國之難，在於知賢，而不在自賢。」（同上）

莊子可取者曰：「眞者、精誠之至也，不精不誠，不能動人。故强哭者，雖悲不哀。强怒者，雖嚴不威。强親者，雖笑不和。眞悲、無聲而哀。眞怒、未發而威。眞親、未笑而和。眞在內者，神動於外，是所以貴眞也。其用於人理也，事親則慈孝。事君則忠貞。飲酒則歡樂。處喪則哀悲。」（漁父）「古之得道者，窮亦樂，通亦樂，所樂非窮通也。道得於此，則窮通爲寒暑風雨之序矣。」（讓王）「古之所謂得志者，非軒冕之謂也。謂其無以益其樂而已矣。今之所謂得志者，軒冕之謂也。軒冕在身，非性命也。物之儻來，寄也。今寄去則不樂。由是觀之，雖樂未嘗不荒也。故曰：喪已於物，失性於俗者，謂之倒置之民。」（繕性）「知其不可奈何，而安之若命，唯有德者能之。」（德充符）「有爲也欲當，則緣於不得已，不得已之類，聖人之道。」（庚桑楚）「爲不善乎顯明之中者，人得而誅之。爲不善乎幽閒之中者，鬼得而誅之。明乎人，明乎鬼者，然後能獨行。」（同上）「兵莫憯於志，鏌鋣爲下。寇莫大於陰陽，無所逃於天地之間，非陰陽賊之，心則使之也。」（同上）「人之所取畏者，衽席之上，飲食之間，而不知爲之戒者過也。」（達生）「形勞而不休則弊，精用而不已則勞，勞則竭。水之性，不雜則清，莫動則平，鬱閉而不流，亦不能清，天德之象也。」（刻意）「聖人之靜也，非曰靜也，善故靜也。萬物無足以鐃心者故靜也。水靜則明，燭鬚眉平中准，大匠取法焉。水靜猶明，而況精神。」（天道）「其耆欲深者，其天機淺。」（大宗師）「凡外重者內拙。」（達生）「小夫之知，不離苞苴，竿牘敝精，神乎蹇淺。」（列禦寇）「有機械者，必有機事，有機事者，必有機心，機心存於胸中，則純白不備。純白不備，則神生不定。神生不定者，道之所不載也。」（天地）「民知力竭，則以僞繼之。日出多僞，士民安取不僞。夫力不足則僞，知不足則欺，財不足則盜，盜竊之行，於誰責而可乎

?」（則陽）

商鞅書之可取者曰：「聖人爲法，必使之明白易知。」（定分）「聖人有必信之性，又有使天下不得不信之法。」（畫策）「國皆有禁姦邪刑盜賊之法，而無使姦邪盜賊必得之法。」（同上）「人主使其民，信如日月，此無敵矣。」（弱民）「今亂國不然，恃吏。吏雖衆同體一也。」（禁使）「初假吏民姦詐之本，而求端愨其末，禹不能以使十人之衆。庸主安能以御一國之民。」（慎法）「無宿治，則邪官不及爲私。利於民，而百官之情不相稽。」（墾令）「凡人臣之事君也，多以主所好事君。君好法也，則臣以法事君。君好言也，則臣以言事君。」（修權）「有土者不可以言貧，有民者，不可以言弱，地誠任，不患無財。民誠用，不畏強暴。」（錯法）「國富則淫，淫則有蝨。有蝨則弱。」（說民）「農則樸，樸則安其居而惡出。」（算地）「故其國刑不可惡，而爵祿不足務也。此亡國之兆也。」（同上）「兵法、大戰勝，逐北無過十里，小戰勝，逐北無過五里，兵起而程敵，政不若者勿與戰，食不若者勿與久，敵衆勿爲客，敵盡不如擊之勿疑。故曰兵大律在謹。」（戰法）「故王兵之政，使民怯於邑鬬，而勇於寇戰。」（同上）「國亂者民多私義，兵弱者民多私勇。則削國之所以。取爵祿者多塗人，亡國之所以。」（畫策）

韓非子之可取者曰：「安危在是非，不在於強弱。存亡在虛實，不在於衆寡。」（安危）「至治之國，有賞罰，而無喜怒。」（用人）「利莫長於簡，福莫久於安。」（大體）「書約而弟子辯，法省而民訟簡。」（八說）「法莫如一，而使民知之。」（五蠹）「小信成則大信立。故明主積於信。」

「利所禁，禁所利，雖神不行。譽所罪，毀所賞，雖堯不治。」（外儲說左中）「聞有吏雖亂，而有獨善之民。不聞有亂民，而有獨治之吏。故明主治吏，不治民。」（外儲說右）「明主之吏，宰相必起於州部，猛將必發於卒伍。」（顯學）「下君盡己之能，中君盡人之力，上君盡人之智。」（八經）「官職以重可求，爵祿可以貨得者，可亡也。」（亡徵）「羣臣持祿養交，行私道而不效公忠，此謂明刼。」（三守）「故爲人臣者，窺覘其君心也，無須臾之休，而人主怠慠處其上，此世所以有刼君弒主也。」（備內）

尹文子之可取者曰「有理而無益於治者，君子弗言。有能而無益於事者，君子弗爲。君子非樂有言，有益於治，不得不言。君子非樂有爲，有益於事，不得不爲。」（大道上）「爲善使人不能得從，此獨善也。爲巧使人不能得爲，此獨巧也。未盡善巧之理，爲善與衆行之，爲巧與衆能之，此善之善者，巧之巧者也。」（同上）「雖彌綸天地，籠絡萬品，治道之外，非羣生所餐挹，聖人措而不言也。」（大道下）

尸子之可取者曰：「貴人者，貴其心也。」（勸學）「爵列者，德行之舍也。今天下貴爵列，而賤德行，是貴甘棠而賤召伯也。亦反矣。」（同上）「土積成嶽，則楩枬豫章生焉。水積成川，則吞舟之魚生焉。夫學之積也，亦有所生也。」（同上）「慮之無益於義，而慮之，此心之穢也。道之無益於義，而道之，此言之穢也。爲之無益於義，而爲之，此行之穢也。胸中亂，則擇其邪欲而去也。」（處道）「食所以爲肥也，壹飯而問人曰奚若？則皆笑之。夫治天下，大事也，今人皆壹飯而問奚若者也。」（同上）「因井中視星，所視不過數星，自丘上以視，則見其始出，又見其入，非明益也，勢使然也。夫私心，井中也。公心丘上也。」（廣澤）「入於囹圄，解於患難者，則三族德之。敎之以仁義慈悌，則終身無患。而莫之德。」（貴言）「敎災與凶，禍乃不重。」（意林引）「義必利，雖桀殺關龍逢，紂殺王子比干，猶謂義之必利也。（文選非有先生論註運命論，注引）。中黃伯曰：余左執太行之獶，而右搏雕虎，又願爲牛，欲與象鬬，以自試。今二三子以爲義矣，將惡乎試之。夫貧窮，太行之獶也。疏賤者，義之雕虎也。而吾日遇之，亦足以試矣。」（後漢書，張衡傳袁紹傳注引）

呂氏春秋可取者曰：「凡生之長也，順之也。使生不順者，欲也。故聖人必先適欲。」（高誘云適，猶節也。重己）「物也者，所以養性也，非所以性養也，今世之人惑者，多以性養物，則不知輕重也。」（本生）「治欲者、不於欲於性。性者、萬物之本也。」（貴當）「精神安乎形，而年壽得長焉。長焉者，非短而續之也，畢其數也。畢數之務，在乎去害。」（盡數）「人之老也，形益衰，而智益盛。」（去宥）「耳不可以聽，目不可以視，口不可以食，胸中大擾妄言，想見臨死之上，顛倒驚懼，不知所爲，用心如此，豈不悲哉！」（情欲）「精氣之集也，必有入也。集於羽鳥，與爲飛揚。集於走獸，與爲流行。集於珠玉，與爲精朗。集於樹木，與爲茂長。集於聖人，與爲敻明。」（同上）「今夫攻者，砥厲五兵，侈衣美食，發且有日矣。所被攻者不樂，非或聞之也，神者先告也。身在乎秦，所親愛在於齊，死而志氣不安，精或往來也。」（精通）「故父母之於子也，子之於父母也，一體而兩分，同氣而異息，若草莽之有華實也，若樹木之有根心也。雖異處而相通，隱志相及，痛疾相救，憂思相感，生則相歡，死則相哀，此之謂骨肉之親。神出於忠，而應乎心，兩精相得，豈待言哉。」（同上）「君子之自行也，動必緣義，行必誠義，俗雖謂之窮，通也。行不誠義，動不緣義，雖謂之通，窮也。然則君子之窮通，有異乎俗者也。」（高義）「外物豈可必哉？君子之自行也。敬人而不必見敬，愛人而不必見愛，敬愛人者，己也。見愛敬者，人也。君子必在己者，不必在人者也。」（必己）「人之情，莫不有重，莫不有輕，有所重則欲全之，有所輕則以養所重，伯夷叔齊，此二士者，皆出身棄生以立，其意輕重先定也。」（誠廉）「義、小爲之則小有福，大爲之則大有福。」（別類）「擇先王之成法，而法其所以爲法。」（察今）「失民心而立功名者，未之曾有也。」（順民）「凡人主必信，信而又信，誰人不親。」（貴信）「信之爲功大矣，信立，則虛言可以賞矣。虛言可以賞，則六合之內，皆爲已府矣。信之所及，盡制之矣。」（同上）「不得其道，而徒多其威，威愈多，民愈不用，故威不可無用，而不足專恃。」（用民）「水鬱則爲汚，樹鬱則爲蠹，草鬱則爲蕢。國亦有鬱，生德不通，民欲不達，此國之鬱也。國鬱久處，則百惡並起，而萬災叢至矣。上下之相忍也，由此出矣。故聖王之貴豪士與忠臣也，爲其敢直言而決鬱塞也。」（達鬱）「凡治國令其民爭行義也，亂國令其民，爭爲不義也。」（爲欲）「故國亂非獨亂也，又必召寇，獨亂未必亡也，召寇則無以存矣。」（應同召類）「安危榮辱之本在於主，主之本在於宗廟。宗廟之本在於民。民之治亂在於有司。」（務本）「使治亂存亡，若高山之與深谿，若白堊之與黑桼，則無所用智，雖愚猶可矣。且治亂存亡則不然，如可知，如不可知，如可見，如不可見。故智士賢者，相與積心愁慮以求之。」（察微）「千里而有一士，比肩也。累世而有一聖人，繼踵也。士與聖人之所自來，若此其難也。而治必待之，治奚由至，雖幸而有，未必知也。不知，則與無賢同。此治世之所以短，而亂世之所以長也。」（觀世。呂氏春秋，多采古儒家之說，故可取者最多，古之儒家，多偉人名論，其書雖亡，其姓名雖湮沒，而其言猶有存者，令人發思古之幽情耳。）

按：上述論評，最爲簡明切要，用特節引，以殿本篇。

附　錄

壹、諸子百家書目解題及內容述要

呂思勉云：「儒家之荀子，墨家之墨子，法家之管、韓，道家之老、莊，雜家之呂覽、淮南，實諸子書中最精要者；苟能先熟此八書，則其餘子部之書，皆可迎刃而解。（讀此八書之法：宜先老，次莊，次管、韓，次荀，殿以呂覽、淮南。）」（經子解題）本篇先列此八家，俾學者對諸子學說，先有一基本概念，行有餘力，再研讀其餘諸子。則可觸類旁通矣。

一、老子道德經

一、解題：道德經二卷，老子撰。老子、楚苦縣厲鄉曲里人，姓李氏，名耳，字伯陽，謚聃。爲周柱下史。老子著書言道德之意，後人以其首篇之文，名上篇曰道，下篇曰德，故曰道德經。有王弼注，聚珍本，杭本，福本。河上公註僞。此外有御注二卷，老子新解，老子道德論述要，老子解等，均見直齋書錄解題。

二、內容述要：老子著書，上下篇，八十一章，五千餘言，莊子謂其「以虛弱謙下爲表，以空虛不毀萬物爲實。」漢志亦謂其「淸虛以自守，卑弱以自持。」近人呂思勉更謂「老子全書之旨，可以兩言括之：一曰治國主於無爲；一曰求勝敵當以卑弱自處而已。」朱子說史贊復以老子之道，分爲體用二者：以虛無爲體，以因應爲用。其言曰：「道家之說，最要這因。萬件事，且因來做。虛無是體，因應是用。」均係最能道出老子學說重心者。

二、莊　子

一、解題：莊子，蒙人，名周，嘗爲蒙漆園吏。與梁惠王、齊宣王，同時，與孟子相先後。著莊子十卷，十餘萬言。直齋書錄解題有莊子注十卷（晉太傅主簿河南郭象子元撰）莊子音義三卷（唐陸德明撰，卽經典釋文二十六至二十八卷）莊子疏三十卷（唐道士西華法師陜郡成元英子實撰）。而清王先謙莊子集解，最爲詳贍，甚便研讀。有明鄒之嶧刻本、胡氏世德堂六子本。

二、內容述要：史記稱莊子之學無所不窺，然其要，歸本於老子之言。惟所著各篇，大抵皆寓言。玆簡述如次：

逍遙游第一：　「此篇借物之大小不同，以明當境各足之義。蓋世間之境，貧富貴賤，智愚勇怯，一若兩端相對者然；語其苦樂，實亦相同。然世多以彼羨此，故借大小一端，以明各當其分；大者不必有餘，小者不必不足；郭注所謂『以絕羡欲之累』也。「列子御風而行」一段，爲莊子所謂逍遙者，其義主於『無待。』夫世間之物，無不兩端相對待者，欲求無待，非超乎世界之外不可，則其說更進矣」（節錄經子解題下同）

齊物論第二：「論與倫，古字相通。倫者類也，物必各有不同，然後可分爲若干類，故倫字有不同之義。此篇極言世界上物，雖形形色色，各有不同，然其實仍系一物。蓋『彼出於是，是亦因彼，』去彼則此之名不存，去此則彼之名亦不立；又宇宙之間，變化不已，此物可化爲彼，彼物亦可變爲此；此足見分別彼此，多立名目者，乃愚俗人之見矣。此篇宗旨，在『天地與我並生，萬物與我爲一』十二字。以說明宇宙萬物皆同一原質所成。」

養生主第三：「此篇言作事必順天理，以庖丁解牛爲喻；天者自然，理者條理。隨順天理，卽隨順自然之條理也。人能知此理，則能安時處順，使哀樂不入，而可以養生」。

人間世第四：「此篇言處世之道，貴於虛己。所謂『虛己』者，卽無我之謂也；人而能無我，則物莫能害矣」。

德充符第五：「此篇舉兀者等事，見無我者之爲人所悅，是爲德充之符」。

大宗師第六：「郭注云：『雖天地之大，萬物之富，其所宗而師者無心也。』此篇蓋發揮哲學中之機械論；夫舉全宇宙而爲一大機械，則人處其間，祇有委心任運而已。故曰：『天地大鑪，造化大冶，惟所陶鑄，無乎不可』也。」

應帝王第七：「此篇言應世之術，貴乎無所容心。其言曰：『至人之用心若鏡，不將不迎，應而不藏。』乃全篇之宗旨也。蓋言無我則能因物付物，是爲應世之術。」

以上爲莊子內篇七篇

駢拇第八：「此篇言仁義非人性，伯夷、盜跖，雖善惡不同，而其爲失本性則均。齊是非之論也」。

馬蹄第九：「此篇言伯樂失馬之性，聖人毀道德以爲仁義，與上篇宗旨意同」。

胠篋第十：「此篇言善惡不惟其名惟其實，因欲止世之爲惡者，而分別善惡，爲惡者卽能並善之名而竊之；夫善之名而爲爲惡者所竊，則世俗之所謂善者，不足爲善，惡者不足爲惡審矣。乃極徹底之論也。」

在宥第十一：「此篇言以無爲爲治，而後物各得其性命之情；戒干涉，主放任之論也」。

天地第十二：「此篇爲古代哲學中之宇宙論，極要」。

天道第十三：「此篇由哲學中之宇宙論，而推論治天下之道，見道德名法，皆相一貫，而歸本於無爲」。

天運第十四：「此篇言仁義等之不足尙」。

刻意第十五：「此篇言虛無無爲之貴」。

繕性第十六：「此篇言心之所欲，多非本眞，故戒去性而從心，當反情性而復其初」。

秋水第十七：「此篇首設河伯海若問答，亦齊物之旨。『蘷憐蚿』一節，言人當任天而動。『孔子畏於匡』一節，言窮通由於時命，非人所能爲。『莊子與惠子游濠梁』一節，言名學之理頗深；惟『莊子釣於濮水』『惠子相梁』兩節粗淺」。

至樂第十八：「此篇言『無爲爲至樂，至樂者無樂。』因極言生死之同。」

達生第十九：「此篇言生之來不能却，其去不可止；能遺世則爲善養生；亦委心任運之論」。

山木第二十：「此篇言人之處世，材不材皆足嬰患，惟乘道德而遊者不然。所謂乘道德者，虛己之謂也。虛己則無計較利害之心；無計較利害之心，則物莫之能累矣。亦人間世、德充符兩篇之旨也」。

田子方第二十一：「此篇記孔子告顏回語，亦齊物之旨。老聃告孔子語，推論生物之原，由於陰陽二力，亦古代哲學中之宇宙論也」。

知北遊第二十二：「此篇言道，亦古代哲學中宇宙論也。其言『無無』之義，已頗涉認識論矣」。

以上外篇

庚桑楚第二十三：「此篇文頗艱深，其大意謂一切禍福，皆心所造；故心無利害之念，則物自莫之能侵。所謂『寇莫大於陰陽，無所逃於天地之間。非陰陽賊之，心自使之』；『身若槁木，心若死灰，禍亦不至，福亦不來』也。其云『萬物出乎無有；有不能以有爲有，必出乎無有；而無有一無有。聖人藏於是』。闡無有之理尤精。（此言一切萬物，彼不能爲此之原因，此亦不能爲彼之原因。）乃道家虛無無爲之旨所從出也」。

徐無鬼第二十四：「此篇亦言爲仁義則必流於不仁義，道家所以貴道德而賤仁義者由此。末段亦涉及古代哲學中之宇宙論，文頗難解。」

則陽第二十五：此篇前段與上篇義同，「篇末『莫爲』『或使』之辨，即哲學中『有神』『無神』之爭也。其論犯罪者非其罪一節，尤有合於社會主義」。

外物第二十六：「此篇爲雜論」。

寓言第二十七：「此篇亦雜論，有與他篇重複處」。

讓王第二十八：「此篇雜記讓國之事，言惟輕天下重一身者，乃足以治天下；詞意似淺。然道家所謂養生，其意實謂必如此之人，乃足以治天下，而非徒寶愛其身，欲求全其性命，即此可見神仙家之竊取附會，而自託於道家者，其失不待辯而自明矣」。

盜跖第二十九：「此篇言君子小人，名異實同，莫如恣睢而求目前之樂。與列子楊朱篇同義。其言富者之苦樂一節，頗可考見古代社會生活情形」。

說劍第三十：「此篇記莊子說止趙文王好劍之事，與莊子全書，了無關涉」。

漁父第三十一：「此篇亦淺薄」。

列禦寇第三十二：「此篇亦淺薄，而間有精論」。

天下第三十三：「此篇蓋莊子之自敍，前總論，後分列諸家，可考見古代學術源流」。

三、管　子

一、解題：齊相管夷吾撰管子二十四卷，唐房元齡注。原有九十六篇，已亡十篇，今存八十六篇。漢志列管子於道家，隋、唐志，則均列管子於法家。有明趙用賢校本，十子本。

二、內容述要：詳研管子一書，雖非純為道家或法家之言，但能兼有道家與法家之長，而無其短。世以管商並稱，蓋因其任法之道，與致治之功，足為法家權輿歟？原書錯雜難解，因不但包括道法二家言，兵家、縱橫家、雜家、儒家、陰陽家、農家之言均雜敍其間，茲將其各篇重點，略述如次：

牧民第一、形勢第二：「此兩篇皆道法家言，理精深而文簡古。」（節錄經子解題，下同。）

權修第三：「此篇言用其民以致富強之術。（此術謂之權。）」

立政第四：「此篇凡八目，多關涉制度之言。」

乘馬第五：「此篇為管子書中言制度者。篇中備述度地建國，設官分職，及賦民以業之法；可見古者立國之規模，而仍歸其旨於無為。則道法家言也。（此篇難解）」

七法第六：「此篇為兵家言。『七法』及『四傷百匿』二目，言法為兵之本。『為兵之數』言治兵之術。『選陳』言用兵之術也。（此篇亦難解）」

版法第七：「此篇言賞罰之道。（亦難解）」

幼官第八、幼官圖第九：「此兩篇為陰陽家言，蓋本祗有圖，後又寫為書，故二篇相複。（兩篇均難解）」

五輔第十：「此篇言王霸在人；得人莫如利之；利之莫如政。文明白易解，然仍簡質。」

宙合第十一：「此篇篇首諸語，蓋一氣相承，而以末句名其篇。此篇極精深而難解。其言『宙合有櫜天地其義不傳』云云，可見古哲學中之宇宙論。」

樞言第十二：「理精而文簡難解。」

八觀第十三：「此篇言覘國之法，文極質樸，却不難解。」

法禁第十四：「此篇言法禁，其論法制不議，與李斯主張焚書之理頗同。種種防制大臣之術，亦必三家分晉，田氏篡齊之後，乃有是言，殆戰國時物也。」

重令第十五：「此篇言安國在尊君，尊君在行令，行令在嚴罰，說極武健嚴酷。」

法法第十六：「此篇頗雜，蓋雜湊而成。」

兵法第十七：「此篇爲兵家言，文極簡質。」

以上外言

大匡第十八、中匡第十九、小匡第二十：「此三篇皆記管子之事。述史事不甚可據；惟中小匡中關涉制度之處頗多，足資考證。」

王言第二十一：亡。

霸形第二十二：「此篇記管仲、隰朋說桓公之事，多與他篇複，且無甚精義。疑原文已亡，而後人以雜說補之也。」

霸言第二十三：「此篇多縱横家及兵家言，說理頗精。」

問第二四：「此篇列舉有國者所當考問之事，可見古者政治之精密。文亦簡質。」

謀失第二五：亡。

戒第二六：「此篇與儒家言相似處最多，其文亦戰國時之文也。」

以上內言

地圖第二十七、參患第二十八、制分第二十九：「此三篇皆兵家言。」

君臣上第三十、君臣下第三十一：「此兩篇言君臣之道，道、法家言爲多，間有似儒家言處。」

小稱第三十二：「此篇與戒篇大同小異。文頗古質，但與上文全不貫，蓋亦他篇錯簡。」

四稱第三十三：「此篇記桓公問有道無道之君及臣，而管子對，文頗古質。」

正言第三十四：亡。

侈靡第三十五：「此篇極難解，且與侈靡有關之語少，而篇幅極長。蓋亦雜湊而成也。」

心術上第三十六、心術下第三十七：「兩篇皆言哲學，文頗簡質。」

白心第三十八：「此篇亦言哲學，文簡質，難解。」

水地第三十九：「此文尚易解，語多荒怪；然頗有生物家言，亦言古哲學者可寶之材料也。」

四時第四十、五行第四十一：「此兩篇爲陰陽家言。」

勢第四十二：「此篇爲道家言，文極簡質。」

正第四十三：「此篇言道德法政刑相一貫之理。道家之精誼也。」

九變第四十四：「此篇為兵家言，文尚易解。」

以上短語

任法第四十五、明法第四十六、正世第四十七：「此三篇皆法家言，文皆明白易解。」

治國第四十八：「此篇重農貴粟之理。明白易解。」

內業第四十九：「此篇蓋言治心之法，故曰內業。多道家言，偶有與儒家言類處。又似有雜神仙家言處。文簡質難解。」

以上區言

封禪第五十：「注云，原篇亡，今以司馬遷封禪書所載管子言補之。」

小問第五十一：「此篇首節言兵，次節言牧民。此外皆記雜事，無甚精義，而頗涉怪迂。」

七臣七主第五十二、禁藏第五十三：「此兩篇亦法家言，而甚雜。兩篇各有一節為陰陽家言。與幼官、四時、五行相出入，蓋亦他篇錯簡也。」

入國第五十四：「此篇言九惠之政，文甚明白。」

九守第五十五：「此篇言君人所當守，文簡質，然易解。」

桓公問第五十六：「此篇言嘖室之議，頗合重視輿論之意。文亦明白。」

度地第五十七：「此篇言建國之法，於治水最詳。『冬作土功，夏多暴雨』云云，亦陰陽家言」

地員第五十八：「此篇言地質及所宜之物，農家言也。專門之學，殊不易解。」
弟子職第五十九：「此篇記弟子事先生之禮，皆四言韻語。蓋曲禮、少儀之類，與管子書全無涉。亦可見管子書之雜也。」
言昭第六十、終身第六十一、問霸第六十二：亡。
以上雜篇
牧民解第六十三：亡。
形勢解第六十四、立政九敗解第六十五、版法解第六十六、明法解第六十七：「以上四篇爲解與原文別行者。文皆明白易曉。」
以上管子解
臣乘馬第六十八、乘馬數第六十九、問乘馬第七十、事語第七十一、海王第七十二、國蓄第七十三、山國軌第七十四、山權數第七十五、山至數第七十六、地數第七十七、揆度第七十八、國准第七十九、輕重甲第八十、輕重乙第八十一、輕重丙第八十二、輕重丁第八十三、輕重戊第八十四：「以上皆爲管子中所謂輕重之篇。其中亡第七十及八十二兩篇。諸篇文字，大致明白，而亦間有難解處。所言生計學理。大致可分爲三端：㈠畜藏斂散，㈡鹽鐵山澤，㈢制民之產。」
輕重己第八十五：「此篇以輕重名，而皆陰陽家言。蓋誤入輕重也。」
以上管子輕重。

四、韓子

一、**解題**：韓非、韓之諸公子，喜刑名法術之學，而歸其本於黃老。口吃，不能道說，而善於著書，作孤憤、五蠹等篇十餘萬言，號韓非子，注本頗多，以長沙王先謙集解，最便觀覽。有明趙用賢校刻本、周孔教刻大字本。

二、**內容述要**：法家中分重勢、重術、重法三派，韓非集三派之大成，闡揚其所長，糾正其所短，在法家中為最重要者。因嫉治國不務修明其法制，執勢以御其臣下。反舉浮淫之蠹，而加之於功實之上。悲廉直不容於邪枉之臣，憤而著書。茲將其各篇內容，簡述如次：

初見秦第一：「此篇見戰國策，為張儀說秦惠王之詞，蓋編者誤入之。」（節錄經子解題下同）

存韓第二：「此篇載非說秦毋攻韓。次以李斯駁議，請身使韓，秦人許之。斯遂使韓，未得見，因上書韓王。蓋編者存其事以備考也。」

難言第三：「此篇即說難之意。」

愛臣第四：「此篇言人君防制其臣之術，術家言也。」

主道第**五**：「此篇言人君當虛靜無為，以事任人；可見法家言之原出於道。」

有度第六：「此篇言君當任法以御下，多同管子明法篇。」

二柄第七：「此篇言刑德為制臣之二柄，不可失。又言人君不可以情借臣，當去好惡而任法。」

揚權第八：「此篇言無爲之旨，君操其名，而使臣效其形；去智巧，勿授人以柄。可見刑名法術，皆原於道。」

八姦第九：「此篇言人臣所以成姦者有八術，亦術家言。」

十過第十：「此篇無甚精義。」

孤憤第十一：「此篇言智能法術之士，與權奸不兩立；智能法術之士恒難進，然權奸之利，實與人主相反，術家之精言也。」

說難第十二：「此篇先陳說之難，繼言說之術，極精。」

和氏第十三：「此篇言法術爲人臣士民同惡，可見法之與術，名雖異而理實相通。」

姦刼弑臣第十四：「此篇言君以同是非說其臣，於是臣以是欺其主，而下不得盡忠，故必參驗名實。次節言學者不知治亂之情。但言仁義惠愛，世主不察，故法術之士無由進。皆言用人之術，亦術家言也。末節『厲憐王』，國策荀子，皆作荀子答春申君書。」

亡徵第十五：「此篇列舉可亡之事，而曰：『亡徵者，非曰必亡，言其可亡也。』乃自下亡徵二字之界說也。」

三守第十六：「㈠戒漏言。㈡戒假威。㈢戒不自治事，而假乎於人。亦術家言。」

備內第十七：「此篇言人臣之於君，非有骨肉之親。故窺覘其君無已時；而后妃太子，亦利君之死，故有因后妃太子以成其奸者。看似刻覈，然於後世權奸宮闈之禍，若燭照而數計；其見理明，故其說事切也。大抵人類惡濁之性，恒人不甚樂道出，而法術家務揭舉之。故嘗爲世所訾；然其說理則甚精，而於事亦多驗，固不可不措意矣。又言王良愛馬，爲其可以馳驅；勾踐愛人，乃欲用以戰鬬；則法家刻酷之論矣。建國原以爲民；欲保國者，有時原不能曲顧人民；然若全忘人民之利益，視若專供國家之用者然，則流連而忘本矣。此則法家之失也。」

面南第十八：「此篇言人君當任法以御臣，不可任甲以備乙，亦術家言也。末節言變法之理甚精。」

飾邪第十九：「此篇主明法以爲治，戒信筴龜，恃外援。可考見戰國時迷信及外交情形。」

解老第二十：「此篇解釋老子之言，義甚精，然非必老子本意。蓋治學問者，原貴推廣其意，以應百事；韓嬰之作詩外傳即如此；凡古書之有傳者，實皆如此也。」

喻老第二十一：「上篇釋老子之意，此篇則舉事以明之。」

說林上第二十二、說林下第二十三：「此篇列舉衆事，藉以明義。史記索隱謂其多若林，故曰說林也。此可見古人『多識前言往行，以畜其德』之義。」

觀行第二十四、安危第二十五、守道第二十六、用人第二十七、功名第二十八、大體第二十九：「以上六篇，皆法術家言。大體篇亦及因任自然之旨，與道家言通。篇幅皆短。」

內儲說上第三十、內儲說下第三十一、外儲說左上第三十二、外儲說左下第三十三、外儲說右上第三十四、外儲說右下第三十五：「內外儲說，皆言人主御下之術，乃法術家言之有條理者。其文皆先經後說，可見古者經傳別行之體。」

難一第三十六、難二第三十七、難三第三十八、難四第三十九：「一至三皆述古事而難之；四則既難之後，更有難難者之語。剖析精微，可見法術家綜覈名實之道。」

難勢第四十：「難任勢爲治之論。」

問辨第四十一：「非民以學議法，李斯焚書之理如此。」

問田第四十二：「此篇言法家不憚危身以嬰暗主之禍。」

定法第四十三：「此篇言法與術之別。」

說疑第四十四：「此篇亦言人主御臣之術，多引古事以明之。」

詭使第四十五：「此篇言利與威與名，所以爲治，然眞能用之者少。」

六反第四十六：「此篇擧姦僞無益之民六，謂其皆足以毀耕戰有益之民。又闢輕刑。商君書之精義，已具於此及五蠹、飭令、制分三篇已。」

八說第四十七：「此篇擧匹夫之私譽，而爲人主之大敗者八事。又言法令必人人所能。古者人寡而物多，故輕利而易讓；後世生計窮蹙，則不能。然天下無有利無害之事，但在權其大小。治國者不可恃愛。皆法術家之精論。」

八經第四十八：「㈠凡治天下，必因人情。人情有好惡，故賞罰可用。㈡力不敵衆，智不盡物，與其用一人，不如用一國。故君當用人之智，而不自任其力。㈢言臣主異利。㈣言參伍之道。㈤言明主務周密。㈥言參聽及言必責實之道。㈦言寵必在爵，利必在祿。㈧言功名必出於官法，不貴法外難能之行。亦法術家極精之論。」

五蠹第四十九：「此篇言聖王不期修古，不法常可；論世之事，因爲之備。卽商君變法之旨。」

顯學第五十：「此篇闢儒墨，亦精。」

忠孝第五十一：「此篇非尙賢。」

人主第五十二：「此篇戒大臣太貴，左右太威，亦術家言。」

飭令第五十三：「此篇言人君任人當以功，而不可聽其言。」

心度第五十四：「此篇言聖人之治民，不從其欲，期於利之而已。其說甚精，可見法家之治，雖若嚴酷，而其意實主於利民。而尤足爲民治時代之藥石。蓋求利是一事，眞知利之所在，又是一事；人民自主張其利益者，往往不知利之所在，欲求利而適得害。故先覺之言，不可不察也。」

制分第五十五：「此篇言相坐之法，亦商君所以治秦也。」

五、墨子

一、解題：墨子，名翟，姓墨氏，魯人（墨子爲宋大夫或有以爲宋人者）。孫詒讓墨子傳略謂其：「勞身苦志以振世之急，權略足以持危應變，而脫屣利祿，不以累其心。所學尤該綜道藝，洞究象數之微。其於戰國諸子，有吳起、商君之才，而濟以仁厚。節操似魯連，而質實過之。」漢志、隋志均稱墨子七十一篇，宋大夫墨翟撰。直齋書錄解題謂：「館閣書目有十五卷，六十一篇者，多訛脫不相聯屬。」今本僅五十三篇。（所佚十八篇中八篇尚存目錄，其他十篇並目錄亦亡。）注墨子者，以孫詒讓墨子閒詁爲最完善。有經訓堂本。

二、內容述要：墨子倡兼愛之說，其書中兼愛篇實爲全書各篇之中心，玆將其各篇要點，略述如後：

親士第一、修身第二、所染第三：「此三篇皆儒家言。」（節錄經子解題下同）

法儀第四：「此篇爲天志之說。」

七患第五：「此篇論節用之義，兼及守禦。」

辭過第六：孫云：「此篇與節用篇文意略同。羣書治要引幷入七患篇，此疑後人妄分，非古也。」

三辯第七：「此篇爲非樂之說。有闕文。」

尚賢上第八、尚賢中第九、尚賢下第十：「凡尚賢、尚同等篇，文字皆極累重。蓋墨子上說下敎，强聒不舍，故其辭質而不文也。」

尚同上第十一、尚同中第十二、尚同下第十三：「三篇相複緟，中最詳，上最略。以中上二篇相校，顯見上篇有闕。尚同以天爲極則，說與天志相通。」

兼愛上第十四、兼愛中第十五、兼愛下第十六：「亦三篇相複緟，而上篇最略。」

非攻上第十七、非攻中第十八、非攻下第十九：「亦首篇最略，但言其不義；中下篇則兼言其不利；且多引古事。」

節用上第二十、節用中第二十一、節用下第二十二：「上篇較略，中篇較詳，下篇亡。」

節葬上第二十三、節葬中第二十四、節葬下第二十五：「上中皆闕。節葬之說，亦見節用中篇及非儒。宜參看。此篇言墨子所制葬法與禹同，亦墨子用夏道之證。」

天志上第二十六、天志中第二十七、天志下第二十八：「亦三篇相複緟。以兼愛為天志而非攻。」

明鬼上第二十九、明鬼中第三十、明鬼下第三十一：「上中皆闕，論理並無足取。但引古事及夏商周之書以實之。」

非樂上第三十二、非樂中第三十三、非樂下第三十四：「中下皆闕，非樂之旨，太偏於實利；而其道大觳，使人不堪；故多為諸家所難。」

非命上第三十五、非命中第三十六、非命下第三十七：「此篇謂言有三表；三表者：上本之古聖王之事，下察之百姓耳目之實，發為刑政，中百姓人民之利。今上篇之論，大致本之古聖王，中篇大致考之耳目之實，下篇則言為政也。然則其餘分為三篇者，亦必有一區別；特今或偏亡，或編次混亂，遂不可見耳。非命之說，亦見非儒篇中，宜參看。」

非儒上第三十八、非儒下第三十九、上篇亡。「非儒之論，亦見耕柱、公孟二篇，宜參看。」

經上**第四十**、經下第四十一、經說上第四十二、經說下第四十三、大取第四十四、小取第四十五：

「以上六篇，皆名家言，經說即釋經者。魯勝註墨辯叙謂：『墨辯有上下經，經各有說，凡四篇，蓋即指此。大小取之取，孫詒讓謂即取譬之取，蓋是。』六篇惟小取篇較易解，餘皆極難解。」

耕柱第四十六、貴義第四十七：「此兩篇皆雜記墨子之言，論明鬼、貴義、非攻、兼愛等事。又有難公孟子非儒之言，疑公孟篇簡錯也。」

公孟第四十八：「此篇多非儒之論，皆墨子與公孟子旗鼓相當。間有雜記墨子之言，與非儒無涉者。」

魯問第四十九：「此篇多非攻之論，亦及勸學、貴義、明鬼。」

公輸第五十：「此篇亦言非攻。」

備城門第五十二、備高臨第五十三、（五十一、五十四、五十五均亡）備梯第五十六、（五十七亡）備水第五十八、（五十九、六十、亡）備突梯第六十一、備穴第六十二、備蛾傳第六十三、（第六十四、六十五、六十六、六十七、均亡）迎敵祠第六十八、旗幟第六十九、號令第七十、雜守第七十一。「自備城門至此，凡二十一篇，今亡十篇。諸篇皆專門家言，不易曉。」

六、荀　子

一、解題：荀子二十卷，楚蘭陵令，趙國荀況撰。漢志作孫卿子，云齊稷下祭酒，其曰孫者，避宣帝諱也。至楊倞始改爲荀卿。校釋荀子者，除楊倞而外，有盧文弨、王念孫、俞樾等，王先謙並集各家校釋，成荀子集解一書，甚便觀覽。有謝墉校本、通行蘇州王氏刻十子全書本。

二、內容述要：荀卿嫉濁世之政，推儒墨道德之行事興壞，著書十數萬言。其主旨在於明周孔之教，崇禮而勸學。其全書各篇要點如次：

勸學第一、修身第二、不苟第三：「以上三篇，皆儒家通常之論。不苟篇『君子養心莫善於誠』一節，義與禮記中庸篇通。又『君子位尊而志恭』一節，論法後王之義。」）節錄經子解題下同）

榮辱第四：「此篇義亦主於修爲，與前數篇同。」

非相第五：「此篇衹首節非相，蓋以首節之義命篇也。與論衡看相等篇參看，可見古者對於相人之術，迷信頗甚。」

非十二子第六：「此篇亦見韓詩外傳，而止十子，無子思孟軻。」

仲尼第七：「此篇言仲尼之門，五尺之豎子，羞稱五霸。與春秋繁露封膠西王篇合。」

儒效第八：「此篇中有關名家之論，亦及法後王之義。」

王制第九：「此篇中有述制度處，頗足與羣經相考證。」

富國第十：「此篇言羣不可無分，有分爲富國之道。闢墨子之徒以不足爲患，陳義頗精。」

王霸第十一：「此篇斥權謀。『禮之所以正國也』一節，與禮記經解同，此數語法家論法亦恒用之；亦可見荀子與法家相近也。」

君道第十二：「此篇言人治，闢權謀。」

臣道第十三：「此篇爲儒家通常文義。」

致士第十四：「此篇論治人數語與王制篇複，蓋多他篇錯簡雜湊而成。」

議兵第十五：「此篇論用兵之理極精。」

强國第十六：「此篇亦通常之論。」

天論第十七：「此篇言吉凶由人不由天。」

正論第十八：「此篇皆詰難當時諸家之論。」

禮論第十九：「此篇有精語。然大體與大戴禮、禮三本、史記禮書同。」

樂論第二十：「此篇同禮記樂記，而多增入闢墨子語。」

解蔽第二十一：「此亦荀子書極精者，足與天論篇媲美。」

正名第二十二：「此篇論名學哲學極精。」

性惡第二十三：「按荀子性惡之論，爲後人所訾，然此篇首句曰：『人之性惡，其善者僞也。』楊倞注曰：『僞、爲也，矯也，矯其本性也。凡非天性而人作爲之者，皆謂之僞。』則僞非僞飾，其義皦然。以爲眞僞之僞，而妄肆詆諆，眞不必辯矣。」

君子第二十四：「此篇言人君之事，無甚精義。」

成相第二十五：「俞樾謂相卽禮記曲禮，『鄰有喪，舂不相』之相。爲古人樂曲之名，蓋是也。」

賦第二十六：「不歌而誦」謂之賦。此篇之體，頗類漢志所謂隱書。

大略二十七：此篇雜，楊云：「弟子雜錄荀卿之語。」

宥坐第二十八、子道第二十九、法行第三十、哀公第三十一、堯問第三十二：「各篇均係弟子雜錄荀卿之語。堯問篇末一段，爲荀卿弟子之辭。」

七、呂氏春秋

一、解題：史記呂不韋傳，謂不韋使其客，人人著所聞，集論以爲八覽、六論、十二紀，號曰呂氏春秋。後漢高誘爲之注。畢沅謂「書不成於一人，不能名一家者，實始於不韋。」舊本雖題秦相呂不韋撰，實乃呂不韋門下賓客所共集也。今通行之呂氏春秋二十六卷，爲畢沅校本。

二、內容述要：全書雜取各家之長，而自成一家之言，於儒、道、墨、法、陰陽、農家之說，無不兼採，而於儒家之說採取尤多。故四庫提要謂其「大抵皆儒家言」也。

孟春紀：「十二紀皆與禮記月令大同。」（節錄經子解題，下同。）

孟春紀下：「標目凡四：曰本生、言養生之理。曰重己、言人當順性之情。使之不順者爲欲，故必節之。曰貴公、曰去私。」

仲春紀：「紀下亦標四目：曰貴生、言生活貴有意義。曰情欲、不主絕欲而務有節，實儒家精義。曰當染、前半與墨子所染篇同，而後文議論處異。」

季春紀：「下標四目：曰盡數、言自然之力，莫不爲利，莫不爲害，貴能察其宜以便生，則年壽得長。」曰先己、亦言貴生之理，因任自然，而不私意妄爲。曰論人、前半言無爲之理，後半言觀人之法。曰圜道、言天道圜，地道方，各有分職；主執圜，臣處方，貴各當其職。仲春、季春二紀，因修己之道，旁及觀人用人之術，而極之於君臣分職之理。」

孟夏紀：「下標四目：曰勸學、曰尊師、曰誣徒、言教學當反諸人性之本然。曰用衆、言取人之長，以補己之短。」

仲夏紀：「下標四目：曰大樂、言樂之所由生；並駁非樂，論頗精。曰侈樂、言樂貴合度，不貴侈大，侈則失樂之情。曰適音、言大小清濁之節，蓋即所謂度量也。曰古樂、述樂之史」。

季夏紀：「下標四目：一曰音律、言十二律相生，及十二月行政。曰音初、言東西南北之音所自始，末節同樂記。曰制樂、言治厚則樂厚，治薄則樂薄。下引湯文、宋景公之事，無甚深義。曰明禮、言亂國之主不知樂，多侈陳災祥之言。」

孟秋紀：「下標四目：曰蕩兵、推論兵之原理，謂有義兵，而無偃兵，極精。曰振亂、曰禁塞、皆闢非攻之論，亦精。曰懷寵。此篇所謂義兵，蓋亦儒義。」

仲秋紀：「下標四目：曰立威、言立威之道。曰簡選、言簡選不可專恃。曰決勝、兵家極精之論。曰愛士、言行德愛人，則民親其上；民親其上，則樂爲君死。」

季秋紀：　「下標四目：曰順民、曰知士、曰審己、言作事當通其原理，不可恃偶合。曰精通、言精神相通之理。聖人所以行德乎己，而四荒咸飭其仁。

孟冬紀：　「下標四目：曰節喪、曰安死、皆言厚葬之禍。可考古代厚葬及發墓者情形。曰異寶、言古人非無寶也，所寶者異耳。以破世俗之惑。曰異用、言人之愚，皆由爲物所惑。不爲物所惑，而且能用物，則所爲皆成矣。此亦哲學家極精之論。」

仲冬紀：　「下標四目：曰至忠、言忠言逆耳，非明主莫能聽。曰忠廉、言忠廉之士難得。曰當務、言辯而不當倫、信而不當理，勇而不當義，法而不當務；大亂天下，必此四者。曰長見、言知愚之異，在所見之短長。審今可以知古，審古可以知後；故爲後人所非之事不當作，因知而推之於行也。」

季冬紀：　「下標四目：曰士節、言定天下國家必由節士，不可不務求。曰介立、言貴富有人易，貧賤有人難。曰誠廉、言誠廉之士，視誠廉重乎其身，出乎本性。曰不侵、言尊富貴大，不足以來士，必知之然後可。」

序意：此爲全書自序。

有始覽：　「下標七目：曰應同、言禎祥感應之理。曰去宥、言心有宥，則聽必悖，故必去之。曰聽言、言聽言者，必先習其心於學問。曰謹聽、戒人自以爲智。曰務本、言人臣當反身自省，不可徒取祿。曰諭大、言小之定必恃大，大之安必恃小；小大貴賤交相恃。然意偏於務大，則因人之蔽於小而不知大者多，故以是戒之也。」

孝行覽：「言爲天下國家必務本，本莫大乎孝，多同孝經及禮記祭義。」

愼大覽：「言强大當愼，居安思危之義。」

先識覽：「言國之興亡，有道者必先知之。故有道之言，不可不重。」

審分覽：「言君臣異職，人主不可下同羣臣之事。」

審應覽：「言人主應物，不可不審。其道在因人之言，以責其實，而不爲先。」

離俗覽：「言世以高行爲貴，然以理義論，則神農、黃帝，猶有可非，微獨舜禹。蓋極言理論與實際，不能相合，戒作極端之論也。」

恃君覽：「言人之生恃乎羣；羣之所以不渙，恃乎羣中之人，皆以羣爲利；羣之能利其羣之人，以君道立也。」

開春論：「言賢主不必苦心焦思，在能任賢。」

愼行論：「言計利者，未必利，惟慮義則利。」

貴直論：「言直臣之可貴。」

不苟論：「言賢主必好賢。」

似順論：「言事有貌相似而實相反者，因言循環之理。」

士容論：「言誠則人應之，無待於言；言亦不足諭人。前五論皆言人君之道，此論則言臣民之務也。」

八、淮南子

一、**解題**：漢淮南王安，「招致賓客方術之士數千人，作爲內書二十一篇，外書甚衆。又有中篇八卷，言神仙黃白之術，二十餘萬言」（淮南王傳）。今所傳淮南王書凡二十一篇，蓋爲內書。所謂外篇中篇，蓋久亡佚。後漢太尉許叔重爲之注，唐志亦有高誘注。有莊逵吉校本，十子本。

二、**內容述要**：此書爲淮南王安與賓客，「共講論道德，總統仁義，而著此書。其旨近老子。淡泊無爲，蹈虛守靜，出入經道。言其大也，則燾天載地；說其細也，則淪於無垠。及古今治亂存亡禍福，世間詭異瓌奇之事。其義也著，其文也富。物事之類，無所不載。然其大較，歸之於道。號曰鴻烈。鴻、大也；烈、明也；以爲大明道之言也。故夫學者不論淮南，則不知大道之深也。是以先賢通儒，述作之士，莫不援采，以驗經傳。劉向校定撰具，名之淮南。」（高誘序）

原道訓：「此篇言道之體用，皆世所謂道家言也，極精。」（節錄經子解題下同）

俶眞訓：「此篇爲古代哲學中之宇宙論，因推論及於事物變化無極，生死無異，極精。」

天文訓：「言天文、律、歷、度、量、衡等事。亦推論及於哲學。」

地形訓：「此篇頗似荒怪。然古實有此說，特今尚未能大通耳。」

時則訓：「前述十二月行令，與月令同。下多五位六合。篇末明言爲明堂之制，可見以月令爲秦制者非矣。」

覽冥訓：「此篇大旨言物類之相感應，非人所能知，故得失亦無從定。聖人之所以不恃智而貴無爲者以此。亦哲學中之精論。」

精神訓：「此篇大旨言我本自然之物，故當隨順自然。所以不能隨順自然者，以嗜欲害之也。故當去嗜欲。又言天下之不足欲，死生之無異，以見嗜欲之不足慕，極精。末節闢儒家之言禮樂，不能使人無欲，而徒事强制，亦有精義。」

本經訓：「此篇言仁義禮樂之不足行，世所謂道家言也。」

主術訓：「此言人主所執之術。首言無爲，道家言也。次言任人、任法、勢治、名實、法家言也。末言制民之產同王制，又有同公羊、禮記、孟子處，則儒家言也。」

繆稱訓：「此篇首言道滅而德用，德衰而仁義生，世所謂道家言也。下言治貴立誠，則世所謂儒家言也。」

齊俗訓：「此篇言禮俗皆非本性，不得執成法以非俗，亦不得以高行爲俗，頗精。」

道應訓：「此篇解故事而以老子之言結之，頗似韓非之喻老。又引莊子、管子、愼子各一條」

氾論訓：「此篇論變法，與商君之言同，蓋法家言也。其論因迷信而設教一節，極有見。又言聖人處剛柔之間，貴權寡欲，則世所謂道家言。」

詮言訓：「此篇言無欲則無繆舉，故治天下之本在身，身之本在心，愛身者可以託天下。又言無爲之旨。又言合道術者，但能無害，不必能求利。亦養生之論也。」

兵略訓：「此篇先論兵之原理，次及用兵之利，用兵之術。兵家極精之言。」

說山訓、說林訓：「此兩篇以極簡之言，說明一理，與他篇之議論縱橫者，文體頗異，而味彌永。」

人間訓：「此篇極言禍福倚伏之義，多引故事以明之。」

修務訓：「此篇首言無爲非不事事，下皆勸學之語。又箴砭學者眩於名而不知眞是非。論亦切至。」

按：以上八書，除淮南子外，其餘七書，均係先秦諸子所撰。先秦諸子之書，不限於上列七種；所以祇述上列七種者，因其最爲切要，必需先讀也。本書雖已有所引述，但均節取要點，難窺全豹。如覽本篇，則全書內容梗概，了然於目。有助研習，當非淺鮮。至先秦其餘諸子書，爲節省篇幅，暫行從略。」漢以後諸子百家之書，爲數尤多，本書已引述者，不及十之二三，爲便學者研讀計，亦將其中較切要者，分列如後：

九、孔叢子

一、**解題**：孔鮒，字子魚，孔子八世孫。博通經史，聞李斯議焚書，乃收其家論語、尚書、孝經等藏於舊宅壁中。隱居嵩山，敎弟子百餘人。論集先君仲尼、子思、子上、子高、子順之言，及已之事，凡二十一篇。名曰孔叢子，「蓋言有善而叢聚之也。」其書文獻通考作七卷（含連叢子一卷），今本三卷，不知何人所併。隋志列儒家，清四庫因之。惟亦有以爲後人依託者。有浙江新刻影宋巾箱本，漢魏叢書本。

二、內容述要：全書分：嘉言第一、論書第二、記義第三、刑論第四、記問第五、雜訓第六、居衞第七、巡守第八、公儀第九、抗志第十、小爾雅第十一、公孫龍第十二、儒服第十三、對魏王第十四、陳士義第十五、論勢第十六、執節第十七、詰墨第十八、獨治第十九、問軍禮第二十、答問第二十一。

以上二十一篇，分成六卷。加連叢子一卷，爲七卷。全書類集孔門嘉言懿行，而於墨子之說備加詰難，斯亦儒家衞道之言也。

一〇、法　言

一、解題：法言十三卷，漢揚雄撰。宋司馬光裒合李軌、柳宗元、宋咸、吳祕四家之註，並增以己意而爲集註本。卽四庫所著錄者。」有秦恩復仿宋大字本，十子本。

二、內容述要：法言全書，自學行至孝至，共分十三卷，各卷之內容，其自序均有簡要說明；大抵以尊孔子，談王道，而折衷百家之說爲主旨。桓譚曾謂其書「文義至深，而論不詭於聖人。」當時亦均重之。至程子始謂其「曼衍而無斷，優柔而不決。」蘇軾亦謂其「以艱深之詞，文淺易之說。」朱子通鑑綱目並書曰，「莽大夫揚雄死。」從此雄之人品著作，由孟荀之亞，而流爲儒者所輕矣。

一一、新　語

一、**解題**：新語一卷，漢陸賈撰。賈，楚人，「以客從高祖定天下，拜大中大夫，」時對高帝說詩書，論成敗；高帝因令著是書。詳論秦漢所以興亡之故，以及古今成敗得失。爲有國有家者之明鑑。有漢魏叢書本。

二、**內容述要**：四庫提要謂此書：「大旨皆崇王道，黜霸術，歸本於修身用人。其稱引老子者，惟思務篇引『上德不德』一語。餘皆以孔氏爲宗。所援據多春秋論語之文。漢儒自董仲舒外，未有如是之醇正也。流傳既久，其眞其贋，存而不論可矣。」

書一卷，分卷上、卷下、列四庫善本叢書子部。卷上分道基第一、術事第二、輔政第三、無爲第四、辨惑第五、愼微第六。卷下分資質第七、至德第八、懷慮第九、本行第十、明誡十一、思務十二。

一二、新　書

一、**解題**：新書十卷，漢賈誼撰。誼曾爲長沙王太傅，故世稱賈長沙；又曾爲梁王太傅，世亦稱賈太傅。其書十卷，現列四庫善本叢書子部，然僅有五十六篇，又問孝一篇，有錄無書，實存五十五篇。漢志列儒家，新唐書始題新書之名。有抱經堂校本。

二、內容述要：全書分過秦上下、宗首、數寧、藩傷、藩彊、大都、等齊、服疑、益壤、權重、五美、制不定、審微、階級、俗激、時變、瑰瑋、孽產子、銅布、壹通、屬遠、親疎危亂、憂民、威不信、匈奴、勢卑、淮難、無蓄、鑄錢、傅職、保傅、連語、輔佐、問孝（亡）、禮、容經、春秋、先醒、耳痺、諭誠、退讓、君道、官人、勸學、道術、六術、道德說、大政上下、脩政語上下、禮容語上下、胎教、立後義傅等五十五篇。「多取誼本傳所載之文，割裂其章段，顛倒其次序，而加以標題。殊瞀亂無條理。朱子語錄曰：『賈誼新書，除了漢書中所載，餘亦難得粹者，看來只是賈誼一雜記稿耳。』（四庫提要）陳振孫亦謂「決非誼本書。」

一三、鹽鐵論

一、解題：鹽鐵論十卷，凡六十篇，漢桓寬撰。桓寬汝南人，字次公，治公羊春秋，博通善屬文，推衍鹽鐵之議，著數萬言，後通稱鹽鐵論。漢志載於儒家，淸四庫因之。有岱南閣刻本，明張之象注本。

二、內容述要：四庫提要謂：「其著書之大旨，所論皆食貨之事，而言皆述先王稱六經。」新淦徐爇序其文亦謂：「其究治亂，抑貨利，以裨國家之政者，蓋不但可行之當時，而又可施之後世。」全書六十篇，分作十卷，每卷分篇：㈠本議等六篇，㈡非鞅等六篇，㈢園池等三等，㈣地廣等六篇，㈤相刺等六篇，㈥散不足等八篇，㈦崇禮等六篇，㈧結和等六篇，㈨繇役等六篇，㈩刑德等六篇。

一四、論衡

一、**解題**：論衡三十卷，漢王充撰。充字仲任，會稽上虞人，少孤，鄉里稱孝。後至京師，受業太學，師事扶風班彪。好博覽，而不守章句。家貧無書，常游洛陽市肆，閱所賣書，一見輒能誦憶，遂博通衆流百家之言。好論說，始若詭異，終有理實。以爲俗儒守文，多失其眞。乃閉門潛思，絕慶弔之禮，著論衡八十五篇（其第四十四招致篇，有錄無書，實八十四篇），二十餘萬言。有明刻單行本，漢魏叢書本。

二、**內容述要**：「充書大旨詳自紀一篇，蓋內傷時命之坎坷，外疾世俗之虛僞，故發憤著書。其言多激，刺孟問孔二篇，至於奮其筆端，以與聖賢相軋，可謂誖矣！又露才揚己，好爲物先。其他論辨，如日月不圓諸說，雖爲葛洪所駁，載在晉志，然大抵訂譌砭俗，中理者多，亦殊有裨於風敎。儲泳祛疑說，謝應芳辨惑編，不是過也。至其文反覆詰難，頗傷詞費。充所作別有譏俗書，政務書，晚年又作養性書，今皆不傳，惟此書存。儒者頗病其蕪雜，然終不能廢也。」（節錄四庫提要）

一五、潛夫論

一、**解題**：潛夫論十卷，漢王符撰。符字節信，安定臨涇人，與馬融、張衡等友善。性耿介，不同於俗，隱居著書，以議當時得失。因不欲章顯其名，故號其書曰潛夫論。今本三十五篇，合叙錄爲三十六篇。汪繼培箋，湖海樓本。漢魏叢書本，無箋。

二、內容述要：其全書內容，詳叙錄篇，而賢難、浮侈二篇，亦爲其書重點所在。讀之可想見其爲人。卷首讚學一篇，論勵志勤修之旨。卷末五德志篇，述帝王之世次。志氏姓篇，考譜牒之源流。卜列、相列、夢列三篇，亦皆雜論方技，不盡指陳時政。四庫提要謂其：「洞悉政體似昌言，而明切過之；辨別是非似論衡，而醇正過之。」後漢書以其與王充、仲長統同傳，韓愈因作後漢三賢贊。前史以其列之儒家，斯爲不愧。

一六、申　鑒

一、解題：申鑒五卷，漢荀悅撰。荀悅潁川人，字仲豫，年十二能說春秋，所見篇牘，一覽多能誦記。性沈靜，尤好著述。獻帝時，「侍講禁中，見政移曹氏，而謀無所用力，乃作申鑒五卷。「明正德中吳縣黃省曾爲之註，凡四千餘言，引據博洽，多得悅旨。」有漢魏叢書本。

二、內容述要：四庫提要謂其「剖析事理，亦深切著明，蓋由其原本儒術，故所言皆不詭於正也。」其所論辨，詳見該書政體一篇，而雜言篇對於論性，亦有獨特之見。

一七、新　論

一、解題：漢桓譚，字君山，能文章，徧習五經。時光武帝好讖書，譚斥其妄，帝怒出之。著書二十九篇，言當世行事，號曰新論。有問經堂輯本。

二、內容述要：本書於南宋時已亡佚，「清孫氏馮翼，廣爲搜輯，首列考證，次以目錄，又次以搜輯各條，分列於後。並詳注所引書目，雖未獲快睹全豹，然已不止一斑矣。」（節錄四部備要書目提要）

一八、中　論

一、解題：中論二卷，後漢徐幹撰，幹字偉長，北海人。隋志與淸四庫均列其書於儒家。有漢魏叢書本。

二、內容述要：曹丕與吳質書，論建安諸子：「以爲偉長獨懷文抱質，恬淡寡欲。」其書「辭義典雅，足傳於後。」

一九、中　說

一、解題：中說十卷，隋王通撰。通字仲淹，龍門人，曾西遊長安，以知謀不用，退居河汾教授。房玄齡、李靖、魏徵、薛收等，均曾向其問道。著中說十篇，以擬論語。宋阮逸注，世德堂本。

二、內容述要：「書中所言，純正通達。與揚雄法言，不相上下。」朱子、王陽明等，亦推許之。卒年僅三十五歲，門人諡曰文中子。

二〇、說苑、新序

一、解題：說苑二十篇，新序十篇，均漢劉向撰。向字子政，「通達能文，淵懿純粹，簡易無威儀，專積思於經術。」數上封事，以陰陽休咎論時政得失。漢成帝時，領校中秘羣書，嘗採集春秋至漢初故事，可爲法戒者論述之，爲新序、說苑等書。

二、內容述要：曾子固新序敘云：「蓋向之序此書，於今最爲近古。雖不能無失，然遠至舜禹而次，及於周秦以來，古人之嘉言善行，亦往往而在也，要在愼取之而已。」東海何良侯序說苑、新序則力闢曾鞏之言而爲劉向辯，以謂「數千百年之後，凡成學治古文者，欲考見三代放失舊聞，惟子政之書，特爲雅馴。今讀說苑二十篇，自君道、臣術而下，即繼以建本，極於脩文，終於反質。蓋庶幾三王承敝易變之道，又豈後代俗傳所得窺其旨要哉？余因刻說苑新序二書，懼學者承譌習謬，使子政之心，不白於天下，乃爲辯著如此云。」

二一、人物志

一、解題：人物志三卷，魏劉邵撰。邵字孔才，邯鄲人。曾受詔集五經羣書，作皇覽，執經講學，賜關內侯。有守山閣本、金壺本。

二、內容述要：是書隋唐經籍志，均列於名家。四庫提要稱其所言：「究析物情，而精覈近理。視尹文之說兼陳黃、老、申、韓；公孫龍之說，惟析堅白同異者，迥乎不同。蓋其學雖近乎名家，其理則勿乖乎儒者也。」

二二、周子通書

一、解題：周子通書、不分卷，宋周敦頤撰。敦頤字茂叔，道州營道人，元名敦實，避英宗舊諱改焉。卒字元公，世稱濂溪先生。李光地注，榕村全集本。

二、內容述要：周子通書四十章，李氏光地著，通書篇釋之謂「係錯綜以發明太極之蘊。」「胸懷灑落，如光風霽月。」為宋理學之開祖。

二三、二程全書

一、解題：二程全書，六十七卷，宋程顥，程頤撰。內容包括：二程遺書二十五卷，附錄一卷（為二程子門人所記，而朱子復次錄之），二程外書十二卷（亦二程子門人所記，而朱子編次之），二程文集十二卷，附錄二卷（為程氏兄弟合集）。易傳四卷（為伊川先生撰）。程氏經說八卷（不著編輯者名氏，皆伊川解經語也）。二程粹言二卷。同治十年，求我齋江寧刻本，又寶誥堂呂氏刻本。程顥，字伯淳，世稱明道先生。程頤，字正叔，世稱伊川先生。

二、內容述要：程氏兄弟同受業於周敦頤，朱子嘗稱：「明道之言，發明極致，善開發人；伊川之言，卽事明理，尤耐咀嚼。明道得不傳之學於遺經，以興起斯文爲己任；辨異端，闢邪說，使聖人之道，煥然復明於世。伊川學本於誠，以大學、語、孟、中庸爲標指，而達於六經。動止語默，一以聖人爲師。」

二四、張子全書

一、解題：張子全書，宋張載撰。載字子厚，郿縣橫渠人，世稱橫渠先生。高安朱氏藏書本。

二、內容述要：全書包括西銘一卷、正蒙二卷、經學理窟五卷、易說三卷、語錄鈔一卷、文集鈔一卷、拾遺一卷、又採宋元諸儒所論及行狀等，作爲附錄一卷。共計十五卷。但「按諸史志所載，已非全帙，蓋後人選錄之本，而名以全書也。」四庫提要，稱其爲學，「主於深思自得，本不以著作繁富爲長。」此本所錄，雖卷帙無多，而去取謹嚴，橫渠之奧論微言，其精英業已備採矣。」

二五、朱子大全

一、解題：朱子大全六十六卷，宋朱熹撰，包括文集百卷，別集十卷，續集十有一卷。康熙五十二年，敕編、殿本、古香齋本、貴陽官本。朱熹字元晦，元籍婺源，居崇安時，牓廳事曰紫陽書堂，故稱紫陽。又搆草堂於建陽之雲谷，牓曰晦菴。自稱雲谷老人，亦曰晦翁。晚卜築於建陽之考亭，爲講學之所。故人稱考亭學派。淳祐時從祀孔廟。清康熙中升位於十哲之次。

二、**內容述要**：朱子之學，出於李侗、羅從彥。盡得程氏之傳。「大抵窮理以致其知，反躬以踐其實。而以居敬爲主。」「其所著文若詩，百二十卷，無一語不出於道。」黃榦云：「道之正統，待人而後傳。自周以來，任傳道之責者，一二人而止耳。由孔子而後，曾子、子思繼其微，至孟子而始著。由孟子而後，周程諸子繼其絕，至朱熹而始著。」識者以爲知言。

二六、象山全集

一、**解題**：象山全集三十六卷，宋陸九淵撰。九淵字子靜，金谿人。晚鄉居貴谿之象山，「學者輻湊，每開講席，戶外屨滿。自號象山翁，學者稱象山先生。」

二、**內容述要**：王守仁序象山全集謂其「學必求諸心。」「而簡易直截，眞有以接孟氏之傳。」並曰「故吾嘗斷以陸氏之學孟氏之學也。」

陸氏「嘗與朱子會講鵝湖，論辨多不合。朱主道問學，陸主尊德性。朱好注經，陸則謂學苟知道，六經皆我注脚。因此理學有朱陸二派之分。」

二七、陽明全集

一、**解題**：陽明全集三十八卷，明王守仁撰。守仁字伯安，餘姚人，嘗築室陽明洞中，學者稱陽明先生。世稱爲姚江學派。

一、**內容述要**：陽明之學，「以良知良能爲主，謂格物致知，當自求諸心，不當求諸事物。」「以聖人之學，心學也，心卽理也。故於致知格物之訓，不得不言致吾心之天理於事事物物。以知識爲知，則輕浮而不實，故必以力行爲工夫。良知感應神速，無有等待。本心之明，卽知；不欺本心之明，卽行也。不得不言知行合一。此其立言之大旨，不出於是。」（黃宗羲明儒學案王守仁傳）

貳、諸子百家主要篇章

諸子之學，以立意爲宗，故其書中，均有學術思想代表性之主要篇章，以揭櫫其宗旨：例如墨子兼愛，楊子爲我；孟子道性善，荀子言性惡。其全書雖千言萬語，要皆不離其宗。學者如能先得其主要篇章，而研讀之，其餘卽可觸類旁通，迎刃而解。諸子百家之主要篇章，除已於本書引述者外；特再將尚未引及者，擇要補述如次：

一、法言（節錄）

學行：學，行之，上也；言之，次也；教人，又其次也。咸無焉，爲衆人。

或曰：人羨久生，將以學也，可謂好學乎？曰：未之好也。學不羡，天之道不在仲尼乎？仲尼駕者也。不在儒乎？如將復駕其說也，則莫使諸儒，金口而木舌。

或曰，學無益也，如質何？曰，未之思矣，夫有刀者礲諸，有王者錯諸。不礲不錯，焉攸用？礲而錯諸，質在其中矣。否則輟。螟蛉之子殪而逢蜾蠃，祝之曰，類我！類我！久則肖之矣。速哉七十子之肖仲尼也，學以治之，思以精之，朋友以磨之，名譽以崇之，不倦以終之，可謂好學也已矣。孔子習周公者也，顏淵習孔子者也。羿、逢蒙分其弓，良捨其策，般投其斧而習諸，孰曰非也？……

或問世言鑄金，金可鑄歟？曰，吾聞覿君子者，問鑄人，不問鑄金。或曰，人可鑄歟？曰，孔子鑄顏淵矣。或人踧爾曰，旨哉！問鑄金得鑄人。學者所以修性也，聽視言貌思，性所有也，學則正，否則邪。桐子之命也，務學不如求師。師者，人之模範也，模不模，範不範，爲不少矣。一鬨之市，不勝異意焉；一卷之書，不勝異說焉。一鬨之市，必立之平；一卷之書，必立之師。習乎習，以習非之勝是，況習是之勝非乎？於戲！學者審其是而已矣。或曰，焉知是而習之？曰，視日月而知衆星之蔑也，仰聖人而知衆說之小也，學之爲王者事，其已久矣，堯、舜、禹、湯、文、武汲汲，仲尼皇皇，其已久矣。

修身： 修身以爲弓，矯思以爲矢，立義以爲的，奠而後發，發必中矣。人之性也善惡混；修其善則爲善人，修其惡則爲惡人。氣也者，所以適善惡之馬也歟？

或曰，孔子之事多矣，不用，則亦勤且憂乎？曰，聖人樂天知命，樂天則不勤，知命則不憂。

或問銘。曰，銘哉，銘哉！有意於慎也，聖人之辭可爲也，使人信之，所不可爲也。是以君子彊交而力行，珍貨而後市，修其身而後交，善其謀而後動。成道也，君子之所慎，言禮書，上交不諂，下學不驕，則可以有爲矣。

問道：或問道。曰，道也者，通也。或曰，可以適它歟？曰，適堯舜文王者爲正道，非堯舜文王者爲它道。君子正而不它。或問道。曰道若塗若川，車航混混，不捨晝夜。或曰，焉得直道而由諸？曰，塗雖曲而通諸夏，則由諸。川雖曲而通諸海，則由諸。或曰，事雖曲而通諸聖，則由諸乎？道德仁義，譬諸身乎？夫道以導之，德以得之，仁以人之，義以宜之，禮以體之，天也。合則渾，離則散，一人而兼統四體者，其身全乎？

問明：　或問命。曰，命者，天之命也，非人爲也。人爲不爲命。請問人爲？曰，可以存亡，可以死生，非命也，命不可避也。或曰，顏氏之子，冉氏之孫。曰，以其無避也。若立巖牆之下，動而徵病，行而招死，命乎命乎？吉人凶其吉，凶人吉其凶。辰乎辰，曷來之遲，去之速也，君子兢諸。諄言敗俗，諄好敗則，姑息敗德。君子謹於言，愼於好，亟於時，吾不見震風之能動聾瞶也。

先知：　爲政日新，或人敢問日新？曰，使之利其仁，樂其義，厲之以名，引之以美，使之陶陶然之謂日新。

或問民所勤？曰，民有三勤、曰，何哉所謂三勤？曰，政善而吏惡，一勤也；吏善而政惡，二勤也；政吏駢惡，三勤也。禽獸食人之食，土木衣人之帛，穀人不足於晝，絲人不足於夜之謂惡政。

或曰，人君不可不學律令。曰，君子爲國張其綱紀，謹其教化。導之以仁，則下不相賊。蒞之以廉，則下不相盜；臨之以正，則下不相詐；修之以禮義，則下多德讓；此君子所當學也。如有犯法，則司獄在。或苦亂。曰，綱紀。曰，惡在於綱紀？曰，大作綱，小作紀；如綱不綱，紀不紀，雖有羅網，惡得一目而正諸。

或曰，齊得夷吾而霸，仲尼曰小器。請問大器？曰，大器其猶規矩準繩乎？先自治而後治人之謂大器。或曰，正國何先？曰，躬工人績。

或曰，爲政先殺後教。曰，嗚呼！天先秋而後春乎？將先春而後秋乎？吾見玄駒之步，雉之晨雊也，化其可以已矣哉，民可使覿德，不可使覿刑；覿德則純，覿刑則亂。

君子：　或問孟子知言之要，知德之奧。曰，非苟知之，亦允蹈之。或曰，子小諸子，孟子非諸子乎？曰，諸子者，以其知異於孔子者也，孟子異乎不異？

或曰，孫卿非數家之書，至于子思孟軻，詭哉。曰，吾於孫卿，見同門而異戶也，惟聖人爲不異。……或曰，聖人自恣歟？何言之多端也。曰，子未覩禹之行水歟？一東一北，行之無礙也。君子之行，獨無礙乎？如何直往也。水避礙則通於海；君子避礙則通於理。君子好人之好，而忘己之好；小人好己之好，而忘人之好。

或曰，子於天下則誰與？曰，與夫進者乎？或曰，貪夫位也，慕夫祿也，何其與？曰，此貪也，非進也。夫進也者，進於道，慕於德，殷之以仁義。進而進，退而退，日孳孳而不自知倦者也。

二、新書道術

曰數聞道之名矣，而未知其實也，請問道者何謂也？對曰：道者所從接物也，其本者謂之虛，其末者謂之術。虛者言其精微也，平素而無設施也。術也者，所從制物也，動靜之數也。凡此皆道也。

曰請問虛之接物如何？對曰：鏡儀而居，無執不臧，美惡畢至，各得其當。衡虛無私，平靜而處，輕重畢懸，各得其所。明主者南面而正，清虛而靜，令名自宣，命物自定。如鑑之應，如衡之稱，有亹和之，有端隨之。物鞠其極，而以當施之。此虛之接物也。

曰請問術之接物何如？對曰：人主仁而境內和矣，故其士民莫弗敬也。人主義而境內理矣，故其士民莫弗順也。人主有禮而境內肅矣，故其士民莫弗敬也。人主有信而境內貞矣，故其士民莫不信也。人主公而境內服矣，故其士民莫弗戴也。人主法而境內軌矣，故其士民莫弗輔也。舉賢則民化善，使能則官職治。英俊在位則主尊，羽翼勝任則民顯。操德而固則威立，敎順而必則令行。周聽則不蔽，稽驗則不惶。朋好惡則民心化，密事端則人主神。術者接物之隊，凡權重者必謹於事，令行者必謹於言，則過敗鮮矣。此術之接物之道者也。其爲原無屈，其應變無極，故聖人尊之。夫道之詳不可勝述也。

曰，請問品善之體何如？對曰：親愛利子謂之慈，反慈爲嚚。子愛利親謂之孝，反孝爲孽。愛利出中謂之忠，反忠爲倍。心存恤人謂之惠，反惠爲讋。兄敬愛弟謂之友，反友爲虐。弟敬愛兄謂之悌，反悌爲敖。接遇愼容謂之恭，反恭爲媟。接遇肅正謂之敬，反敬爲僈。言行抱一謂之貞，反貞爲僞。期果言當謂之信，反信爲慢。衷理不辟謂之端，反端爲趶。據當不傾謂之平，反平爲險。行善決衷謂之淸，反淸爲濁。辭利刻謙謂之廉，反廉爲貪。兼覆無私謂之公，反公爲私。方直不曲謂之正，反正爲邪。以人自觀謂之度，反度爲妄。以己量人謂之恕，反恕爲荒。惻隱憐人謂之慈，反慈爲忍。厚志隱行謂之潔，反潔爲汏。施行得理謂之德，反德爲怨。放理潔靜謂之行，反行爲汚。功遂自却謂之退，反退爲伐。厚人自薄謂之讓，反讓爲冒。心兼愛人謂之仁，反仁爲疾。行克其宜謂之義，反義爲懜。剛柔得適謂之和，反和爲乖。合得密周謂之調，反調爲戾。優賢不逮謂之寬，反寬爲阨。包衆容易謂之裕，反裕爲褊。欣燻可安謂之熅，反熅爲鷩。安柔不苛謂之良，反良爲齧。緣法循理謂之軌，反軌爲易。襲常緣道謂之道，反道爲辟。廣較自斂謂之儉，反儉爲侈。費弗過適謂之節，反節爲靡。咀勉就善謂之慎，反慎爲怠。思惡弗道謂之戒，反戒爲傲。深知禍福謂之知，反知爲愚。亟見窕察謂之慧，反慧爲童。動有文體謂之禮，反禮爲濫。容服有義謂之儀，反儀爲詭。行歸而適謂之順，反順爲逆。動靜攝次謂之比，反比爲錯。容志審道謂之僴，反僴爲野。辭令就得謂之雅，反雅爲陋。論物明辯謂之辯，反辯爲訥。纖微皆審謂之察，反察爲旄。誠動可畏謂之威，反威爲圂。臨制不犯謂之嚴，反嚴爲軟。仁義修立謂之任，反任爲欺。伏義誠心謂之節，反節爲罷。持節不恐謂之勇，反勇爲怯。信理遂惔謂之敢，反敢爲揜。志操精果謂之誠，反誠爲殆。克行遂節謂之必，反必爲怛。凡此品也，善之體也，所謂道也。故守道者謂之士，樂道者謂之君子。知道者謂之明，行道者謂之賢。且明且賢，此謂聖人。

三、中鑒政體

夫道之本，仁義而已。五典以經之，羣籍以緯之，詠之，歌之，弦之，舞之。前鑒既明，後復中之故古之聖王，其於仁義也，中重而已，篤序無彊，謂之中鑒。

聖漢統天，惟宗時亮，其功格宇宙，粤有虎臣亂政，時亦惟荒圮湮。玆洪軌儀，鑒於三代之典，王允迪厥德，功業有尚，天道在爾，惟帝茂止，陟降膺止，萬國康止，允出玆，斯行遠矣。立天之道，曰陰與陽；立地之道，曰柔與剛；立人之道，曰仁與義。陰陽以統其精氣，剛柔以品其羣形，仁義以經其事業，是爲道也。故凡政之大經，法教而已矣。教者，陽之化也；法者，陰之符也；仁也者，慈此者也；義也者，宜此者也；禮也者，履此者也；信也者，守此者也；智也者，知此者也。是故好惡以章之，喜怒以泣之，哀樂以恤之。若乃二端不愆，五德不離，六節不悖；則三才允序，五事交備，百工惟釐，庶績咸熙。天作道，皇作極，臣作輔，民作基，惟先喆王之政。一曰承天，二曰正身，三曰任賢，四曰恤民，五曰明制，六曰立業；承天惟允，正身惟常，任賢惟固，恤民惟勤，明制惟典，立業惟敦；是爲政體也。

致治之術，先屏四惡，乃崇五政。一曰僞，二曰私，三曰放，四曰奢；僞亂俗，私壞法，放越軌，奢敗制。四者不除，則政末由行矣。俗亂則道荒，雖天地不得保其性矣；法壞則世傾，雖人主不得守其度矣；軌越則禮亡，雖聖人不得全其道矣；制敗則欲肆，雖四表不能充其求矣。是爲四患。興農桑以養其生，審好惡以正其俗，宣文教以章其化，立武備以秉其威，明賞罰以統其法；是謂五政。民不畏死，不可懼以罪；民不樂生，不可觀以善；雖使卨布五教，咎繇作士，政不行焉。……四患既蠲，五政既立，行之以誠，守之以固，簡而不怠，疏而不失，無爲爲之，使自施之。無事事之，使自交之。不肅而治，垂拱揖遜而海內平矣。是謂爲政之方也。

惟修六則，以立道經：一曰中，二曰和，三曰正，四曰公，五曰誠，六曰通。以天道作中，以地道作和，以仁德作正，以事物作公，以身極作誠，以變數作通。是謂道實。

惟恤十難，以任賢能：一曰不知，二曰不進，三曰不任，四曰不終，五曰以小怨棄大德，六曰以小過黜大功，七曰以小失掩大美，八曰以訐奸傷忠正，九曰以邪說亂正度，十曰以讒嫉廢賢能，是謂十難。十難不除，則賢臣不用，用臣不賢，則國非其國也。

惟察九風，以定國常：一曰治，二曰衰，三曰弱，四曰乖，五曰亂，六曰荒，七日叛，八曰危，九曰亡。君臣親而有禮，百僚和而不同，讓而不爭，勤而不怨，無事惟職是司；此治國之風也。禮俗不一，位職不重，小臣讒嫉，庶人作議；此衰國之風也。君好讓，臣好逸，士好遊，民好流；此弱國之風也。君臣爭明，朝廷爭功，士大夫爭名，庶人爭利；此乖國之風也。上多欲，下多端，法不定，政多門；此亂國之風也。以侈爲博，以伉爲高，以濫爲通，遵禮謂之劬，守法謂之固；此荒國之風也。以苛爲密，以利爲公，以割下爲能，以附上爲忠；此叛國之風也。上下相疏，內外相蒙，小臣爭寵，大臣爭權；此危國之風也。上不訪，下不諫，婦言用，私政行；此亡國之風也。故上察乎國風也。

惟慎庶獄，以昭人情：天地之大德曰生，萬物之大極曰死。死者不可以生，刑者不可以復。故先王之制刑也，官師以成之，棘槐以斷之，情訊以寬之，朝市以共之，矜哀以恤之。刑斯斷，樂不舉，慎之至也。刑哉刑哉，其慎矣夫。

惟稽五赦，以綏民中：一曰原心，二曰明德，三曰勸功，四曰褒化，五曰權計。凡先王之攸赦，必是族也；非是族焉，刑玆無赦。天子有四時，朝以聽政，晝以訪問，夕以修令，夜以安身。上有師傅，下有讌臣，大則講業，小則咨詢，不拒直辭，不恥下問，公私不愆，外內不貳；是謂有交。

問明於治者，其統近；萬物之本在身，天下之本在家，治亂之本在左右；內正立而四表定矣。

問通於道者，其守約；有一言而可以常行者，恕也；有一行而可常履者，正也；恕者，仁之術也，正者，義之要也。至哉！此爲道根，萬化存焉爾；是謂不思而得，不爲而成。執之胸心之間，而功覆天下也。

自天子達於庶人，好惡哀樂，其修一也；豐約勞佚，各有其制；上足以備禮，下足以備樂；夫是謂大道，天下國家一體也。君爲元首，臣爲股肱，民爲手足；下有憂民，則上不盡樂；下有饑民，則上不備膳；下有寒民，則上不具服。徒跣而垂旒，非禮也；故足寒傷心，民寒傷國。

問君以至美之道道民，民以至美之物養君。君降其惠，民升其功。此無往不復，相報之義也。故太平備物，非極欲也；物損禮闕，非謙約也。其數云耳。

問人主有公賦，無私求；有公用，無私費；有公役，無私使；有公賜，無私惠；有公怒，無私怨。私求則下煩而無度，是謂傷清；私費則官耗而無限，是謂傷制；私使則民撓擾而無節，是謂傷義；私惠則下虛望而無準，是謂傷正；私怨則下疑懼而不安，是謂傷德。

問善治民者，治其性也。或曰：治金而流，去火則剛；激水而升，舍之則降。惡乎治？曰：不去其火則常流，激而不止則常升。故大治之爐，可使無剛，則踊水之機，可使無降。善立教者若兹，則終身治矣。故凡器可使與顏冉同趨，投百金於前，白刃加其身，雖巨跖弗敢掇也；善立法者若兹，則終身不掇矣。故跖可使與伯夷同功。

問民由水也；濟大川者，太上乘舟，其次泅；泅者勞而危，乘舟者逸而安。虛入水則必溺矣。以知能治民者，泅也；以道德治民者，舟也。縱民之情謂之亂，絕民之情謂之荒。曰：然則如之何？曰：爲之限，使弗越也；爲之地，亦弗越。故水可使不濫，不可使無流。善禁者，先禁其身而後人。不善禁者，先禁人而後身。善禁之至於不禁，令亦如之。若乃肆情於身而繩欲於衆；行詐於官而矜實於民；求己之所有餘，奪下之所不足；捨己之所易，責人之所難；怨之本也。謂理之源斯絕矣。自上御下，猶夫釣者焉，隱於手而應於鈎，則可以得魚。自近御遠，猶夫御馬焉，和於手而調於銜，則可以使馬。故至道之要，不於身非道也。睹孺子之驅雞也，而見御民之方，孺子驅雞者，急則驚，緩則滯。方其北也，遽要之，則折而過南；方其南也，據要之則折而過北。迫則飛，疏則放。志閑則比之，流緩而不安則食之。不驅之驅，驅之至者也，志安則循路而入門。

太上不空市，其次不偷竊，其次不掠奪。上以功惠綏民，下以財力奉上，是以上下相與。空市則民不與，民不與則爲巧詐而取之；謂之偷竊。偷竊則民備之；備之而不得，則暴迫而取之；謂之掠奪。民必交爭，則禍亂矣。

或曰：聖王以天下爲樂。曰，否；聖王以天下爲憂，天下以聖王爲樂。凡主以天下爲樂，天下以凡主爲憂。聖王屈己以申天下之樂；凡主伸己以屈天下之憂。申天下之樂，故樂亦報之；屈天下之憂，故憂亦及之。天下之道也。

治世所貴乎位者三；一曰達道於天下，二曰達惠於民，三曰達德於身。衰世所貴乎位者三；一曰以貴高人，二曰以富奉身，三曰以報肆心。治世之位，眞位也；衰世之位，則生災矣。苟高人，則必損之，災也。苟奉身，則必遺之，災也。苟肆心，則必否之，災也。

治世之臣，所貴乎順者三；一曰心順，二曰職順，三曰道順。治世之順，眞順也；衰世之順，生逆也。體苟順則逆節，亂苟順則逆忠，事苟順則逆道。高下失序則位輕，班級不固則位輕，祿薄卑寵則位輕，官職屢改則位輕，遷轉煩瀆則位輕，黜陟不明則位輕，待臣不以禮則位輕。夫位輕而政重者，未之有也。聖人之大寶曰位，輕則喪吾寶也。

好惡之不行，其俗尙矣；嘉守節而輕狹陋，疾威福而尊權右，賤求欲而崇克濟，貴求己而榮華譽，萬物類是已。夫心與言，言與事，參相應也；好惡毀譽賞罰，參相福也。六者有失，則實亂矣。守實者益榮，求己者益達，處幽者益明。然後民知本也。

四、申鑒雜言（論性五則）

或問天命人事；曰：有三品焉：上下不移，其中則人事存焉爾。命相近也，事相遠也，則吉凶殊矣。故曰：窮理盡性以至於命。孟子稱性善，荀卿稱性惡，公孫子曰：性無善惡；揚雄曰：人之性善惡渾；劉向曰：性情相應，性不獨善，情不獨惡。曰，問其理？曰：性善則無四凶，性惡則無三仁。人無善惡，文王之教一也，則無周公管蔡；性善情惡，是桀紂無性，而堯舜無情也。性善惡皆渾，是上智懷惠，而下愚挾善也。理也，未究也。惟向言爲然。

或曰：仁義、性也，好惡、情也，仁義常善，而好惡或有惡；故有情惡也。曰：不然！好惡者，性之取舍也。實見於外，故謂之情爾，必本乎性矣。仁義者，善之誠者也，何嫌其常善？好惡者，善惡未有所分也，何怪其有惡？凡言神者，莫近於氣；有氣斯有形，有神斯有好惡喜怒之情矣。故神有情，由氣之有形也；氣有黑白，神有善惡，形與白黑偕，情與善惡偕。故氣黑非形之咎，情惡非情之罪也。

或曰：人之於利，見好而之，能以仁義爲節者，是性割其情也。性少情多，性不能割其情，則情獨行爲惡矣。曰：不然！是善惡有多少也，非情也。有人於此，嗜酒嗜肉，肉勝則食焉，酒勝則飲焉；此二者相與爭，勝者行矣，非情欲得酒，性欲得肉也。有人於此，好利好義，義勝則義取焉，利勝則利取焉；此二者相與爭，勝者行矣，非情欲得利，性欲得義也。其可兼者，則兼取之；其不可兼者，則隻取重焉。若苟隻好而已，雖可兼取（有闕文）矣。若二好均平，無分輕重，則一俯一仰，乍進乍退。

或曰：請折於經。曰：易稱乾道變化，各正性命。是言萬物各有性也。觀其所感，而天地萬物之情可見矣。是言情者應感而動者也。昆蟲草木皆有性焉，不盡善也。天地聖人皆稱情焉，不主惡也。又曰：爻象以情言亦如之。凡情意心志者，皆性動之別名也。情見乎辭，是稱情也；言不盡意，是稱意也；中心好之，是稱心也；以制其志，是稱志也。惟所宜各稱其名而已，情何主惡之有？故曰，必也正名。

或曰：善惡皆性也，則法敎何施？曰：性雖善，待敎而成，唯上智下愚不移。其次善惡交爭，於是敎扶其善，法抑其惡；得施之九品，從敎者半，畏刑者四分之三，其不移大數九分之一也。一分之中，又有微移者矣。然則法敎之於化民也，幾盡之矣。及法敎之失也，其爲亂亦如之。

五、中論貴驗

事莫貴於有驗，言莫棄於無徵；言之未有益也，不言未有損也。水之寒也，火之熱也，金石之堅剛也；此數物未嘗有言，而人莫不知其然者，信著乎其體也。使吾所行之信，若彼數物，而誰其疑我哉？今不信吾所行，而怨人之不信也；猶敎人執鬼縛魅，而怨人之不得也。惑亦甚矣！

孔子曰：欲人之信己也，則微言而篤行之。篤行之則用日久；用日久則事著明；事著明，則有目者莫不見也，有耳者莫不聞也。其可誣哉？故根深而枝葉茂，行久而名譽遠。易曰：恒亨，無咎，利貞；言久於其道也。伊尹放太甲，展季覆寒女，商魯之民不稱淫簒焉。何則？積之於素也。故染不積，則人不觀其色；行不積，則人不信其事。子思曰：同言而信，信在言前也。同令而化，化在令外也。謗言也，皆緣類而作，倚事而興，加其似者也。誰謂華岱之不高，江漢之不長與？君子修德，亦高而長之，將何患矣。故求己而不求諸人，非自強也，見其所存之富耳。

子思曰：事自名也，聲自呼也，貌自眩也，物自處也，人自官也；無非自己者。故怨人之謂壅，怨己之謂通。通也知所悔，壅也遂所誤。遂所誤也，親戚離之；知所悔也，疏遠附之。疏遠附也常安樂；

親戚離也常危懼。自生民以來，未有不然者也。殷紂爲天子而稱獨夫；仲尼爲匹夫而稱素王。盡此類也。故善釣者不易淵而殉魚；君子不降席而追道。治乎八尺之中，而德化光矣。

古之人歌曰：相彼玄鳥，止於陵阪，仁道在近，求之無遠。人情也莫不惡謗，而卒不免乎謗。其故何也？非愛致力而不得已之也，已之之術反也。謗之爲名也，逃之而愈至，距之而愈來，訟之而愈多。明乎此，則君子不足爲也。闇乎此，則小人不足得也。帝舜屢省，禹拜昌言，明乎此者也。厲王蒙蔽，吳起刺之，闇乎此者也。皆書明前策，著形列圖，或爲世法，或爲世戒，可不慎之。

曾子曰：或言予之善，予惟恐其聞；或言予之不善，惟恐過而見予之鄙色焉。故君子服過也，非徒飾其辭而已，誠發乎中心，形乎容貌，其愛之也深，其更之也速，如追兎惟恐不逮。故有進業，無退功。詩曰：相彼脊令，載飛載鳴。我日斯邁，而月斯征。遷善不懈之謂也。

夫聞過而不改，謂之喪心；思過而不改，謂之失體。失體喪心之人，禍亂之所及也。君子舍旃。周書有言，人毋鑒於水，鑒於人也。鑒也者，可以察形；言也者，可以知德。小人恥其面之不及子都也；君子恥其行之不如堯舜也。故小人尚明鑒，君子尚至言。至言也，非賢友則無取之。故君子必求賢友也。詩曰：伐木丁丁，鳥鳴嚶嚶，出自幽谷，遷於喬木。言朋友之義，務在切直，以升於善道者也。故君子不友不如己者，非羞彼而大我也。不如己者，須己而植者也。然則扶人不暇，將誰相我哉？吾之僨也亦無日矣。故僨極則縱，多友邪則己僻也。是以君子愼取友也。孔子曰：居而得賢友，福之次也。夫賢者言足聽，貌足象，行足法，加乎善獎人之美，而好攝人之過。其不隱也如影，其不諱也如響。故我之憚之，若嚴君在堂，而神明處室矣。雖欲爲不善，其敢乎？故求益者之居遊也，必近所畏而遠所易。詩云：無棄爾輔，員於爾輻，屢顧爾僕，不輸爾載，親賢求助之謂也。

六、中說王道

子在長安，楊素、蘇夔、李德林皆請見，子與之言，歸而有憂色。門人問子，子曰：素與吾言終日，言政而不及化；夔與吾言終日，言聲而不及雅；德林與吾言終日，言文而不及理。門人曰：然則何憂？子曰：非爾所知也，二三子皆朝之預議者也。今言政而不及化，是天下無禮也；言聲而不及雅，是天下無樂也；言文而不及理，是天下無文也。王道從何而興乎？吾所以憂也。門人退，子援琴鼓蕩之什，門人皆霑襟焉。子曰：封禪之費，非古也，徒以夸天下，其秦漢之侈心乎？子曰：易樂者必多哀，輕施者必好奪。子曰：無赦之國，其刑必平；多斂之國，其財必削。子曰：廉者常樂無求，貪者常憂不足。裴晞問曰：衛玠稱人有不及，可以情恕，非意相干，可以理遣，何如？子曰：寬矣。曰：仁乎？子曰：不知也。阮嗣宗與人談則及玄遠，未嘗臧否人物，何如？子曰：愼矣。曰仁乎？子曰：不知也。

七、中說問易

魏徵曰：聖人有憂乎？子曰：天下皆憂，吾獨得不憂乎？問疑，子曰：天下皆疑，吾獨得不疑乎？徵退。子謂董常曰：樂天知命吾何憂？窮理盡性吾何疑？常曰：非告徵也？子亦二言乎？子曰：徵所問者迹也，吾告汝者心也，心迹之判久矣，吾獨得不二言乎？常曰：心迹固殊乎？子曰：自汝觀之則殊也，而適造者不知其殊也，各云當而已矣；則夫二未違一也。李播聞而歎曰：大哉乎一也，天下皆歸焉，而覺不也。賈瓊問何以息謗？子曰無辯。曰何以止怨？曰無爭。

八、中說禮樂

賈瓊問羣居之道，子曰：同不害正，異不傷物。曰，可終身而行乎？子曰烏乎而不可也！古之有道者，內不失眞，而外不殊俗；夫如此，故全也。或曰：君子仁而已矣，何用禮爲？子曰：不可行也。或曰：禮豈爲我輩設哉？子不答。既而謂薛收曰：斯人也，旁行而不流矣，安知教意哉？有若謂先王之道斯爲美也。程元問六經之致。子曰：吾續書以存漢晉之實；續詩以辨六代之俗；修元經以斷南北之疑；讚易道以申先師之旨；正禮樂以旌後王之失。如斯而已矣。程元曰：作者之謂聖，述者之謂明，夫子何處乎？子曰：吾於道屢伸而已，其好而能樂，勤而不厭者乎？聖與明，吾安敢處。子曰：君子可招而不可誘，可棄而不可慢。輕譽苟毀，好憎尙怒，小人哉！子曰：以勢交者勢傾則絕；以利交者，利窮則散。故君子不與也。或問長生神仙之道。子曰：仁義不修，孝悌不立，奚爲長生？甚矣，人之無厭也。

九、中說述史

溫大雅問如之何可使爲政？子曰：仁以行之，寬以居之，深識禮樂之情。敢問其次。子曰：言必忠，行必怨；鼓之以利害不動。又問其次。子曰：謹而固，廉而慮，齪齪焉自保，不足以發也。子曰：降此，則穿窬之人爾，何足及政！抑可謂備員矣。賈瓊請絕人事。子曰不可。請接人事。子曰不可。瓊曰：然則奚若？子曰：莊以待之，信以從之，去者不追，來者不拒，泛如也，斯可矣。

一〇、中說魏相

文中子曰：聞謗而怒者，讒之由也；見譽而喜者，佞之媒也。絕由去媒，讒佞遠矣。房玄齡問正主庇民之道。子曰：先遺其身。曰請究其說？子曰：夫能遺其身，然後能無私；無私然後至公；至公，然後以天下爲心矣。道可行矣。玄齡曰：如主何？子曰：通也不可究其說，蕭張其猶病諸。噫！非子所及，姑守爾恭，執爾愼，庶可以事人也。子曰：早婚少聘，教人以偸，妾媵無數，教人以亂。且貴賤有等，一夫一婦，庶人之職也。子曰：吾不仕，故成業；不動，故無悔；不廣求，故得；不雜學，故明。

一一、中說立命

子曰：治亂、運也；有乘之者，有革之者。窮達、時也；有行之者，有遇之者。吉凶、命也；有作之者，有偶之者。一來一往，各以數至，豈徒云哉。賈瓊問富而教之，何謂也？子曰：仁生於歉，義生於豐，故富而教之斯易也。古者聖王在上，田里相距，鷄犬相聞，人至老死不相往來；蓋自足也。是以至治之代，五典潛，五禮措，五服不章。不知飲食，不知益歲；人知羣居，不知愛敬。上如標枝，下如野鹿，何哉？蓋上無爲下自足故也。賈瓊曰：淳澆樸散，其可歸乎？子曰：人能弘道，苟得其行，如反掌爾。昔舜禹縱軌而天下樸；夏桀承之而天下詐。成湯放桀而天下平；殷紂承之而天下陂。文武治而幽厲散；文景寧而桓靈失。斯則治亂相易，澆淳有由。興衰資乎人，得失在乎教。其曰太古不可復，是未知先王之有化也。詩書禮樂，復何爲哉？董常聞之，謂賈瓊曰：孔孟云亡，夫子之道，則所謂綏之斯來，動之斯和乎？孰云淳樸不可歸哉！

一二、中說關朗

子曰：罪莫大於好進，禍莫大於多言，痛莫大於不聞過，辱莫大於不知恥。文中子曰：仲尼之述，廣大悉備，歷千載而不用，悲夫！仇章進曰：然夫子今何勤勤於述也？子曰：先師之職也，不敢廢，焉知後之不能用也。是藨是蓘，則有豐年。門人竇威、賈瓊、姚義受禮；溫彥博、杜如晦、陳叔達受樂；杜淹、房喬、魏徵受書；李靖、薛方士、裴晞、王珪受詩；叔恬受元經；董常、仇璋、薛收、程元備聞六經之義。

一三、說苑建本（節錄）

孔子曰：行身有六本；本立焉然後爲君子。立體有義矣，而孝爲本；處喪有禮矣，而哀爲本；戰陣有隊矣，而勇爲本；治政有理矣，而能爲本；居國有禮矣，而嗣爲本；生才有時矣，而力爲本。置本不固，無務豐末；親戚不悅，無務外交；事無終始，無務多業；聞記不言，無務多談；比近不悅，無務修遠。是以反本修邇，君子之道也。天之所生，地之所養，莫貴乎人。人之道，莫大乎父子之親，君臣之義。父道聖，子道仁，君道義，臣道忠。賢父之於子也，慈惠以生之，教誨以成之，養其誼，藏其僞，時其節，愼其施。子年七歲以上，父爲之擇名師，選良友，勿使見惡少，漸之以善，使之早化。故賢子之事親，發言陳辭，應對不悖乎耳。趣走進退，容貌不悖乎目；卑體賤身，不悖乎心。君子之事親以積德，子者親之本也，無所推而不從命；推而不從命者，惟害親者也。故親之所安，子皆供之。賢臣之事君也，受官之日，以主爲父，以國爲家，以士人爲兄弟；故苟有可以安國家利人民者，不避其難，不憚其勞，以成其義。故其君亦有助之，以遂其德。夫君臣之與百姓，轉相爲本，如循環無端。夫子亦云，人之行莫大於孝，孝行成於內，而嘉號布於外，是謂建之於本，而榮華自茂矣。君以臣爲本，臣以君爲本，父以子爲本，子以父爲本，棄其本，榮華槁矣。

子路曰：負重道遠者，不擇地而休，家貧親老者，不擇祿而仕。昔者由事二親之時，常食藜藿之實，而爲親負米百里之外。親沒之後，南遊於楚，從車百乘，積粟萬鍾，累茵而坐，列鼎而食。願食藜藿爲親負米之時，不可復得也。枯魚銜索，幾何不蠹，二親之壽，忽如過隙，草木欲長，霜露不使，賢者欲養，二親不待。故曰家貧親老，不擇祿而仕也。

曾子芸瓜而誤斬其根，曾晳怒，援大杖擊之，曾子仆地，有頃蘇，蹷然而起。進曰，曩者參得罪於大人，大人用力教參，得無疾乎？退屏鼓琴而歌，欲令曾晳聽其歌聲，令知其平也。孔子聞之，告門人曰：參來，勿內也。曾子自以無罪，使人謝孔子。孔子曰：汝聞瞽叟有子名曰舜，舜之事父也，索而使之，未嘗不在側；求而殺之，未嘗可得。小箠則待，大箠則走，以逃暴怒也。今子委身以待暴怒，立體而不去，殺身以陷父不義，不孝孰大是乎？汝非天子之民耶？殺天子之民，罪奚如？以曾子之材，又居孔子之門，有罪不自知，處義難乎。

伯俞有過，其母笞之，泣。其母曰：他日笞子，未嘗見泣；今泣，何也？對曰：他日俞得罪，笞嘗痛；今母之力，不能使痛，是以泣。故曰，父母怒之，不作於意，不見於色，深受其罪，使可哀憐，上也；父母怒之，不作於意，不見於色，其次也；父母怒之，作於意，見於色，下也。

成人有德，小子有造，大學之教也。時禁於其未發之曰預。因其可之曰時。相觀於善之曰磨。學不陵節而施之曰馴。發然後禁，則扞格而不勝。時過然後學，則勤苦而難成。雜施而不遜，則壞亂而不治。獨學而無友，則孤陋而寡聞。故曰，有昭辟雍，有賢泮宮，田里周行，濟濟鏘鏘，而相從執質，有族以文。周召公年十九，見正而冠，冠則可以為方伯諸侯矣。人之幼稚童蒙之時，非求師正本，無以立身全性。夫幼者、必愚，愚者妄行，不能保身。孟子曰：人皆知以食愈饑，莫知以學愈愚。故善材之幼者，必勤於學問，以修其性。今人誠能砥礪其材，自誠其神明，睹物之應，通道之要，觀始卒之端，覽無外之境。逍遙乎無方之內，彷徉乎塵埃之外。卓然獨立，超然絕世。此上聖之所遊神也。然晚世之人，莫能閒居心思，鼓琴讀書，追觀上古，友賢大夫，學問講辨，日以自虞，疏遠世事，分明利害。籌策得失，以觀禍福。設義立度，以為法式。窮追本末，究事之情。死有遺業，生有榮名。此皆人材之所能建也。然莫能爲者，偸慢懈墮，多暇日之故也。是以失本而無名。夫學者崇名立身之本也，儀狀齊等，而飾貌者好；質性同倫，而學問者智。是故砥礪琢磨，非金也，而可以利金；詩書僻立，非我也，而可以厲心。夫問訊之士，日夜興起，厲中益知，以分別理。是故處身則全，立身不殆。士苟欲深明博察以垂榮名，而不好問訊之道，則是伐智本而塞智原也。何以立軀也？騏驥雖疾，不遇百樂，不致千里；干將雖利，非人力不能自斷焉。烏號之弓雖良，不得排檠，不能自任；人才雖高，不務學問，不能致聖。水積成川，則蛟龍生焉；土積成山，則橡樟生焉；學積成聖，則富貴尊顯至焉。千金之裘，非一狐之皮；臺廟之榱，非一木之枝；先王之法，非一士之智也。故曰，訊問者智之本，思慮者智之道也。中庸曰，好問近乎智，力行近乎仁，知恥近乎勇。積小之能大者，其惟仲尼乎？學者所以反情治性盡才者也。親賢學問，所以長德也。論交合友，所以相致也。詩云，如切如磋，如琢如磨，此之謂也。

孟子曰：人知糞其田，莫知糞其心。糞田莫過利苗得粟，糞心易行而得其欲。何謂糞心？博學多聞。何謂易行？一性止淫也。

子思曰：學所以益才也，礪所以致刃也。吾嘗幽處而深思，不若學之速；吾嘗跂而望，不若登高之博見。故順風而呼，聲不加疾而聞者衆；登丘而招，臂不加長而見者遠。故魚乘於水，鳥乘於風，草木乘於時。晉平公問於師曠曰：吾年七十，欲學恐已暮矣。師曠曰：何不炳燭乎？平公曰：安有爲人臣而敢戲其君乎？師曠曰：盲臣安敢戲其君乎？臣聞之，少而好學，如日出之陽；壯而好學，如日中之光；老而好學，如炳燭之明。炳燭之明，孰與昧行乎？平公曰善哉！

甯越中牟鄙人也，苦耕之勞，謂其友曰，何爲而可以免此苦哉？友曰：莫如學，學二十年則可以達矣。甯越曰：請十五歲，人將休，吾將不休；人將臥，吾不敢臥。十三歲學而周威公師之。夫走者之速也，而過二里止。步者之遲也，而百里不止。今寧越之材而久不止，其爲諸侯師豈不宜哉？

孔子謂子路曰：汝何好？子路曰：好長劍。孔子曰：非此之問也。請以汝之所能，加之以學，豈可及哉。子路曰：學亦有益乎？孔子曰：夫人君無諫臣則失政；士無教交則失德。狂馬不失其策，操弓不返於檠，木受繩則直，人受諫則聖。受學重問，孰不順成。毀仁惡士，且近於刑。君子不可以不學。子路曰：南山有竹，弗揉自直，斬而射之，通於犀革，又何爲學乎？孔子曰：括而羽之，鏃而砥礪之，其入不益深乎？子路拜曰：敬受教哉。

子路問於孔子曰：請釋古之學，而行由之意，可乎？孔子曰：不可！昔者東夷慕諸夏之義，有女，其夫死，爲之內私壻，終身不嫁。不嫁則不嫁矣，然非貞節之義也。蒼梧之弟，娶妻而美好，請與兄易。忠則忠矣，然非禮也。今子欲釋古之學，而行子之意，庸知子用非爲是，用是爲非乎？不順其初，雖欲悔之，難哉。

一四、金人銘

孔子之周，觀於太廟，右陛之前，有金人焉，三緘其口，而銘其背曰：「古之愼言人也，戒之哉！戒之哉！無多言，多言多敗；無多事，多事多患。安樂必戒，無行所悔。勿謂何傷，其禍將長。勿謂何害，其禍將大。勿謂何殘，其禍將然。勿謂莫聞，天妖伺人。熒熒不滅，炎炎奈何？涓涓不壅，將成江河。綿綿不絕，將成網羅。青青不伐，將尋斧柯。誠不能慎之，禍之根也。曰是何傷，禍之門也。强梁者不得其死；好勝者必遇其敵。盜怨主人，民害其貴。君子知天下之不可蓋也，故後之下之，使人慕之。執雌持下，莫能與之爭者，人皆趨彼，我獨守此。衆人惑惑，我獨不從；內藏我知，不與人論技；我雖尊高，人莫害我。夫江河長百谷者，以其卑下也。天道無親，常與善人。戒之哉！戒之哉！」孔子謂弟子曰，記之，此言雖鄙，而中事情。詩曰，戰戰兢兢，如臨深淵，如履薄冰。行身如此，豈以口遇禍哉。

一五、抱朴子自敘（節錄）

抱朴子者，姓葛、名洪、字稚川，丹陽句容人也。其先葛天氏，蓋古之有天下者也。後降爲列國，因以爲姓焉。……洪之爲人也，性鈍口訥，形貌醜陋，而終不辯自矜飾也。冠履垢弊，衣或縷襤，而或不恥焉。俗之服用，俄而屢改；或忽廣領而大帶，或促身而修袖，或長裾曳地，或短不蔽脚。洪期於守常，不隨世變，言則率實，杜絕嘲戲，不得其人，終日默然。故邦人咸稱之爲抱朴之士，是以洪著書，因以自號焉。

洪稟性尫羸，兼之多疾，貧無車馬，不堪徒行，行亦性所不好。又患弊俗，捨本逐末，交游過差，故遂撫筆閑居，守靜蓽門而無趨從之所。至於權豪之徒，雖在密跡，而莫或相識焉。衣不辟寒，室不免漏，食不充虛，名不出門，不能憂也。貧無僮僕，籬落頓決，荆棘叢於庭宇，蓬莠塞乎階霤，披榛出門，排草入室，論者以爲意遠忽近而不恕其乏役也。……巷無車馬之跡，堂無異志之賓，庭可設雀羅，而几筵積塵焉。洪自有識以逮將老，口不及人之非，不說人之私，乃自然也。雖僕豎有其所短，所羞之事，不以戲之也。未嘗論評人物之優劣，不喜訶譴人交之好惡。或爲尊長所逼問，辭不獲已，其論人也，則獨舉彼體中之勝事而已。其論文也，則撮其所得之佳者，而不指摘其病累，故無毀譽之怨。……每見世人有好論人物者，比方倫匹，未必當允，而褒貶與奪，或失準格。見譽者自謂己分，未必信德也；見侵者則恨之入骨，劇於血讎。洪益以爲戒，遂不復言及士人矣。……會有故人譙國嵇君道見用爲廣州刺史，乃表請洪爲參軍，雖非所樂，然利可避地於南，故黽勉就焉。見遣先行催兵，而君道於後遇害，**遂停廣**州，頻爲節將所邀用，皆不就。永惟富貴可以漸得，而不合頓合。其間屑屑，亦足以勞人。且榮位勢利，譬如寄客，既非常物，又其去不可得留也。隆隆者絕，赫赫者滅。有若春華，須臾凋落。得之不喜，失之安悲。悔吝百端，憂懼兢戰，不可勝言，不足爲也。

且自度性篤嬾而才至短；以篤嬾而御短才，雖翕肩屈膝，趨走風塵，猶必不辦。大致名位而免患累，況不能乎，未若修松喬之道，在我而已，不由於人焉，將登名山，服食養性，非有廢也。事不兼濟，自非絕棄世務，則曷緣修習玄靜哉。

且知之誠難，亦不得惜問而與人議也。是以車馬之跡，不經貴勢之域；片字之書，不交在位之家。又士林之中，雖不可出，而見造之賓，意不能拒，妨人所作，不得專一。乃歎曰：山林之中無道也，而古之修道者，必入山林者，誠欲以違遠讙譁，使心不亂也。今將遂本志，委桑梓，適嵩岳，以尋方平梁公之軌。先所作子書內外篇，幸已用功夫，聊復撰次，以示將來云爾。……

洪既著自敍之篇，或人難曰：昔王充年在耳順，道窮望絕，懼身名之偕滅，故自紀終篇。先生以始立之盛，值乎有道之運，方將解申公之束帛，登穆生之蒲輪，耀藻九五，絕聲昆吾。何憾芬芳之不揚，而務老生之彼務？

洪答曰：夫二儀彌邈，而人居若寓。以朝菌之耀秀，不移晷而殄瘁。類春華之暫榮，未改旬而凋墜。雖飛飈之經霄，激電之乍照，未必速也。夫期賾猶奔星之騰烟，黃髮如激箭之過隙。況或未萌而殞籜，逆秋而零瘁者哉。故項子有含穗之嘆，楊烏有夙折之哀。歷覽遠古逸倫之士，或以文藝而龍躍，或以武功而虎踞。高勳著於盟府，德音被乎管絃。形器雖沈，鑠於淵壤。美談飈飄而日載，故雖千百代，猶穆如也。余以庸陋，沈抑婆娑，用不合時，行舛於世；發音則響與俗乖，抗足則跡與衆迕。內無金張之援，外乏彈冠之友。循途雖坦，而足無騏驎。六虛雖曠，而翼非大鵬。上不能鷹揚匡國，下無以顯親垂名。美不寄於良史，聲不附乎鐘鼎。故因著述之餘，而爲自敍之篇。雖無補於窮達，亦賴將來之有述焉。

按：抱朴子內篇二十卷、外篇五十卷，晉葛洪撰。洪字稚川，句容人。其書內篇論神仙吐納符籙尅治之術，純爲道家之言。外篇則論時政得失，人事臧否。詞旨辨博，饒有名理。故隋志與唐志，均以其內篇二十卷入道家，外篇五十卷入雜家。而四庫提要則謂其全書大旨，均以黃老爲宗。

一六、關尹子三極

聖人之治天下，不我賢愚；故因人之賢而賢之，因人之愚而愚之。不我是非；故因事之是而是之，因事之非而非之。知古今之大同；故或先古，或先今。知內外之大同；故或先內，或先外。天下之物無得以累之，故本之以謙；天下之物無得以外之，故含之以虛；天下之物無得以難之，故行之以易；天下之物無得以窒之，故變之以權。以此中天下，可以制禮；以此和天下，可以作樂；以此公天下，可以理財；以此周天下，可以禦侮；以此因天下，可以立法；以此觀天下，可以制器。聖人不以一己治天下，而以天下治天下。天下歸功於聖人，聖人任功于天下。所以堯舜禹湯之治天下，天下皆曰自然。

天無不覆；有生有殺，而天無愛惡。日無不照；有妍有醜，而日無厚薄。

聖人之道天命，非聖人能自道；聖人之德自符，非聖人能自德；聖人之事人爲，非聖人能自事。是以聖人不有道，不有德，不有事。

聖人知我無我，故同之以仁；知事無我，故權之以義；知心無我，故戒之以禮；知識無我，故照之以智；知言無我，故守之以信。

聖人之道，或以仁爲仁，或以義爲仁，或以禮以智以信爲仁。仁義禮智信各兼五者，聖人一之不膠，天下名之不得。勿以行觀聖人，道無跡；勿以言觀聖人，道無言；勿以能觀聖人，道無爲；勿以貌觀聖人，道無形。

行雖至卓，不離高下；言雖至工，不離是非；能雖至神，不離巧拙；貌雖至殊，不離姸醜。聖人假此，以示天下。天下宜此，乃見聖人。

聖人師蜂立君臣，師蜘蛛立網罟，師拱鼠制禮，師戰蟻制兵。衆人師賢人，賢人師聖人，聖人師萬物。唯聖人同物，所以無我。

聖人曰道：觀天地人物皆吾道，倡和之，始終之，靑黃之，卵翼之。不愛道，不棄物，不尊君子，不賤小人。賢人曰物：物物不同，旦旦去之，旦旦與之，長之短之，直之方之，是爲物易者也。殊不知聖人鄙雜廁，別分居，所以爲人，不以此爲己。聖人之于衆人，飮食衣服同也，屋宇舟車同也，貴賤貧富同也。衆人每同聖人，聖人每同衆人。彼仰其高侈其大者，其然乎？其不然乎？

魚欲異羣魚，捨水躍岸卽死；虎欲異羣虎，捨山入市卽擒。聖人不異衆人，特物不能拘爾。

道無作；以道應世者，是事非道。道無方；以道寓物者，是物非道。聖人竟不能出道以示人。

如鐘鐘然，如鐘鼓然，聖人之言則然。如車車然，如舟車然，聖人之行則然。唯莫能名，所以退天下之言。唯莫能知，所以奪天下之智。

蝍蛆食蛇，蛇食蛙，蛙食蝍蛆，互相食也。聖人之言亦然；言有無之弊，又言非有非無之弊，又言去非有非無之弊。言之如引鋸然，唯善聖者不留一言。

若龍若蛟，若蛇若龜，若魚若蛤，龍皆能之。蛟、蛟而已，不能爲龍，亦不能爲蛇爲龜爲魚爲蛤。聖人龍之，賢人蛟之。

在己無居，形物自著，其動若水，其靜若鏡，其應若響。芒乎若亡，寂乎若清，同焉者和，得焉者失。未常先人，而常隨人。渾乎洋乎，游太初乎。時金己，時玉己，時糞己，時土己。時翔物，時逐物，時山物，時淵物。端乎權乎，狂乎愚乎。

人之善琴者，有悲心則聲悽悽然；有思心則聲遲遲然；有怨心則聲囘囘然；有慕心則聲奕奕然。所以悲思怨慕者，非手非竹非絲非桐，得之心，符之手，符之物。人有道者，莫不中道。聖人以有言有爲有思者，所以同乎人；以未嘗言，未嘗爲，未嘗思者，所以異乎人。

利害心愈明，則親不睦；賢愚心愈明，則友不交；是非心愈明，則事不成；好醜心愈明，則物不契。是以聖人渾之。

心之愚拙者，妄援聖人之愚拙自解。殊不知聖人時愚時明，時巧時拙。

以聖師聖者賢人，以賢師聖者聖人。蓋以聖師聖者，徇跡而忘道。以賢師聖者，反跡而合道。賢人趨上而不見下，衆人趨下而不見上。聖人通乎上下，唯其宜之。豈曰離賢人衆人，別有聖人也哉。

天下之理，夫者唱，婦者隨；牡者馳，牝者逐；雄者鳴，雌者應。是以聖人制言行，而賢人拘之。

聖人道雖虎變，事則鼈行；道雖絲棼，事則棊布。

所謂聖人之道者，胡然孑孑爾，胡然徹徹爾，胡然唐唐爾，胡然臧臧爾。唯其能偏偶萬物，而無一物能偶之，故能貴萬物。

雲之卷舒，禽之飛翔，皆在虛空中，所以變化不窮，聖人之道則然。

按：舊本題周尹喜撰。喜、字公度，秦人，爲函谷關尹。老子西遊，喜望見紫氣，知有眞人當過。老子至，授道德經五千言而去。漢志道家載有關尹子九篇，劉向列仙傳則作關令子，而隋志唐志皆不著錄。或疑爲宋人所依託。宋濂謂其書多法釋氏及神仙方技家。又謂其文峻潔，而頗流於巧刻。四庫提要則謂其書雖出於依託，而核其詞旨，固遠出天隱無能諸子上，不可廢也。全書分一宇、二柱、三極、四符、五鑑、六七、七釜、八籌、九藥九篇。

一七、列子楊朱

楊朱游於魯，舍於孟氏。孟氏問曰，人而已矣，奚以名爲？曰，以名者爲富。既富矣，奚不已焉？曰，爲貴。既貴矣，奚不已焉？曰，爲死。既死矣，奚爲焉？曰，爲子孫。名奚益於子孫？曰，名乃苦其身，燋其心。乘其名者，澤及宗族，利兼鄉黨，況子孫乎！凡爲名者必廉，廉斯貧；爲名者必讓，讓斯賤。曰，管仲之相齊也，君淫亦淫，君奢亦奢。志合言從，道行國霸。死之後，管氏而已。田氏之相齊也，君盈則己降，君斂則己施。民皆歸之，因有齊國，子孫享之，至今不絕。

若實名貧，僞名富。曰，實無名，名無實。名者，僞而已矣。昔者堯舜僞以天下讓許由善卷，而不失天下，享祚百年；伯夷叔齊實以孤竹君讓，而終亡其國，餓死於首陽之山。實僞之辯，如此其省也。

楊朱曰，百年，壽之大齊，得百年者，千無一焉。設有一者，孩提以逮昏老，幾居其半矣；夜眠之所弭，晝覺之所遺，又幾居其半矣；痛疾哀苦亡失憂懼，又幾居其半矣。量十數年之中，逌然而自得，亡介焉之慮者，亦亡一時之中爾。則人之生也奚爲哉，奚樂哉？爲美厚爾，爲聲色爾。而美厚復不可常厭足，聲色不可常翫聞。乃復爲刑賞之所禁勸，名法之所進退，遑遑爾競一時之虛譽，規死後之餘榮，偊偊爾愼耳目之觀聽，惜身意之是非。徒失當年之至樂，不能自肆於一時，重囚纍梏，何以異哉？

太古之人，知生之暫來，知死之暫往。故從心而動，不違自然所好，當身之娛，非所去也，故不爲名所勸；從性而游，不逆萬物所好，死後之名，非所取也，故不爲刑所及。名譽先後，年命多少，非所量也。

楊朱曰，萬物，所異者生也，所同者死也。生則有賢愚貴賤，是所異也；死則有臭腐消滅，是所同也。雖然，賢愚貴賤，非所能也，臭腐消滅，亦非所能也。故生非所生，死非所死，賢非所賢，愚非所愚，貴非所貴，賤非所賤。然而萬物齊生齊死，齊賢齊愚，齊貴齊賤。十年亦死，百年亦死，仁聖亦死，凶愚亦死。生則堯舜，死則腐骨，生則桀紂，死則腐骨。腐骨一矣，孰知其異？且趣當生，奚遑死後！

楊朱曰，伯夷非亡欲，矜清之郵以放餓死；展季非亡情，矜貞之郵以放寡宗。淸貞之誤善之若此。

楊朱曰，原憲窶於魯，子貢殖於衞；原憲之窶損生，子貢之殖累身。

然則窶亦不可，殖亦不可，其可焉在？曰，可在樂生，可在逸身。故善樂生者不窶，善逸身者不殖。

楊朱曰，古語有之，「生相憐，死相捐」，此語至矣。相憐之道，非唯情也，勤能使逸，飢能使飽，寒能使溫，窮能使達也。相捐之道，非不相哀也；不含珠玉，不服文錦，不陳犧牲，不設明器也。

晏平仲問養生於管夷吾。管夷吾曰，肆之而已。勿壅勿閼。

晏平仲曰，其目奈何？夷吾曰，恣耳之所欲聽，恣目之所欲視，恣鼻之所欲向，恣口之所欲言，恣體之所欲安，恣意之所欲行。夫耳之所欲聞者音聲，而不得聽，謂之閼聰；目之所欲見者美色，而不得視，謂之閼明；鼻之所欲向者椒蘭，而不得嗅，謂之閼顫；口之所欲道者是非，而不得言，謂之閼智；體之所欲安者美厚，而不得從，謂之閼適；意之所欲為者放逸，而不得行，謂之閼往。凡此諸閼，廢虐之主。去廢虐之主，熙熙然以俟死，一日一月，一年十年，吾所謂養。拘此廢虐之主，錄而不舍，戚戚然以至久生，百年千年萬年，非吾所謂養。

管夷吾曰，吾既告子養生矣，送死奈何！晏平仲曰，送死略矣，將何以告焉？

管夷吾曰，吾固欲聞之。平仲曰，既死，豈在我哉？焚之亦可，沈之亦可，瘞之亦可，露之亦可，衣薪而棄諸溝壑亦可，衣繡裳而納諸石椁亦可，唯所遇焉！

管夷吾顧謂鮑叔黃子曰，生死之道，吾二人進之矣。

子產相鄭，專國之政三年，善者服其化，惡者畏其禁，鄭國以治，諸侯憚之。而有兄曰公孫朝，弟曰公孫穆，朝好酒，穆好色。

朝之室也，聚酒千鍾，積麴成封，望門百步，糟漿之氣，逆於人鼻。方其荒於酒也，不知世道之安危，人理之悔吝，室內之有亡，九族之親疏，存亡之哀樂也，雖水火兵刄交於前，弗知也。

穆之後庭，比房數十，皆擇稚齒婑媠者以盈之。方其耽於色也，屏親昵，絕交游，逃於後庭，以晝足夜，三月一出，意猶未愜。鄉有處子之娥姣者，必賄而招之，媒而挑之，弗獲而後已。

子產日夜以爲戚，密造鄧析而謀之。曰，僑聞治身以及家，治家以及國，此言自於近至於遠也。僑爲國則治矣，而家則亂矣，其道逆邪？將奚方以救二子。子其詔之。鄧析曰，吾怪之久矣，未敢先言。子奚不時其治也，喻以性命之重，誘以禮義之尊乎？

子產用鄧析之言，因閒以謁其兄弟而告之。曰，人之所以貴於禽獸者智慮，智慮之所將者禮義，禮義成，則名位至矣。若觸情而動，耽於嗜慾，則性命危矣。子納僑之言，則朝自悔而夕食祿矣。

朝穆曰，吾知之久矣，擇之亦久矣，豈待若言而後識之哉！凡生之難遇，而死之易及，以難遇之生，俟易及之死，可孰念哉！而欲尊禮義以夸人，矯情性以招名，吾以此爲弗若死矣。爲欲盡一生之觀，窮當年之樂，唯患腹溢而不得恣口之飲，力憊而不得肆情於色，不遑憂名聲之醜，性命之危也。且若以治國之能夸物，欲以說辭亂我心，榮祿喜我之意，不亦鄙而可憐哉！我又欲與若別之。夫善治外者，物未必治而身交苦，善治內者，物未必亂而性交逸。以若之治外，其法可暫行於一國，未合於人心；以我之治內，可推之於天下，君臣之道息矣。吾常欲以此術而喻之，若反以彼術而教我哉！

子產忙然無以應之。他日，以告鄧析。鄧析曰，子與眞人居而不知也，孰謂子智者乎？鄭國之治，偶耳！非子之功也。

衞端木叔者，子貢之世也。籍其先貲，家累萬金，不治世故，放意所好。其生民之所欲爲，人意之所欲玩者，無不爲也，無不玩也。牆屋、臺榭、園囿、池沼、飮食、車服、聲樂、嬪御，擬齊楚之君焉。至其情所欲好，耳所欲聽，目所欲視，口所欲嘗，雖殊方偏國，非齊土之所產育者，無不必致之；猶藩牆之物也。及其游也，雖山川阻險，塗逕修遠，無不必之，猶人之行咫步也。賓客在庭者日百住，庖廚之下，不絕煙火，堂廡之上，不絕聲樂。奉養之餘，先散之宗族；宗族之餘，次散之邑里；邑里之餘，乃散之一國。行年六十，氣幹將衰，棄其家事，都散其庫藏珍寶車服妾媵，一年之中盡焉，不爲子孫留財。及其病也，無藥石之儲；及其死也，無瘞埋之資。一國之人受其施者，相與賦而藏之，反其子孫之財焉。

禽骨釐聞之，曰，端木叔，狂人也，辱其祖矣。

段干生聞之，曰，端木叔，達人也，德過其祖矣。其所行也，其所爲也，衆意所驚，而誠理所取。衞之君子，多以禮敎自持，固未足以得此人之心也。

孟孫陽問楊子曰，有人於此，貴生愛身以蘄不死，可乎？曰，理無不死。以蘄久生，可乎？曰，理無久生。生非貴之所能存，身非愛之所能厚。且久生奚爲？五情好惡，古猶今也，四體安危，古猶今也。世之苦樂，古猶今也，變易治亂，古猶今也。既聞之矣，既見之矣，既更之矣，百年猶厭其多，況久生之苦也乎？

孟孫陽曰，若然，速亡愈於久生，則踐鋒刃，入湯火，得所志矣。楊子曰，不然。旣生，則廢而任之，究其所欲以俟於死；將死，則廢而任之，究其所之以放於盡。無不廢，無不任，何遽遲速於其間乎？

楊朱曰，伯成子高，不以一毫利物，舍國而隱耕；大禹不以一身自利，一體偏枯。古之人，損一毫利天下，不與也，悉天下奉一身不取也。人人不損一毫，人人不利天下，天下治矣。

禽子問楊朱曰，去子體之一毛，以濟一世，汝爲之乎？楊子曰，世固非一毛之所濟！

禽子曰，假濟，爲之乎？楊子弗應。

禽子出，語孟孫陽。孟孫陽曰，子不達夫子之心，吾請言之。有侵若肌膚獲萬金者，若爲之乎？曰，爲之。

孟孫陽曰，有斷若一節得一國，子爲之乎？禽子默然。有閒。孟孫陽曰，一毛微於肌膚，肌膚微於一節，省矣。然則積一毛以成肌膚，積肌膚以成一節。一毛、固一體萬分中之一物，奈何輕之乎？

禽子曰，吾不能所以答子。然則以子之言問老聃關尹，則子言當矣；以吾言問大禹墨翟，則吾言當矣。孟孫陽因顧與其徒說他事。

楊朱曰，天下之美，歸之舜禹周孔；天下之惡，歸之桀紂。然而舜耕於河陽，陶於雷澤，四體不得暫安，口腹不得美厚，父母之所不愛，弟妹之所不親。行年三十，不告而娶。及受堯之禪，年已長，智已衰。商鈞不才，禪位於禹，戚戚然以至於死。此天民之窮毒者也。鯀治水土，績用不就，殛諸羽山。禹纂業事讎，惟荒土功。子產不字，過門不入，身體偏枯，手足胼胝。及受舜禪，卑宮室，美紱冕，戚戚然以至於死。此天民之憂苦者也。武王既終，成王幼弱，周公攝天子之政，召公不悅，四國流言。居東三年，誅兄放弟，僅免其身，戚戚然以至於死。此天民之危懼者也。孔子明帝王之道，應時君之聘，伐樹於宋，削迹於衞，窮於商周，圍於陳蔡，受屈於季氏，見辱於陽虎，戚戚然以至於死。此天民之遑遽者也。凡彼四聖者，生無一日之歡，死有萬世之名。名者固非實之所取也。雖稱之弗知，雖賞之不知，與株塊無以異矣。

桀藉累世之資，居南面之尊，智足以距羣下，威足以震海內。恣耳目之所娛，窮意慮之所為，熙熙然以至於死。此天民之逸蕩者也。紂亦藉累世之資，居南面之尊，威無不行，志無不從，肆情於傾宮，縱欲於長夜，不以禮義自苦，熙熙然以至於誅。此天民之放縱者也。彼二凶也，生有從欲之歡，死有愚暴之名。實者固非名之所與也。雖毀之不知，雖稱之弗知，此與株塊奚以異矣。

彼四聖，雖美之所歸，苦以至終，同歸於死矣；彼二凶，雖惡之所歸，樂以至終，亦同歸於死矣。

楊朱見梁王，言治天下如運諸掌。梁王曰，先生有一妻一妾而不能治，三畝之園而不能芸，而言治天下如運諸掌何也？對曰，君見其牧羊者乎：百羊而羣，使五尺童子荷箠而隨之，欲東而東，欲西而西。使堯牽一羊，舜荷箠而隨之，則不能前矣。且臣聞之，「吞舟之魚，不游枝流；鴻鵠高飛，不集汙池」。何則，其極遠也。「黃鍾大呂，不可從煩奏之舞」。何則，其音疏也。將治大者不治細，成大功者不成小，此之謂也。

楊朱曰，太古之事滅矣，孰誌之哉？三皇之事，若存若亡。五帝之事，若覺若夢。三王之事，或隱或顯，億不識一。當身之事，或聞或見，萬不識一。目前之事，或存或廢，千不識一。太古至於今日，年數固不可勝紀，但伏羲已來三十餘萬歲，賢愚好醜，成敗是非，無不消滅，但遲速之間耳。矜一時之毀譽，以焦苦其神形，要死後數百年中餘名，豈足潤枯骨，何生之樂哉？

楊朱曰，人肖天地之類，懷五常之性，有生之最靈者人也。人者，爪牙不足以供守衞，肌膚不足以自捍禦，趨走不足以逃利害，無毛羽以禦寒暑，必將資物以爲養，性任智而不恃力。故智之所貴，存我爲貴；力之所賤，侵物爲賤。然身，非我有也，既生，不得不全之；物非我有也，既有，不得不去之。身固生之主，物亦養之主。雖全生身，不可有其身；雖不去物，不可有其物。有其物，有其身，是橫私天下之身，橫私天下之物。其唯聖人乎！公天下之身，公天下之物。其唯至人矣！此之謂至至者也。

楊朱曰，生民之不得休息，爲四事故：一爲壽，二爲名，三爲位，四爲貨。有此四者，畏鬼，畏人，畏威，畏刑。此之謂遁人也。

可殺可活，制命在外。不逆命，何羨壽？不矜貴，何羨名？不要勢，何羨位？不貪富，何羨貨？此之謂順民也。

天下無對，制命在內。故語有之，曰，「人不婚宦，情欲失半；人不衣食，君臣道息」。

周諺曰，「田父可坐殺」。晨出夜入，自以性之恒，啜菽茹藿，自以味之極。肌肉麤厚，筋節蜷急。一朝處以柔毛綈幕，薦以粱肉蘭橘，心痛體煩，內熱生病矣。商魯之君，與田父侔地，則亦不盈一時而憊矣。故野人之所安，野人之所美，謂天下無過者。

昔者宋國有田夫，常衣縕黂，僅以過冬。暨春東作，自曝於日，不知天下之有廣廈隩室，緜纊狐貉。顧謂其妻，曰，負日之暄，人莫知者，以獻吾君，將有重賞。里之富室告之曰，「昔人有美戎菽，甘枲莖芹萍子者，對鄉豪稱之。鄉豪取而嘗之，蜇於口，慘於腹。衆哂而怨之。其人大慙。子此類也。

楊朱曰，豐屋、美服、厚味、姣色，有此四者，何求於外。有此而求外者，無厭之性。無厭之性，陰陽之蠹也。忠不足以安君，適足以危身；義不足以利物，適足以害生。安上不由於忠，而忠名滅焉；利物不由於義，而義名絕焉。君臣皆安，物我兼利，古之道也。

鬻子曰，「去名者無憂」。老子曰「名者實之賓」。而悠悠者趨名不已，名固不可去，名固不可賓邪？

今有名則尊榮，亡名則卑辱；尊榮則逸樂，卑辱則憂苦，憂苦，犯性者也；逸樂，順性者也。斯實之所係矣。

名胡可去？名胡可賓？但惡夫守名而累實。守名而累實，將恤危亡之不救，豈徒逸樂憂苦之間哉？

按：列子八卷，舊本題周列禦寇撰。劉向校上奏云：「列子，鄭人也，與鄭繆公同時，蓋有道者也。其學本於黃帝、老子，號曰道家。道家者，秉要執本，淸虛無爲。及其治身接物，務崇不競，合於六經。而穆王、陽關二篇，迂誕恢詭，非君子之言也。至於力命一篇，推分命楊子之篇，唯貴放逸，二義乖背，不似一家之書。然各有所明，亦有可觀者。孝景皇帝時貴黃老術，此書頗行於世。及後遺落，散在民間，未有傳者，且多寓言，與莊周相類，故太史公司馬遷不爲列傳。唐柳宗元有辨列子一篇，以爲列子與繻公同時，非繆公時人也。」四庫提要則謂是書爲傳其學者所追記，非禦寇自著，因書中皆稱子列子也。而列子楊朱一篇，足與孟子所稱楊子爲我之說相印證，特附錄如前。

一八、管子牧民（節錄）

凡有地牧民者，務在四時，守在倉廩。國多財，則遠者來；地辟舉，則民留處；倉廩實，則知禮節；衣食足，則知榮辱。上服度，則六親固；四維張，則軍令行。故省刑之要，在禁文巧；守國之度，在飾四維。順民之經，在明鬼神，祇山川，敬宗廟，恭祖舊。不務天時，則財不生；不務地利，則倉廩不盈。野蕪曠，則民乃菅；上無量，則民乃妄。文巧不禁，則民乃淫；不璋兩原，則刑乃繁；不明鬼神，則陋民不悟；不祇山川，則威令不聞；不敬宗廟，則民乃上校；不恭祖舊，則孝悌不備；四維不張，國乃滅亡。

國有四維：一維絕則傾，二維絕則危，三維絕則覆，四維絕則滅。傾可正也，危可安也，覆可起也，滅不可復錯也。何謂四維？一曰禮，二曰義，三曰廉，四曰恥。禮不踰節，義不自進，廉不蔽惡，恥不從枉。故不踰節則上位安，不自進則民無巧詐，不蔽惡則行自全，不從枉則邪事不生。

政之所興，在順民心；政之所廢，在逆民心。民惡憂勞，我佚樂之；民惡貧賤，我富貴之；民惡危墜，我存安之；民惡滅絕，我生育之。能佚樂之，則民爲之憂勞；能富貴之，則民爲之貧賤；能存安之，則民爲之危墜；能生育之，則民爲之滅絕。故刑罪不足以畏其意；殺戮不足以服其心。故刑罰繁而意不恐，則令不行矣，殺戮衆而心不服，則上位危矣。故從其四欲，則遠者自親；行其四惡，則近者叛之。故知予之爲取者，政之寶也。

一九、慎子內篇（節錄）

古者工不兼事，士不兼官。工不兼事則事省，事省則易勝。士不兼官則職寡，職寡則易守。故士位可世，工事可常。百工之子不學而能者，非生巧也，言有常事也。今也國無常道，官無常法，是以國家日繆。教雖成，官不足；官不足則道理匱；道理匱則慕賢智；慕賢智則國家之政要，在一人之心矣。

古者立天子而貴之者，非以利一人也。曰天下無一貴，則理無由通；通理以爲天下也。故立天子以爲天下，非立天下以爲天子也。立國君以爲國，非立國以爲君也。立官長以爲官，非立官以爲官長也。

法雖不善，猶愈於無法，所以一人心。夫投鉤以分財，投策以分馬；非鉤策爲均也，使得美者不知所以德，使得惡者不知所以怨，此所以塞願望也。故蓍龜所以立公識也；權衡所以立公正也；書契所以立公信也；法制所以立公義也；凡立公所以棄私也。明君動事分理必由慧，定賞分財必由法，行德制中必由禮，故欲不得干時，愛不得犯法，貴不得踰親，祿不得踰位，士不得兼官，工不得兼事。以能受事，以事受利。若是者，上無羨賞，下無羨財。

立天子者不使諸侯疑焉，立諸侯者不使大夫疑焉，立正妻者不使嬖妾疑焉，立嫡子者不使庶孽疑焉。疑則動，兩則爭，雜則相傷，害在有與，不在獨也。故臣有兩位者國必亂；臣兩位而國不亂者君在也。恃君不亂矣，失君必亂。子有兩位者家必亂；子兩位而家不亂者父在也，恃父不亂矣，失父必亂。臣疑其君，無不危之國；孽疑其宗，無不危之家，今一兎走，百人逐之；非一兎足爲百人分也，由未定也。由未定，堯且屈力，而况衆人乎？積兎在市，行者不顧；非不欲兎也，分已定矣。分已定，人雖鄙不爭。故治天下及國，在乎定分而已矣。

君人者舍法而以身治，則誅賞予奪從君心出矣。然則受賞者雖當，望多無窮；受罰者雖當，望輕無已。君舍法而以心裁輕重，則同功殊賞，同罪殊罰矣，怨之所由生也。是以分馬者之用策，分田者之用鉤，非以策鉤爲過於人智也，所以去私塞怨也。故曰：大君任法而弗躬，則事斷於法矣。法之所加，各以其分，蒙其賞罰，而無望於君也；是以怨不生而上下和矣。

飛龍乘雲，騰虵遊霧；雲罷霧霽，而龍虵與螾螘同矣，則失其所乘也。故賢臣而屈於不肖者，則權輕位卑也；不肖而能服於賢，則權重而位尊也。堯爲匹夫，不能治三人；而桀爲天子，能亂天下。吾以此知勢位之足恃，而賢智之不足慕也。夫弩弱而勢高者，激於風也；身不肖而令行者，得助於衆也。堯教於隸屬，而民不聽；至於南面而王天下，令則行，禁則止。由此觀之，賢智未足以服衆，而勢足以屈賢者也。

愛多者則法不立，威寡者則下侵上。法之功莫大於使私不行；君之功莫大於使民不爭。今立法而行私，是私與法爭，其亂甚於無法。立君而尊賢，是賢與君爭，其亂甚於無君。故有道之國，法立則私議不行；君立則賢者不尊。民一於君，斷於法，是國之大道也。

伏戲神農，教而不誅；黃帝堯舜，誅而不怒；及至三王，隨時制法，各適其用。故治國無其法則亂，守法而不變則衰，有法而行私，謂之不法。以力役法者百姓也；以死守法者有司也；以道變法者君長也。

措鈞石使禹察之，錙銖則不識也。懸於權衡，則氂髮之不可差。聖君任法而不任智，任公而不任私，任大道而不任小物，然後身逸而天下治。

許犯問於子慎子曰：法安所生？子慎子曰：法非從天生，非從地出，發於人間，合乎人心而已。治水者茨防決塞，雖在夷狄，相似如一。學之於水，不學之於禹了。

二〇、愼子外篇（節錄）

法者所以齊天下之動，至公大定之制也。故智者不得越法而肆謀；辨者不得越法而肆議；士不得背法而有名；臣不得背法而有功。我喜可抑，我忿可窒，我法不可離也；骨肉可刑，親戚可滅，至法不可闕也。

善爲國者，移謀身之心而謀國；移富國之術而富民；移保子孫之志而保治；移求爵祿之意而求義；則不勞而化理成矣。

田繫問曰：仲尼曰，志士仁人，無求生以害仁，有殺身以成仁。何也？子愼子曰：始吾未生之時，焉知生之爲樂也？今吾未死，又焉知死之不樂也？，故生不足以使之，利何足以動之？死不足以禁之，害何足以恐之？明於死生之分，達於利害之變，是以目觀玉輅琬象之狀，耳聽白雪清角之聲，不能以亂其神。登千仞之谿，臨蝯眩之岸，不足以滑其和。夫如是，身可以殺，生可以無，仁可以成。

二一、人物志流業

蓋人類之業，十有二焉：有清節家，有法家，有術家，有國體，有器能，有臧否，有伎倆，有智意，有文章，有儒學，有口辨，有雄傑。

若夫德行高妙，容止可法，是謂清節之家；延陵晏嬰是也。建法立志，彊國富人，是謂法家；管仲商鞅是也。思通道化，策謀奇妙，是謂術家；范蠡張良是也。兼有三材，三材皆備，其德足以厲風俗，其法足以正天下，其術足以謀廟勝，是謂國體；伊尹呂望是也。兼有三材，三材皆微，其德足以率一國，其法足以正鄉邑，其術足以權事宜，是謂器能；子產西門豹是也。兼有三材之別，各有一流，清節之流，不能弘恕，好尚譏訶，分別是非，是謂臧否；子夏之徒是也。法家之流，不能創始遠圖，而能受一官之任，錯意施巧，是謂伎倆；張敞趙廣漢是也。術家之流，不能創制垂則，而能遭變用權，權知有餘，公正不足，是謂智意；陳平韓安國是也。

凡此八業，皆以三材爲本，故雖波流分別，皆爲輕事之材也。能屬文著述，是謂文章；司馬遷班固是也。能傳聖人之業，而不能幹事施政，是謂儒學；毛公貫公是也。辯不入道，而應對資給，是謂口辯；樂毅曹丘生是也。膽力絕衆，材略過人，是謂驍雄；白起韓信是也。凡此十二材，皆人臣之任也，主德不預焉。

主德者，聰明平淡，總達衆材，而不以事自任者也。是故主道立，則十二材各得其任也。清節之德，師氏之任也；法家之材，司寇之任也；術家之材，三孤之任也。三材純備，三公之任也；三材而微，冢宰之任也；臧否之任，師氏之佐也。智意之材，冢宰之佐也；伎倆之材，司空之任也；儒學之材，安民之任也；文章之材，國史之任也；辯給之材，行人之任也；驍雄之材，將帥之任也。是謂主道得而臣道序，官不易方，而太平用成。若道不平淡，與一材同用好，則一材處權，而衆材失任矣。

二二、論衡非韓

韓子之術，明法尚功；賢、無益於國不加賞，不肖、無害於治不施罰。責功重賞，任刑用誅。故其論儒也，謂之不耕而食，比之於一蠹。論有益與無益也，比之於鹿馬。馬之似鹿者千金，天下有千金之馬，無千金之鹿；鹿無益，馬有用也。儒者猶鹿，有用之吏猶馬也。夫韓子知以鹿馬喻，不知以冠履譬；使韓子不冠徒履而朝，吾將聽其言也，加冠於首而立於朝。受無益之服，增無益之行；言與服相違，行與術相反，吾去以非其言而不用其法也。

煩勞人體，無益於人身，莫過拜跪。使韓子逢人不拜，見君父不謁，未必有賊於身體也；然須拜謁以尊親者，禮義至重，不可失也。故禮義在身，身未必肥，而禮義去身，身未必瘠而化衰。以爲有益，禮義不如飲食；使韓子賜食君父之前，不拜而用，肯爲之乎？夫拜謁禮義之效，非益身之實也，然而韓子終不失者，不廢禮義以苟益也。夫儒生禮義也，耕戰飲食也；貴耕戰而賤儒生，是棄禮義求飲食也。使禮義廢，綱紀敗，上下亂而陰陽繆。旱水失時，五穀不登，萬民饑死，農不得耕，士不得戰也。子貢去告朔之餼羊，孔子曰：賜也，爾愛其羊，我愛其禮。子貢惡費羊，孔子重廢禮也。故以舊防爲無益而去之，必有水災；以舊禮爲無補而去之，必有亂患。儒者之在世，禮義之舊防也。有之無益，無之有損。庠序之設，自古有之，重本尊始，故立官置吏，官不可廢，道不可棄；儒生道官之吏也。以爲無益而廢之，是棄道也。夫無成效於人；成效者須道而成。然足蹈路而行。所蹈之路，須不蹈者。身須手足而動，待不動者。故事或無益，而益者須之；無效，而效者須之。儒生，耕戰所須待也，棄而不存如何也？

韓子非儒，謂之無益有損；蓋謂俗儒無行操，舉措不重禮，以儒名而俗行，以實學而僞說，貪官尊榮，故不足貴；夫志潔行顯，不徇爵祿，去卿相之位若脫躧者；居位治職，功雖不立，此禮義爲業者也。國之所以存者禮義也；民無禮義，傾國危主。今儒者之操，重禮愛義；率無禮之士，激無義之人，人民爲善，愛其主上，此亦有益也。聞伯夷之風者，貪夫廉，儒夫有立志；聞柳下惠之風者，薄夫敦，鄙夫寬，此上化也，非人所見。段干木闔門不出，魏文敬之，表式其閭；秦軍聞之，卒不攻魏。使魏無干木，秦兵入境，境土危亡。秦强國也，兵無不勝，兵加於魏，魏國必破，三軍頓，流血千里。今魏文式闔門之士，却强秦之兵，全魏國之境，濟三軍之衆，功莫大焉，賞莫先焉。

齊有高節之士，曰狂譎華士，二人昆弟也，義不降志，不士非其主。太公封於齊，以此二子解沮齊衆，開不爲上用之路，同時誅之，韓子善之，以爲二子無益而有損也。夫狂譎華士，段干木之類也；太公誅之無所，郤到魏文侯式之，郤强秦而全魏。功孰大者？使韓子善干木闔門高節；魏文式之，是也。狂譎華士之操，干木之節也，善太公之誅，非也。使韓子非干木之行，下魏文之式，則干木以此行而有益，魏文用式之道爲有功，是韓子不賞功尊有益也。……夫力少則修德，兵强則奮威；秦以兵强，威無不勝。却軍還衆，不犯魏境者，賢干木之操，高魏文之禮也。夫敬賢，弱國之法度，力少之强助也。謂之非法度之功，如何？高皇帝議欲廢太子，呂后患之，卽召張子房而取策。子房教以敬迎四皓而厚禮之。高祖見之心消意阻，太子遂安。使韓子爲呂后議，進不過强諫，退不過勁力，以此自安，取誅之道也。豈徒易哉？夫太子敬厚四皓以消高帝之議，猶魏文式干木之閭却强秦之兵也。

治國之道所養有二：一曰養德，二曰養力；養德者養名高之人，以示能敬賢。養力者養氣力之士，以明能用兵。此所謂文武張設，德力具足者也。事或可以德懷，或可以力摧。外以德自立，內以德自備。慕德者不戰而服，犯德者畏兵而却。徐偃王修行仁義，陸地朝者三十二國，强楚聞之擧兵而滅之。此有德守無力備者也。夫德不可獨任以治國，力不可直任以御敵也。韓子之術不養德，偃王之操不任力。二者偏駁，各有不足。偃王有無力之禍，知韓子必有無德之患。……韓子豈不知任德之爲善哉？以爲世衰事變，民心靡薄，故作法術專意於刑也。夫世不乏於德，猶歲不絕於春也。謂世衰難以德治，可謂歲亂不可以春生乎？人君治一國，猶天地生萬物；天地不爲亂歲去春，人君不以衰世屏德。孔子曰：斯民也，三代所以直道而行也。……

二三、新語無爲

夫道莫大於無爲，行莫大於謹敬；何以言之？昔虞舜治天下，彈五弦之琴，歌南風之詩，寂若無治之國，漢若無憂民之心；然天下治。周公制作禮樂，郊天地，望山川，師旅不設，刑格法懸，而四海之內，奉供來臻；越裳之君，重譯來朝。故無爲也，乃無爲也。

秦始皇帝設爲車裂之誅，以斂姦邪，築長城於戎境，以備胡越。征大呑小，威震天下，將帥橫行，以服外國。蒙恬討亂於外，李斯治法於內。事逾煩天下逾亂，法逾滋而姦逾熾。兵馬益設而敵人逾多。秦非不爲治，然失之者，乃舉措暴衆，而用刑太極故也。

是以君子尙寬舒以苞身，行中和以統遠。民畏其威而從其化，懷其德而歸其境，美其治而不敢違其政。民不罰而畏罪，不賞而歡悅。漸漬於道德，被服於中和之所致也。

夫法令者，所以誅惡，非所以勸善；故曾閔之孝，夷齊之廉，豈畏死而爲之哉？教化之所致也。故曰堯舜之民，可比屋而封；桀紂之民，可比屋而誅者，教化使然也。故近河之地溼，近山之土燥，以類相及。故山川出雲雨，丘阜生氣，四瀆東流，百川無不從。小者從大，少者從多。夫王者之都，南面之君，百姓之所取法，舉措動作，不可失法則也。昔者周襄王不能事後母，出居於鄭，而下多叛其親。秦始王驕奢，靡麗好作，高臺榭，廣宮室，則天下豪富制屋宅者，莫不倣之，設房闥，備廐庫，繕雕琢刻畫之好，傅玄黃琦瑋之色，以亂制度。齊桓公好婦人之色，妻姑姊妹，而國中多淫於骨肉。楚平王奢侈縱恣，不能制下檢民以德，增駕百馬而行，欲令天下人饒財富利，明不可及，於是楚國逾奢，君臣無別。故上之化下，猶風之靡草也。王者尚武於朝，農夫繕甲於田，故君之御下民，奢侈者則應之以儉；驕淫者則統之以理。未有上仁而下殘，上義而下爭者也。孔子曰，移風易俗，豈家至之哉？先之於身而已矣。

二四、鬻子撰吏

政曰，民者，賢不肖之杖也，賢不肖皆具焉。故賢人得焉，不肖人休焉。杖能側焉，忠信節焉。民者，積愚也；雖愚，明主撰吏焉，必使民興焉。士民與之，明上舉之；士民苦之，故王者取吏，不忘必使，民唱然後和。民者吏之程焉，察吏於民然後隨。政曰：民者，至卑也，而使之取吏焉，必取所愛；故十人愛之，則十人之吏也。百人愛之，則百人之吏也。千人愛之，則千人之吏也。萬人愛之，則萬人之吏也。故萬人之吏，撰卿相矣。卿相者，諸侯之丞也。故封侯之土，秩出焉。卿相者，君侯之本也。

二五、鬻子道符

夫君子將入其職，旭旭然，如日初出入。昭昭然，人保其福。旣去，暗暗然，人失其敎，此得政典符合之謂也。

夫國者，卿相世賢者有之，有國無國，智者治之。智者非一日之志，治者非一日之謀。治志治謀，在於帝王，然後民知所保，而知所避。發敎施令，爲天下福者謂之道；上下相親謂之和；民不求而得所欲謂之信；除去天之下害謂之仁。仁與信，和與道，帝王之器。凡萬物皆有器，故欲有爲，不行其器者，雖欲有爲不成。諸侯之欲王者亦然，不用帝王之器者不成。

按：鬻子一卷，舊題鬻熊撰。鬻熊，楚之先祖，年九十，始見文王，文王以下皆問焉。梁劉勰曰：「鬻熊知道，而文王咨謀。」漢志道家有鬻子，小說家有鬻子說。大率由後人傳述，附益成書。今存鬻子，視漢志又殘闕矣。淸四庫列於雜家。

二六、尸子治天下

治天下有四術：一曰忠愛，二曰無私，三曰用賢，四曰度量。度量通則財足矣，用賢則多功矣，無私百智之宗也，忠愛父母之行也。

奚以知其然？父母之所畜子者，非賢强也，非聰明也，非俊智也，愛之憂之，欲其賢己也。人利之與我利之，無擇也，此父母所以畜子也。然則愛天下欲其賢己也，人利之與我利之，無擇也，則天下之畜亦然矣。此堯之所以畜天下也。

有虞氏盛德，見人有善，如己有善。見人有過，如己有過。天無私於物，地無私於物。襲此行者，謂之天子。

誠愛天下者得賢；奚以知其然也？弱子有疾，慈母之見秦醫也，不爭禮貌。在囹圄，其走大吏也，不愛資財。視天下若子。是故其見醫者不爭禮貌。其奉養也，不愛資財。故文王之見太公望也，一日五反；桓公之奉管仲也，列城有數。此所以其僻小，身至穢汚，而爲正於天下也。

鄭簡公謂子產曰，飲酒之不樂，鐘鼓之不鳴，寡人之任也。國家之不乂，朝廷之不治，與諸侯交之不得志，子之任也。子無入寡人之樂，寡人無入子之朝。自是以來，子產治鄭，城門不閉，國無盜賊，道無餓人。孔子曰，若鄭簡公之好樂，雖抱鐘而朝可也。夫用賢，身樂而名附，事少而功多，國治而能逸。

凡治之道，莫如因智。智之道，莫如因賢。譬之猶相馬而借伯樂也，相玉而借猗頓也。亦必不過矣。今有人於此，盡力以爲舟，濟大水而不用也。盡力以爲車，行遠而不乘也。則人必以爲無慧。今人盡力以學，謀事則不借智，處行則不因賢，舍其學不用也。此其無慧也，有甚於舍舟而涉，舍車而走者矣。

按：尸子二卷，尸佼著，佼戰國時人；一曰魯人，商鞅師；一曰晉人，商鞅客。鞅相秦，謀事畫計，立法理民，均與佼商量。鞅被刑，佼恐併誅，乃逃亡入蜀，著尸子二十篇，漢書藝文志雖列之雜家，但其所言論，往往與經傳相發明。全書於南宋時散佚，今傳世者，乃後人章氏宗源等剌取書傳所輯成也。

二七、鶡冠子博選

王鈇非一世之器者，厚德隆俊也。道凡四稽：一曰天，二曰地，三曰人，四曰命。權人有五至：一曰伯己，二曰什己，三曰若己，四曰厮役，五曰徒隸。

所謂天者，物理情者也；所謂地者，常勿去者也；所謂人者，惡死樂生者也；所謂命者，靡不在君者也。君也者，端神明者也；神明者，以人爲本者也；人者以聖賢爲本者也；聖賢者，以博選爲本者也；博選者，以五至爲本者也。故北面而事之，則伯己者至；先趨而後息，先問而後默，則什己者至；人趨己趨，則若己者至；憑几據杖，指揮而使，則厮役者至；樂嗟苦咄，則徒隸之人至矣。

故帝者與師處；王者與友處；亡者與徒處。故德萬人者，謂之儁；德千人者，謂之豪；德百人者，謂之英。德音者所謂聲也，未聞音出而響過其聲者也。貴者有知，富者有財，貧者有身。信符不合，事舉不成，不死不生，不斷不成，計功而賞，權德而言。王鈇在此，孰能使營。

按：鶡冠子，戰國楚人，佚其名，居於深山，以鶡鳥羽爲冠，故號曰鶡冠子。四庫提要云：「劉勰文心雕龍稱鶡冠綿綿，亟發深言。韓愈集有讀鶡冠子一首，稱其博選篇四稽五至之說，學問篇一壺千金之語。且謂其施於國家，功德豈少。柳宗元集有鶡冠子辨一首，乃詆爲言盡鄙淺，謂其世兵篇多同鵩賦。據司馬遷所引賈生二語，以決其僞。然古人著書，往往偶用舊文，古人引證，亦往往偶隨所見；如谷神不死四語，今見老子，而列子乃稱爲黃帝書。克己復禮一語，今在論語中，左傳乃謂仲尼稱志有之。元者，善之長也八句，今在文言傳中，左傳乃記爲穆姜語。司馬遷惟稱賈生，蓋亦此類，未可以單文孤證，遽斷其僞。惟漢志作一篇，而隋志以下皆作三卷，或後來有附益，則未可知耳。其說雖雜刑名，而大旨本原於道德。其文亦博辨宏肆，自六朝至唐，劉勰最號知文，而韓愈最號知道，二子稱之。宗元乃以爲鄙淺過矣。」

二八、顏氏家訓序致

夫聖賢之書，教人誠孝愼言檢迹，立身揚名，亦已備矣。魏晉以來，所著諸子，理重事複，遞相模斅；猶屋下架屋，牀上施牀耳。吾今所以復爲此者，非敢軌物範世也；業以整齊門內，提撕子孫。夫同言而信，信其所親；同命而行，行其所服。禁童子之暴謔，則師友之誡，不如傅婢之指揮；止凡人之鬭鬩，則堯舜之道，不如寡妻之誨諭。吾望此書爲汝曹之所信，猶賢於傅婢寡妻耳。

吾家風教，素爲整密，昔在齠齔，便蒙誘誨。每從兩兄，曉夕溫凊，規行矩步，安辭定色，鏘鏘翼翼，若朝嚴君焉。賜以優言，問所好尚，勵短引長，莫不懇篤。年始九歲，便丁荼蓼。家塗離散，百口索然。慈兄鞠養，苦辛備至，有仁無威，導示不切。雖讀禮傳，微愛屬文，頗爲凡人之所陶染。肆欲輕言，不脩邊幅。

年十八九，少知砥礪，習若自然，卒難洗盪。三十已後，大過稀焉。每常心共口敵，性與情競，夜覺曉非，今悔昨失。自憐無教，以至於斯。追思平昔之指銘肌鏤骨，非徒古書之誡、經目過耳也。

故留此二十篇，以爲汝曹後車耳。

二九、顏氏家訓教子（節錄）

上智不教而成，下愚雖教無益，中庸之人，不教不知也。古者聖王有胎教之法，懷子三月，出居別宮，目不邪視，耳不妄聽，音聲滋味，以禮節之。書之玉版，藏諸金匱。生子孩提，師保固明孝仁禮義導習之矣。

凡庶縱不能爾，當及嬰稚識人顏色，知人喜怒，便加教誨。使爲則爲，使止則止。比及數歲，可省笞罰。父母威嚴而有慈，則子女畏愼，而生孝矣。

吾見世閒，無教而有愛，每不能然，飲食運爲，恣其所欲，……驕慢已習，方復制之，捶撻至死而無威；忿怒日隆而增怨。逮於成長，終爲敗德。孔子云：少成若天性，習慣如自然是也。俗諺曰：教婦初來，教兒嬰孩。誠哉斯語。

凡人不能教子女者，亦非欲陷其罪惡；但重於訶怒傷其顏色，不忍楚撻慘其肌膚耳。當以疾病爲諭，安得不用湯藥鍼艾救之哉？又宜思勤督訓者，可願苛虐於骨肉乎？誠不得已也。

父子之嚴，不可以狎；骨肉之愛，不可以簡。簡則慈孝不接，狎則怠慢生焉。由命士以上，父子異宮，此不狎之道也。抑搔癢痛，懸衾篋枕，此不簡之教也。

人之愛子，罕亦能均。自古及今，此弊多矣。賢俊者，自可賞愛；頑魯者，亦當矜憐。有偏寵者，雖欲以厚之，更所以禍之。共叔之死，母實爲之；趙王之戮，父實使之。劉表之傾宗覆族，袁紹之地裂兵亡，可爲靈龜明鑒也。

三〇、顏氏家訓兄弟（節錄）

夫有人民，而後有夫婦；有夫婦，而後有父子；有父子，而後有兄弟。一家之親，此三而已矣。自茲以往，至於九族，皆本於三親焉。故於人倫爲重者也，不可不篤。

兄弟者，分形連氣之人也。方其幼也，父母左提右挈，前襟後裾，食則同案，衣則傳服，學則連業，游則共方。雖有悖亂之人，不能不相愛也。及其壯也，各妻其妻，各子其子，雖有篤厚之人，不能不少衰也。娣姒之比兄弟，則疏薄矣。今使疏薄之人，而節量親厚之恩，猶方底而圓蓋，必不合矣。惟友悌深至，不爲旁人之所移者，免夫。

二親既歿，兄弟相顧，當如形之與影，聲之與響。愛先人之遺體，惜己身之分氣；非兄弟何念哉？兄弟之際，異於他人，望深則易怨，地親則易弭。譬猶居室，一穴則塞之，一隙則塗之，則無頹毀之慮。如雀鼠之不䘏，風雨之不防，壁陷楹淪，無可救矣。僕妾之爲雀鼠，妻子之爲風雨，甚哉！

兄弟不睦，則子姪不愛；子姪不愛，則羣從疏薄；羣從疏薄，則僮僕爲讎敵矣。如此，則行路皆踖其面而蹈其心，誰救之哉？

娣姒者，多爭之地也。使骨肉居之，亦不若各歸四海，感霜露，而相思佇日月之相望也。況以行路之人，處多爭之地，能無間者，鮮矣。所以然者，以其當公務而執私情，處重責而懷薄義也。若能恕己而行，換子而撫，則患不生矣。

三一、顏氏家訓勉學

自古明王聖帝，猶須勤學，況凡庶乎？此事遍於經史，吾亦不能鄭重，聊擧近世切要，以終寤汝耳。士大夫子弟，數歲以上，莫不被教；多者或至禮傳，少者不失詩論。及至冠婚，體性稍定，因此天機，倍須訓誘。有志尚者，遂能磨礪，以就素業。無履立者，自玆惰慢，便爲小人。人生在世，會當有業；農民則計量耕稼，商賈則計論貨賄，工巧則致精器用，伎藝則沈思法術，武夫則慣習弓馬，文士則講議經書。多見士大夫恥涉農商，羞務工伎，射則不能穿札，筆則纔記姓名。飽食醉酒，忽忽無事，以此銷日，以此終年。或因家世餘緒，得一階半級，便謂爲足，安能自苦？及有吉凶大事，議論得失，蒙然張口，如坐雲霧。公私宴集，談古賦詩，塞默低頭，欠伸而已。有識旁觀，代其入地。何惜數年勤學，長受一生愧辱哉？梁朝全盛之時，貴游子弟，多無學術，至於諺云，「上車不落則著作，體中何如則秘書。」無不熏衣剃面，傅粉施朱，駕長簷車，跟高齒屐，坐棊子方褥，憑班絲隱囊。列器玩於左右，從容出入，望若神僊。明經求第，則雇人答策；三九公讌，則假手賦詩。當爾之時，亦快士也。及離亂之後，朝市遷革，銓衡選舉，非後曩者之親。當路秉權，不見昔時之黨。求諸身而無所得，施之世而無所用。披褐而喪珠，失皮而露質，兀若枯木，泊若窮流。孤獨戎馬之間，轉死溝壑之際。當爾之時，誠駑材也。有學藝者，觸地而安。自荒亂以來，諸見俘虜，雖百世小人，知讀論語孝經者，尙爲人師。雖千載冠冕，不曉書記者，莫不耕田養馬，以此觀之，安可不自勉耶？

且又聞之，生而知之者上，學而知之者次。所以學者，欲其多智明達耳。必有天才，拔羣出類；爲將，則闇與孫武吳起同術。執政，則懸得管仲子產之教。雖未讀書，吾亦謂之學矣。今子旣不能然，不師古之蹤跡，猶蒙被而臥耳。人見里鄰親戚有佳快者，使子弟慕而學之，不知使學古人，何其蔽也哉？世人但知跨馬被甲，長稍强弓，便云我能爲將；不知明乎天道，辨乎地利，比量逆順，鑒達興亡之妙也。但知承上接下，積財發穀，便云我能爲相；不知敬鬼事神，移風易俗，調節陰陽，薦擧賢聖之至也。但知私財不入，公事夙辦，便云我能治民；不知誠己形物，執轡如組，反風滅火，化鴟爲鳳之術也。但知抱令守律，早刑晚舍，便云我能平獄；不知同轅觀罪，分劍追財，假言而奸露，不問而得情之察也。爰及農商工賈，廝役奴隸，釣魚屠肉，飯牛牧羊，皆有先達，可爲師表。博學求之，無不利於事也。

夫所以讀書學問，本欲開心明目，利於行耳。未知養親者，欲其觀古人之先意承顏，怡聲下氣，不憚劬勞，以致甘腝，惕然慙懼，起而行之也。未知事君者，欲其觀古人之守職無侵，見危授命，不忘誠諫，以利社稷。惻然自念，思欲效之也。素驕奢者，欲其觀古人之恭儉節用，卑以自牧，禮爲教本，敬者身基，瞿然自失，歛容抑志也。素鄙吝者，欲其觀古人之貴義輕財，少私寡欲，忌盈惡滿，賙窮恤匱，赧然悔恥，積而能散也。素暴悍者，欲其觀古人之小心黜己，齒弊舌存，含垢藏疾，尊賢容衆，苶然沮喪，若不勝衣也。素怯懦者，欲其觀古人之達生委命，強毅正直，立言必信，求福不回，勃然奮厲，不可恐懾也。歷玆以往，百行皆然。縱不能淳，去泰去甚，學之所知，施無不達。世人讀書者，但能言之，不能行之，忠孝無聞，仁義不足，加以斷一條訟，不必得其理。宰千戶縣，不必理其民。問其造屋，不必知楣橫而梲豎也。問其爲田，不必知稷早而黍遲也。吟嘯談謔，諷詠辭賦，事既優閒，材增迂誕，軍國經綸，略無施用。故爲武人俗吏，所共嗤詆，良田是乎？

夫學者，所以求益耳。見人讀數十卷書，便自高大，陵忽長者，輕慢同列。人疾之如讎敵，惡之如鴟梟。如此以學自損，不如無學也。古之學者爲己，以補不足也。今之學者爲人，但能說之也。古之學者爲人，行道以利世也。今之學者爲己，修身以求進也。夫學者猶種樹也，春玩其華，秋登其實。講論文章，春華也；修身利行，秋實也。人生小幼，精神專利；長成已後，思慮散逸。困須早教，勿失機也。吾七歲時，誦靈光殿賦，至於今日，十年一理，猶不遺忘。二十之外，所誦經書，一月廢置，便至荒蕪矣。然人有坎壈，失於盛年，猶當晚學，不可自棄。世人婚冠未學，便稱遲暮，因循面牆，亦爲愚爾。幼而學者，如日出之光；老而學者，如秉燭夜行。猶賢乎瞑目而無見者也。

按：顏氏家訓七卷，北齊顏之推撰，之推字介，臨沂人，四庫提要引陳振孫書錄解題云：「古今家訓，以此爲祖。然李翺所稱太公家教，雖屬僞書，至杜預家誡之類，則在前久矣。特之推所撰，卷帙較多耳。晁公武讀書志云：之推本梁人，所著凡二十篇，述立身治家之法，辨正時俗之謬，以訓世人。今觀其書，大抵於世故人情，深明利害，而能文之以經訓。故唐志宋志俱列之儒家。然其中歸心等篇，深明因果，不出當時好佛之習。又兼論字畫音訓，並考正典故，品第文藝，曼衍旁涉，不專爲一家之言，今特退之雜家，從其類焉。」

三二、齊民要術序

蓋神農爲耒耜，以利天下；堯命四子，敬授民時；舜命后稷，食爲政首；禹制土田，萬國作乂。殷周之盛，詩書所述，要在安民，富而教之。管子曰：「一農不耕，民有饑者；一女不織，民有寒者。倉廩實，知禮節；衣食足，知榮辱」。丈人曰：「四體不勤，五穀不分，孰爲夫子」？傳曰：「人生在勤，勤則不匱」。語曰：「力能勝貧，謹能勝禍」。蓋言勤力可以不貧，謹身可以避禍。故李悝爲魏文侯作盡地利之教，國以富強。秦孝公用商君，急耕戰之賞，傾奪鄰國，而雄諸侯。淮南子曰：聖人不恥身之賤也，愧道之不行也；不憂命之長短，而憂百姓之窮。是故禹爲治水，以身解於陽盱之河；湯由苦旱，以身禱於桑林之祭。神農憔悴，堯瘦臞，舜黎黑，禹胼胝。由此觀之，則聖人之憂勞百姓，亦甚矣。故自天子以下至於庶人，四肢不勤，思慮不用，而事治求贍者，未之聞也。故田者不彊，囷倉不盈；將相不彊，功烈不成。仲長子曰：「天爲之時，而我不農，穀亦不可得而取之。青春至焉，時雨降焉，始之耕田，終之簞簋，惰者釜之，勤者鍾之，矧夫不爲而尚乎食也哉」。譙子曰：「朝發而夕異宿，勤則菜盈傾筐。且苟有羽毛，不織不衣。不能茹草飲水，不耕不食。安可以不自力哉」。晁錯曰：「聖王在上而民不凍不饑者，非耕而食之，織而衣之，爲開其資財之道也。夫寒之於衣，不待輕煖；饑之於食，不待甘旨。饑寒至身，不顧廉恥。一日不再食則饑，終歲不製衣則寒。夫腹饑不得食，體寒不得衣，慈母不能保其子，君亦安得以有民？夫珠玉金銀，饑不可食，寒不可衣。粟米布帛，一日不得而饑寒至。是故明君貴五穀而賤金玉」。劉陶曰：「民可百年無貨，不可一朝有饑。故食爲至急」。陳思王曰：「寒者不貪尺玉而思短褐；饑者不願千金而美一食。千金尺玉至貴，而不若一食短褐之惡者，物時有所急也」。誠哉言乎！神農、倉頡，聖人者也，其於事也，有所不能矣。故趙過始爲牛耕，實勝耒耜之利；蔡倫立意造紙，豈方縑牘之煩。且耿壽昌之常平倉，桑宏羊之均輸法，益國利民，不朽之術也。諺曰：「智如禹湯，不如常耕」。是以樊遲請學稼，孔子答曰，吾不如老農。然則聖賢之智，猶有所未達，而況於凡庸者乎？猗頓魯窮士，聞陶朱公富，問術焉；告之曰：「欲速富，畜五牸」。乃畜牛羊，子息萬計。九眞盧江，不知牛耕，每致困乏。任延王景，乃命鑄作田器，教之墾闢，歲歲開廣，百姓充給。燉煌不曉作耬犂，及種，人牛功力既費，而收穀更少；皇甫隆乃教作耬犂，所省傭力過半，得穀加五。又燉煌俗婦女作裙，攣縮如羊腸，用布一疋。隆又禁改之，所省不貲。茨充爲桂陽令，俗不種桑，無蠶織絲麻之利，類皆以麻枲頭貯衣，民惰窳，少麤履，足多剖裂出血，盛多皆然火燎炙。充教民益種桑柘，養蠶織履，復令種苧麻。數年之間，大賴其利，衣履溫煖。今江南知桑蠶織履，皆充之教也。五原土宜麻枲，而俗不知績織，民冬月無衣，積細草，臥其中，見吏則衣草而出。崔寔爲作紡績織紝之具以教民，得免寒苦。安在不教乎？黃霸爲潁川使，郵亭鄉官，皆畜雞豚以贍鰥寡貧窮者，及務耕桑，節用殖財種樹。鰥寡孤獨，有死無以葬者，鄉部書言霸，具爲區處：某所大木可以爲棺，某亭豚子可以爲祭。吏往皆如言。龔遂爲渤海，勸民務農桑，令口種一株榆，百本薤，一畦韭。三畝桑，二母彘，五母雞。民有帶持刀劍者，使賣劍買牛，賣刀買犢。曰，何如帶牛佩犢？春夏不得不趣田畝，秋冬課收斂，益畜果實菱芡。吏民皆富實。召信臣爲南陽，好爲民興利，務在富之。躬勸耕農，出入阡陌，止舍鄉亭，稀有安居。時行視郡中水泉，開通溝瀆，起水門提閼凡數十處，以廣溉灌，民得其利，畜積有餘。禁止嫁娶送終奢靡，務出於儉約。郡中莫不耕稼力田，吏民親愛信臣，號曰召父。童種爲不其令，率民養一豬，雌雞四頭，以供祭祀，買棺木。顏斐爲京兆，乃令整阡陌，樹桑果。又課以閒月取材，使得轉相告戒，教匠作車。又課民無牛者，令畜豬，投貴時賣以買牛。始者民以爲煩；一二年間，家丁車大牛，整頓豐足。王丹家累千金，好施與，周人之急，每歲時後，察其強力收多者，輒歷載酒肴，從而勞之，便於田頭樹下飲食勸勉之，因留其餘肴而去。其惰者獨不見勞，各自恥不能致丹。其後無不力田者，聚落以致殷富。杜畿爲河東，課勸耕桑，民畜牸牛草馬，下逮雞豚，皆有章程，家家豐實。此等豈好爲煩擾而輕費損哉？蓋以庸人之性，率之則自力，縱之則惰窳耳。故仲長子曰：叢林之下，爲倉庾之坻，魚鱉之堀，爲耕稼之場者，此君長所用心也。是以太公封而斥鹵播嘉穀，鄭白成而關中無饑年。蓋食魚鱉而藪澤之形可見，觀草木而肥墝之勢可知。又曰稼穡不修，桑果不茂，畜產不肥，鞭之可也。杝落不完，垣墻不牢，掃除不淨，笞之可也。此督課之方也。且天子親耕，皇后親蠶；況夫田父而懷窳惰乎？李衡於武陵陵陽汎洲上作宅，種甘橘千樹，臨卒勅兒曰：「吾州有千頭木奴，不責汝衣食，歲上一疋絹，亦可足用矣」。吳末甘橘成，歲得絹數千疋，恒稱太史公所謂江陵千樹橘與千戶侯等者也。樊重欲作器物，先種梓漆，時人嗤之。然積以歲月，皆得其用。向之笑者，咸求假焉。此種植之不可已也。諺曰：「一年之計，莫如種穀；十年之計，莫如樹木」；此之謂也。書曰：「稼穡之艱難」。孝經曰：「用天之道，因地之利」。論語曰：「百姓不足，君孰與足」？漢文帝曰：「朕爲天下守財矣，安敢妄用哉」？孔子曰：「居家理政治，可移於官」。然則家猶國，國猶家；是以家貧思良妻，國亂思良相。其義一也。夫貨財之生，既艱難矣，用之又無節；凡人之性好懶惰矣，率之又不篤。加以政令失所，水旱爲災，一穀不登，胔腐相繼，古今同患，所不能止也。嗟乎！且饑者有過甚之願，渴者有兼量之情；既飽而後輕食，既煖而後輕衣。或由年穀豐穰而忽於蓄積；或由布帛優贍而輕於施與。窮窘之來，所由有漸。故管子曰：「桀有天下而用不足，湯有七十里而用有餘。天非獨爲湯雨菽粟也，蓋言用之以節」。仲長子曰：「鮑魚之肆，不自以氣爲臭；四夷之人，不自以食爲異，生習然也」。居積習之中，見生然之事，孰自知也。斯何異蓼中之蟲，而不知藍之甘乎。今採摭經傳，爰及歌謠，詢之老成，驗之行事，起自耕農，終醯醢，資生之業，靡不畢書。號曰齊民要術。凡九十二篇，分爲十卷，卷首皆有目錄。於文雖煩，尋覽差易。其有五穀果蓏非中國所植者，存其名目而已，種植之法，蓋無聞焉。捨本逐末，賢哲所非，日富歲貧，饑寒之漸。故商賈之事，闕而不錄；花草之流，可以悅目，徒有春花而無秋實，匹諸浮僞，蓋不足存。鄙意曉示家童，未敢聞之有識。故丁寧周至，言提其耳。每事指斥，不尚浮辭。覽者無或嗤焉。

後魏賈思勰自序。

按：齊民要術後魏賈思勰撰，思勰官高平太守，不詳其始末。是書內容，詳於其自叙及王廷相後序。李燾孫氏齊民要術音義解釋序謂：「賈思勰著此書，專主民事，又旁摭異聞，多可觀。在農家最嶢然出其類。」全書分十卷：一卷、耕田等三篇；二、黍穄等十三篇；三、種葵等十四篇；四、園籬等十四篇；五、種桑等十一篇；六、養牛馬驢騾等六篇；七、貨殖等六篇；八、黃衣黃及蘖子等十二篇；九、炙法等十二篇；十、五穀果蓏菜茹非中國物者。

三三、燕丹子卷上

燕太子丹質於秦，秦王遇之無禮，不得意，欲求歸。秦王不聽，謬言，令烏白頭，馬生角，乃可許耳。丹仰天嘆，烏即白頭，馬生角。秦王不得已遣之。爲機發之橋，欲陷丹。丹過之橋爲不發。夜到關，關門未開。丹爲雞鳴，衆雞皆鳴，遂得逃歸。深怨於秦，求欲復之，奉養勇士，無所不至。丹與其師麴武書曰：「丹不肖，生於僻陋之國，長於不毛之地，未嘗得覩君子雅訓，達人之道也。然鄙意欲有所陳，幸傅垂覽之。丹聞丈夫所恥，恥受辱以生於世也；貞女所羞，羞見刼以虧其節也。故有刎喉不顧，據鼎不避者。斯豈樂死而忘生哉？其心有所守也。今秦王反戾天常，虎狼其行，遇丹無禮，爲諸侯最。丹每念之，痛入骨髓。計燕國之衆，不能敵之。曠年相守，力固不足。欲收天下之勇士，集海內之英雄，破國空藏以奉養之，重幣甘辭以市於秦。秦貪我賂而信我辭，則一劍之任，可當百萬之師，須臾之間，可解丹萬世之恥。若其不然，令丹生無面目於天下，死懷恨於九泉，必令諸侯無以爲歎。易水之北，未知誰有此?蓋亦子大夫之恥也。謹遣書，願熟思之。」麴武報書曰：「臣聞快於意者，虧於行；甘於心者，傷於性。今太子欲滅悁悁之恥，除久久之恨，此實所當麋軀碎首而不避也。私言以爲智者，不冀僥倖以要功；明者，不苟從志以順心。事必成，然後舉；身必安，而後行。故發無失舉之尤，動無蹉跌之媿也。太子貴匹夫之勇，信一劍之任，而欲望功，臣以爲疏。臣願合從於楚，並勢於趙，連衡於韓魏，然後圖秦，秦可破也。且韓魏與秦，外親內疏。若有倡兵，楚乃來應，韓魏必從，其勢可見。今臣計從，太子之恥除，愚鄙之累解矣。太子慮之。」太子得書，不說，召麴武而問之。武曰：「臣以爲太子行臣言，則易水之北，永無秦憂，四鄰諸侯，必有求我者矣。」太子曰：「此引日縵縵，心不能須也。」麴武曰：「臣爲太子計熟矣。夫有秦。疾不如徐，走不如坐。今合楚趙，並韓魏，雖引歲月，其事必成，臣以爲良。」太子睡臥，不聽。麴武曰：「臣不能爲太子計，臣所知田光其人，深中有謀，願令見太子。」太子曰敬諾。

三四、燕丹子卷中

田光見太子，太子側階而迎，迎而再拜。坐定，太子丹曰：「傅不以蠻域而丹不肖，乃使先生來降弊邑。今燕國僻在北陲，比於蠻域，而先生不羞之。丹得侍左右，覩見玉顏，斯乃上世神靈保佑燕國，令先生設降辱焉。」田光曰：「結髮立身，以至於今，徒慕太子之高行，美太子之令名耳。太子將何以教之？」太子膝行而前，涕淚橫流曰：「丹嘗質於秦，秦遇丹無禮。日夜焦心，思欲復之。論衆則秦多，計强則燕弱。欲曰合從，心復不能常，食不識位，寢不安席。縱令燕秦同日而亡，則爲死灰復燃，白骨更生。願先生圖之。」田光曰：「此國事也，請得思之。」於是舍光上館。太子三時進食，存問不絕。如是三月。太子怪其無說，就光，辟左右，問曰：「先生旣垂哀恤，許惠嘉謀，側身傾聽，三月於斯。先生豈有意歟？」田光曰：「微太子，固將竭之。臣聞騏驥之少，力輕千里；及其罷朽，不能取道。太子聞臣，時已老矣。欲爲太子良謀，則太子不能；欲奮筋力，則臣不能。然竊觀太子客，無可用者。夏扶血勇之人，怒而面赤。宋意脈勇之人，怒而面靑，武陽骨勇之人，怒而面白。光所知荆軻，神勇之人，怒而色不變。爲人博聞强記，體烈骨壯，不拘小節，欲立大功。嘗家於衞，脫賢大夫之急，十有餘人。其餘庸庸不可稱。太子欲圖事，非此人莫可。」太子下席，再拜曰：「若因先生之靈，得交於荆君，則燕國社稷長爲不滅，唯先生成之。」田光遂行。太子自送，執光手曰：「此國事，願勿洩之。」光笑曰諾。遂見荆軻曰：「光不自度不肖，達足下於太子。夫燕太子，眞天下之士也。傾心於足下，願足下勿疑焉。」荆軻曰：「有鄙志，常謂心向意，投身不顧；情有異，一毛不拔。今先生令交於太子，敬諾不違。」田光謂荆軻曰：「蓋聞士不爲人所疑。太子送光之時，言此國事，願勿洩。此疑光也。見疑而生於世，光所羞也。」向軻吞舌死。軻遂之燕。

三五、燕丹子卷下

荆軻之燕，太子自御，虛左，軻援綏不讓。自坐定，賓客滿坐。軻言曰：「田光褒揚太子仁愛之風，說太子不世之器，高行厲天，美聲盈耳。軻出衞都，望燕路，歷險不以爲勤，望遠不以爲遐。今太子禮之以舊故之恩，接之以新人之敬。所以不復讓者，士信於知己也。」太子曰：「田先生無恙乎？」軻曰：「光臨送軻之時，言太子戒以國事，恥以丈夫而不見信，向軻吞舌而死矣。」太子驚愕失色，歔欷飲淚曰：「丹所以戒先生，豈疑先生哉？今先生自殺，亦令丹自棄於世矣。」茫然良久不怡。太子置酒請軻。酒酣，太子起爲壽。夏扶前曰；「聞士無鄉曲之譽，則未可與論行；馬無服輿之伎，則未可以決良。今荆君遠至，將何以教太子？」欲微感之。軻曰：「士有超世之行者，不必合於鄉曲；馬有千里之相者，必不出於服輿。昔呂望當屠釣之時，天下之賤丈夫也。其遇文王，則爲周師。騏驥之在鹽車，駑之下也。及遇伯樂，則有千里之功。如此在鄉曲而後發善，服輿而後別良哉？」夏扶問荆軻何以教太子。軻曰：「將令燕繼召公之跡，追甘棠之化：高欲令四三王，下欲令六五霸，於君何如也？」坐皆稱善。竟酒無能屈。太子甚喜，自以得軻，永無秦憂。後日與軻之東宮臨池而觀。軻拾瓦投龜。太子令人奉槃金。軻用抵，抵盡復進。軻曰：「非爲太子愛金也，但臂痛耳。」後復共乘千里馬。軻曰：「聞千里馬肝美」太子卽殺馬進肝。暨樊將軍得罪於秦，秦求之急，乃來歸太子。太子爲置酒華陽之台。酒中太子出美人能琴者。軻曰：「好琴手者。」太子卽進之。軻曰：「但愛其手耳。」太子卽斷其手，盛以玉槃，奉之。太子常與軻同案而食，同牀而寢。後日軻從容曰：「軻侍太子三年於斯矣。而太子遇軻甚厚，黃金投鼃，千里馬肝，姬人好手，盛以玉槃。凡庸當之，猶尚樂出尺寸之長，當犬馬之用。今軻常侍君子之側，聞烈士之節，死有重於泰山，有輕於鴻毛者，但問之所在耳。太子幸教之。」太子斂袂正色而言：「丹嘗遊於秦，秦遇丹不道，丹恥與俱生。今荊君不以丹不肖，降辱小國。今丹以社稷干長者，不知所謂。」軻曰：「今天下彊國，莫彊於秦。今太子力不能威諸侯，諸侯未肯爲太子用也。太子率燕國之衆而當之，猶使羊將狼，使狼追虎耳。」太子曰：「丹之憂計久，不知安出。」軻曰：「樊於期得罪於秦，秦求之急。又督亢之地，秦所貪也。今得樊於期首，督亢地圖，則事成也。」太子曰：「若事可成，舉燕國而獻之，丹甘心焉。樊將軍以窮歸我，而丹賣之，心不忍也。」軻默然不應。居五月，太子恐軻悔，見軻曰：「今秦已破趙國，兵臨燕，事已迫急。雖欲足下計，安施之？今欲先遣武陽何如？」軻怒曰：「何太子所遣？往而不返者，豎子也。軻所以未行者，待吾客耳。」於是軻潛見樊於期曰：「聞將軍得罪於秦，父母妻子皆見焚燒。求將軍邑萬戶，金千斤。軻爲將軍痛之。今有一言，除將軍之辱，解燕國之恥。將軍豈有意乎？」於期曰：「常念之，日夜飲淚，不知所出。荊君幸教，願聞命矣。」軻曰：「今願得將軍之首，與燕督亢地圖，進之。秦王必喜，喜必見軻。軻因左手把其袖，右手椹其胸，數以負燕之罪，責以將軍之讎，而燕國見陵雪，將軍積忿之怒除矣。」於期起，扼腕執刀曰：「是於期日夜所欲，而今聞命矣。」於期自剄，頭墜背後，兩目不瞑。太子聞之，自駕馳往，伏於期屍而哭，悲不自勝，良久。無奈何，遂函盛於期首，舉燕督亢地圖，以獻秦。武陽爲副。荊軻入秦不擇日而發。

太子與知謀者，皆素衣冠，送之易水之上。荊軻起爲壽。歌曰：「風蕭蕭兮易水寒，壯士一去兮不復還。」高漸擊筑，宋意和之。爲壯聲則怒髮衝冠，爲哀聲則士皆流涕。二人皆升車，終已不顧也。二子行過，夏扶當車前刎頸，以送二子。行過陽翟，軻買肉爭輕重，屠者辱之。武陽欲擊，軻止之。西入秦，至咸陽，因中庶子蒙白曰：「燕太子丹畏大王之威，今奉樊於期首與督亢地圖，願爲北蕃臣妾。」秦王喜。百官陪位，陛戟數百，見燕使者。軻奉於期首，武陽奉地圖。鐘鼓並發，羣臣皆呼萬歲。武陽大恐，兩足不能相過，面如死灰色。秦王怪之。軻顧武陽前謝曰：「北蕃蠻夷之鄙人，未見天子，願陛下少假借之，使得畢事於前。」秦王曰：「軻起督亢圖進之。」秦王發圖，圖窮而匕首出。軻左手把秦王袖，右手椹其胸，數之曰：「足下負燕日久，貪暴海內，不知厭足，於期無罪，而夷其族。軻將爲海內報讎。今燕王母病，與軻促期，從吾計則生，不從則死。」秦王曰：「今日之事。從子計耳。乞聽琴聲死。」召姬人鼓琴。琴聲曰：「羅縠單衣可掣而絕，八尺屏風可超而越，鹿盧之劍可負而拔。」軻不解音，秦王從琴聲負劍拔之，於是奮袖超屏風而走。軻拔匕首擿之，決秦王耳，入銅柱，火出，然秦王還斷軻兩手。軻因倚柱而笑，箕踞而罵曰：「吾坐輕易，爲豎子所欺，燕國之不報，我事之不立哉！」

按：燕丹子上中下卷，不著撰人名氏，所載皆燕太子丹事。太子丹戰國時燕王喜子，質於秦，亡歸，見秦且滅六國，秦兵臨易水，禍且至，乃陰養壯士，使荊軻獻督亢地圖及樊於期頭於秦國，因襲刺秦王。秦王覺殺荊軻，使王翦擊燕，王喜亡，徙居遼東，斬丹以獻秦。又三年，秦拔遼東，遂滅燕。

四庫提要云：「漢志法家有燕十事十篇，註曰，不知作者。雜家有荆軻論五篇，註曰，司馬相如等論荆軻事，無燕太子之名。至隋書經籍志，始著錄於小說家。唐李善註文選，始援引其文，是其書在唐以前。又史記刺客列傳曰，世言荆軻其稱太子丹之命天雨粟，馬生角也太過，其文見此書中，而裴駰集解不引此書。司馬貞索隱曰，風俗通及論衡皆有此說，仍云廐門木烏生肉足也。亦不引此書。註家引書，以在前者爲據，知此書在應劭，王充後矣。史記正義引田光論夏扶、宋意、秦舞陽事，又引秦王乞聽琴事，均作燕太子。索隱引進金丸膾馬肝等事，亦作燕太子，殆傳寫異文歟？宋志尙著於錄，至明遂佚。故馬驌作繹史稱魯連子、燕丹子之類，或眞或僞；今皆亡。其所輯秦事，引燕丹子凡十條，大抵本之文選註。太平御覽諸書字句亦頗多舛異，今檢永樂大典載有全本，蓋明初尙存，然其文實割裂諸書燕丹荆軻事，雜綴而成。其可信者已見史記，其他多鄙誕不可信，殊無足採。」

三六、孫子計篇

孫子曰：兵者，國之大事，死生之地，存亡之道，不可不察也。故經之以五，校之計而索其情；一曰道，二曰天，三曰地、四曰將，五曰法。道者，令民與上同意也；可與之死，可與之生，而民不畏危。天者，陰陽寒暑時制也。地者，遠近險易廣狹死生也。將者，智信仁勇嚴也。法者，曲直官道主用也。凡此五者，將莫不聞知之者勝；不知者不勝。故校之以計而索其情，曰主孰有道？將孰有能？天地孰得?法令孰行?兵衆孰强?士卒孰練?賞罰孰明?吾以此知勝負矣。將聽吾計，用之必勝，留之。將不聽吾計，用之必敗，去之。計利以聽，乃爲之勢以佐其外。勢者，因利而制權也。兵者，詭道也；故能而示之不能，用而示之不用，近而示之遠，遠而示之近。利而誘之，亂而取之，實而備之，强而避之，怒而撓之，卑而驕之，佚而勞之，親而離之。攻其無備，出其不意。此兵家之勝，不可先傳也。夫未戰而廟算勝者，得算多也；未戰而廟算不勝者，得算少也。多算勝，少算不勝，而況於無算乎?吾以此觀之，勝負見矣。

三七、孫子作戰

孫子曰：凡用兵之法，馳車千駟，革車千乘，帶甲十萬，千里饋糧；則內外之費，賓客之用，膠漆之材，車甲之奉，日費千金，然後十萬之師擧矣。其用戰也，勝久則鈍兵挫銳，攻城則力屈，久暴師則國用不足。夫鈍兵挫銳，屈力殫貨，則諸侯乘其弊而起，雖有智者，不能善其後矣。故兵聞拙速，未覩巧之久也。夫兵久而國利者，未之有也。故不盡知用兵之害者，則不能盡知用兵之利也。善用兵者，役不再籍，糧不三載。取用於國，因糧於敵。故軍食可足用也。國之貧於師者遠輸；遠輸則百姓貧。近師者貴賣；貴賣則百姓財竭。財竭則急於丘役，力屈財殫。中原內虛於家，百姓之費，十去其七。公家之費，破車罷馬。甲冑矢弓，戟楯矛櫓，丘牛大車，十去其六。故智將務食於敵。食敵一鍾，當吾二十鍾。萁秆一石，當吾二十石。故殺敵者怒也，取敵之利者貨也。車戰，得車十乘以上，賞其先得者，而更其旌旗。車雜而乘之，卒善而養之。是謂勝敵而益强。故兵貴勝不貴久。故知兵之將，民之司命，國家安危之主也。

三八、孫子謀攻

孫子曰：夫用之法，全國爲上，破國次之。全軍爲上，破軍次之。全旅爲上，破旅次之。全卒爲上，破卒次之。全伍爲上，破伍次之。是故百戰百勝，非善之善者也。不戰而屈人之兵，善之善者也。故上兵伐謀，其次伐交，其次伐兵，其下攻城。攻城之法，爲不得已。修櫓轒轀，具器械，三月而後成。距闉，又三月而後已。將不勝其忿而蟻附之。殺士卒三分之一而城不拔者，此攻之災。故善用兵者，屈人之兵而非戰也。拔人之城而非攻也。毁人之國而非久也。必以全爭於天下，故兵不頓而利可全，此謀攻之法也。故用兵之法，十則圍之，五則攻之，倍則分之，敵則能戰之，少則能逃之，不若則能避之。故小敵之堅，大敵之擒也。夫將者國之輔也，輔周則國必強。輔隙則國必弱。故君子所以患於軍者三：不知軍之不可以進而謂之進，不知軍之不可以退而謂之退。是謂縻軍。不知三軍之事，而同三軍之任，則軍士惑矣。不知三軍之權，而同三軍之任，則軍士疑矣。三軍既惑且疑，則諸侯之難至矣。是謂亂軍引勝。故知勝有五：知可以與戰不可以與戰者勝；識衆寡之利者；上下同欲者勝；以虞待不虞者勝；將能而君不御者勝。此五者知勝之道也。故曰：知彼知己，百戰不殆。不知彼而知己，一勝一負。不知彼不知己，每戰必敗。

按：孫子十三卷周孫武撰，武事跡詳見本傳。四庫提要稱：「是書註本極夥，隋書經籍志所載自曹操外，有王淩、張子尙、賈詡、孟氏、沈友諸家。唐志益以李筌、杜牧、陳皞、賈林、孫鎬諸家。馬端臨經籍考又有紀燮、梅堯臣、王皙、何氏諸家。歐陽修謂：『兵以不窮爲奇，宜其說者之多。』其言最爲有理。然至今傳者寥寥。應武學者所誦習，惟坊刻講章，鄙俚淺陋，無一可取。故今但存其本文，著之於錄。】

三九、司馬法仁本

古者以仁爲本，以義治之之謂正。正不獲意則權，權出於戰，不出於中人，是故殺人安人，殺之可也。攻其國，愛其民，攻之可也。以戰止戰，雖戰可也。故仁見親，義見說，智見恃，勇見方，信見信，內得愛焉，所以守也。外得威焉，所以戰也。戰道不違時，不歷民病，所以愛吾民也。不加喪，不因凶，所以愛乎其民也。冬夏不興師，所以兼愛民也。故國雖大，好戰必亡；天下雖安，忘戰必危。天下既平，天子大愷，春蒐秋獮；諸侯春振旅，秋治兵，所以不忘戰也。古者逐奔不過百步，縱綏不過三舍，是以明其禮也。不窮其能，而哀憐傷病，是以明其仁也。成列而鼓，是以明其信也。爭義不爭利，是以明其義也。又能舍服，是以明其勇也。知終知始，是以明其智也。六德以時合敎，以爲民紀之道也，自古之政也。先王之治，順天之道，設地之宜，官民之德，而正名治物，立國辨職，以爵分祿，諸侯說懷，海外來服，獄弭而兵寢，聖德之治也。其次賢王，制禮樂法度，乃作五刑，興甲兵，以討不義。巡守省方，會諸侯，考不同。其有失命亂常，背德逆天之時，而危有功之君，徧告于諸侯。彰明有罪，乃告於皇天上帝日月星辰，禱於后土四海神祇山川冢社。乃造於先王，然後冢宰徵師於諸侯。曰：某國爲不道，征之，以某年月日，師至於某國，會天子正刑，冢宰與百官布令於軍。曰：入罪人之地，無暴神祇，無行田獵，無毀土功，無燔牆屋，無伐林木，無取六畜禾黍器械。見其老幼，奉歸勿傷。雖遇壯者，不校勿敵。敵若傷之，醫藥歸之。旣誅有罪，王及諸侯修正其國，擧賢立明，正復厥職。王霸之所以治諸侯者六：以土地形諸侯；以政令平諸侯；以禮信親諸侯；以材力說諸侯；以謀人維諸侯；以兵革服諸侯。同患同利以合諸侯；比小事大以和諸侯。會之以發禁者九：憑弱犯寡則眚之；賊賢害民則伐之；暴內陵外則擅之；野荒民散則削之；負固不服則侵之；賊殺其親則正之；放弒其君則殘之；犯令陵政則杜之；外內亂，禽獸行，則滅之。

按：司馬法三卷，司馬穰苴撰，穰苴春秋齊人，本姓田，齊景公時爲大司馬，故曰司馬穰苴。事蹟詳見史記穰苴列傳。

四〇、吳子治兵

武侯問曰：用兵之道何先？起對曰：先明四輕，二重，一信。曰，何謂也？對曰：使地輕馬，馬輕車，車輕人，人輕戰。明知險易，則地輕馬；芻秣以時，則馬輕車；膏鐦有餘，則車輕人；鋒銳甲堅，則人輕戰；進有重賞，退有重刑，行之以信。審能達此，勝之主也。

武侯問曰：兵何以爲勝？起對曰：以治爲勝。又問曰：不在衆乎？對曰：若法令不明，賞罰不信，金之不止，鼓之不進，雖有百萬，何益於用？所謂治者，居則有禮，動則有威，進不可當，退不可追。前却有節，左右應麾，雖絕成陳，雖散成行。與之安，與之危，其衆可合而不可離，可用而不可疲。投之所往，天下莫當。名曰父子之兵之。

吳子曰：凡行軍之道，無犯進止之節，無失飲食之適，無絕人馬之力。此三者，所以任其上令；任其上令則治之所由生也。若進止不度，飲食不適，馬疲人倦而不解舍，所以不任其上令。上令既廢，以居則亂，以戰則敗。

吳子曰：凡兵戰之場，立屍之地，必死則生，幸生，幸生則死。其善將者，如坐漏船之中，伏燒屋之下，使智者不及謀，勇者不及怒，受敵可也。故曰用兵之害，猶豫最大，三軍之災，生於狐疑。

吳子曰：夫人常死其所不能，敗其所不便。故用兵之法，教戒爲先。一人學戰，教成十人，十人學戰，教成百人；百人學戰，教成千人；千人學戰，教成萬人；萬人學戰，教成三軍。以近待遠，以佚待勞，以飽待饑。圓而方之，坐而起之，行而止之，左而右之，前而後之，分而合之，結而解之。每變皆習，乃授其兵，是謂將事。

吳子曰：教戰之令，短者持矛戟，長者持弓弩，强者持旌，勇者持金鼓，弱者給廝養，智者爲謀主，鄉里相比，什伍相保，一鼓整兵，二鼓習陳，三鼓趨食，四鼓嚴辨，五鼓就行，聞鼓聲合，然後舉旗。

武侯問曰：三軍進止，豈有道乎？起對曰：無當天竈，無當龍頭。天竈者，大谷之口。龍頭者，大山之端。必左青龍右白虎，前朱雀後玄武，招搖在上，從事於下，將戰之時，審候風所從來，風順致呼而從之，風逆堅陳以待之。

武侯問曰：凡畜卒騎，豈有方乎？起對曰：夫馬，必安其處所，適其水草，節其饑飽。冬則溫廐，夏則涼廡，刻剔毛鬣，謹落四下，戢其耳目，無令驚駭。習其馳逐，閑其進止。人馬相親，然後可使。車騎之具，鞍勒銜轡，必令完堅。凡馬，不傷於末，必傷於始；不傷於饑，必傷於飽。日暮道遠，必數上下，寧勞於人，愼無勞馬。常令有餘，備敵覆我。能明於此，橫行天下。

四一、吳子論將

吳子曰：夫總文武者，軍之將也。兼剛柔者，兵之事也。凡人論將，常觀於勇；勇之於將，乃數分之一爾。夫勇者必輕合，輕合而不知利，未可也。故將之所愼者五：一曰理，二曰備，三曰果，四曰戒，五曰約。理者，治衆如治寡；備者，出門如見敵；果者，臨敵不懷生；戒者，雖克如始戰；約者，法令省而不煩，受命而不辭，敵破而後言返，將之禮也。故師出之日，有死之榮，無生之辱。

吳子曰：凡兵有四機：一曰氣機，二曰地機，三曰事機，四曰力機。三軍之衆，百萬之師，張設輕重，在於一人，是謂氣機。路狹道險，名山道塞，十夫所守，千夫不過，是謂地機。善行閒諜，輕兵往來，分散其衆，使其君臣相怨，上下相咎，是謂事機。車堅管轄，舟利櫓楫，士習戰陳，馬閑馳逐，是謂力機。知此四者，乃可爲將。然其威德仁勇，必足以率下，安衆怖敵，決疑施令而不犯所在，寇不敢敵，得之國强，去之國亡。是謂良將。

吳子曰：夫鼙鼓金鐸，所以威耳，旌旗麾幟，所以威目，禁令刑罰，所以威心。耳威於聲，不可不淸；目威於色，不可不明；心威於刑，不可不嚴。三者不立，雖有其國，必敗於敵。故曰，將之所麾，莫不從移，將之所指，莫不前死。

吳子曰：凡戰之要，必先占其將，而察其才。因形用權，則不勞而功擧。其將愚而信人，可詐而誘；貪而忽名，可貨而賂；輕變無謀，可勞而困；上富而驕，下貧而怨，可離而閒；進退多疑，其衆無依，可震而走。士輕其將，而有歸志，塞易開險，可邀而取。進道易，退道難，可來而前。進道險，退道易，可薄而擊。居軍下濕，水無所通，霖雨數至，可灌而沈。居軍荒澤，草楚幽穢，風飈數至，可焚而滅。停久不移，將士懈怠，其軍不備，可潛而襲。武侯問曰：兩軍相望，不知其將，我欲相之，其術如何？起對曰：令賤而勇者，將輕銳以嘗之。務於北，無務於得。觀敵之來，一坐一起，其政以理。其追北，佯爲不及。其見利，佯爲不知。如此將者，名爲智將，勿與戰矣。若其衆讙譁，旌旗煩亂，其卒自行自止，其兵或縱或橫，其追北恐不及，見利恐不得。此爲愚將，雖衆可獲。

按：吳子一卷，周吳起撰。起、戰國衞人，嘗學於曾子，善用兵，曾爲魏文侯將，與士卒同衣食，擊秦，拔五城。旋爲魏相公叔所忌，奔楚。楚以爲相。起主張裁汰不急之官，廢公族疏遠者，以養戰士。後爲楚貴戚大臣所攻殺。

四二、六韜論將

武王問太公曰：論將之道奈何？太公曰：將有五材十過。武王曰：敢問其目，太公曰：所謂五材者，勇智仁信忠也。勇則不可犯，智則不可亂，仁則愛人，信則不欺，忠則無二心。所謂十過者；有勇而輕死者，有急而心速者，有貪而好利者，有仁而不忍人者，有智而心怯者，有信而喜信人者，有廉潔而不愛人者，有智而心緩者，有剛毅而自用者，有懦而喜任人者。勇而輕死者可暴也，急而心速者可久也，貪而好利者可賂也，仁而不忍人者可帶也，智而心怯者可窘也，信而喜信人者可誑也，廉潔而不愛人者可侮也，智而心緩者可襲也，剛毅而自用者可事也，懦而喜任人者可欺也。故兵者國之大事，存亡之道，命在於將。將者國之輔，先王之所重也。故置將不可不察也。故曰：兵不兩勝，亦不兩敗。兵出踰境，期不十日，不有亡國，必有破軍殺將。武王曰，善哉？

按：漢志道家載太公書二百餘篇，內分謀言兵三類。今所傳六韜，清四庫載於兵家，蓋即二百餘篇中兵類之文。其書相傳爲呂尚撰，尙東海人，初釣於渭濱，文王出獵，過之，載之歸。曰：吾太公望子久矣。故號曰太公望，後輔武王伐紂有功，封於齊，爲始祖。惟後人對其書之眞僞，頗多疑問，大率亦由後人傳述坿益而成書者。

叄、呂思勉論讀子之法（節錄）

諸子派別：史記太史公自序述其父談之論，分爲陰陽，儒，墨，名，法，道德六家。漢志諸子略，益以縱橫家，雜家，農家，小說家爲十家，其中去小說家爲九流。此外兵家，數術，方技，漢志各自爲略，而後世亦入子部。案兵家及方技，其爲一家之學，與諸子十家同。數術與陰陽家，尤相爲表裏。漢志所以析之諸子之外者，以本劉歆七略，七略所以別之者，以校書者異其人，七略固書目，非論學術派別之作也。十家之中：陰陽家爲專門之學，不易曉。小說家無關宏旨。（九流之學，皆出王官，惟小說家則似起民間。漢志所謂「街談巷議，道聽塗說者之所造，閭里小知者之所及」也。莊子外物篇：「飾小說以干縣令，其於大達亦難矣。」荀子正名篇：「故知者論道而已矣，小家珍說之所願皆衰矣。」所謂「飾小說」及「小家珍說」，似卽漢志之小說家。蓋九流之學，源遠流長，而小說則民間有思想，習世故者之所爲；當時平民，不講學術，故雖偶有一得，初不能相與講明，逐漸改正，以蘄進於高深；亦不能同條共貫，有始有卒以自成一統系；故其說蒙小之名，而其書乃特多。漢志小說家之虞初周說，至九百四十三篇，百家至百三十九卷是也。其說固未嘗不爲諸家所采，如御覽八百六十八引風俗通，謂「城門失火，殃及池魚，」本出百家書是。然徒能爲小說家言者，則不能如蘇秦之徧說六國，孟子之傳食諸侯；但能飾辭以干縣令，如後世求仕於郡縣者之所爲而已。墨家上說之外，更重下教。今漢志小說家有宋子十八篇，實治墨學者宋鈃所爲；蓋采小說家言特多也。古之所謂小說家者如此；後世寄情荒怪之作，已非其倫；近世乃以平話尸小說之名，則益違其本矣。）農家亦專門之學，可暫緩。縱橫家鬼谷子係僞書。其眞者戰國策，今已歸入史部。所最要者，則儒，墨，名，法，道，及雜家六家而已。儒家之書，最要者爲孟子，又禮記中存儒家諸子實最多，今皆已入經部。存於子部者，惟一荀子。此書眞僞，予頗疑之。然其議論，固有精者；且頗能通儒法之郵；固仍爲極要之書也。墨家除墨子外，更無傳書。（晏子春秋，雖略有墨家言，而無甚精義。）名家經及經說見墨子；其餘緒論，散見莊子荀子及法家書中。法家：商君書精義亦少，間有之，實不出管韓二子之外。道家又分二派：（一）明「欲取姑與」「知雄守雌」之術，老子爲之宗；而法家之管、韓承其流。（二）闡「萬物一體」「乘化待盡」之旨，其說具於莊子。列子書晚出，較莊子明白易解，然其精深，實不逮莊子也。而雜家之呂覽淮南，兼綜九流，實爲子部瑰寶。淮南王書，雖出西漢，然所纂皆先秦成說，精卓不讓先秦諸子也。兵家精義，略具荀子議兵，呂覽孟秋仲秋二紀，淮南兵略，及管子中言兵法諸篇。醫經，經方，亦專門之學，非急務。然則儒家之荀，墨家之墨，法家之管、韓，道家之老、莊，雜家之呂覽、淮南，實諸子書中最精要者；苟能先熟此八書，則其餘子部之書，皆可迎刃而解；而判別其是非眞僞，亦昭昭然白黑分矣。（讀此八書之法：宜先老，次莊，次管，韓，次墨，次荀，殿以呂覽淮南；先老、莊者，以道家專言原理，爲諸家之學所自出也；次管、韓者，以法家直承道家之流也；次墨，以見哲學中之別派也；荀子雖隸儒家，然其書晚出，於諸家之學，皆有論難，實兼具雜家之用；以之與呂覽淮南，相次並讀，可以綜覽衆家，考見其異同得失也。）

讀諸子書者，宜留意求其大義。昔時治子者，多注意於名物訓詁，典章制度，而於大義顧罕研求。此由當時偏重治經，取以與經相證；此仍治經，非治子也。諸家固亦有知子之大義足貴，從事表章者。

然讀古書，固宜先明名物制度；名物制度既通，而義乃可求。自漢以後，儒學專行，諸子之書，治之者少；非特鮮疏注可憑，抑且乏善本足據，校勘訓釋，爲力已疲。故於大義，遂罕探討。善夫章太炎之言曰：「治經治子，校勘訓詁，特最初門徑。然大略言之：經多陳事實，諸子多明義理。校勘訓詁而後，不得不各有所主。故賈、馬不能理諸子，而郭象、張湛不能治經。」（與章行嚴論墨學第二書，見華國月刊第四期。）今諸子之要者，經清儒校勘訓釋之後，近人又多有集解之本，初學披覽，已可粗通。若求訓釋更精；及以其所述制度，互相比較，並與羣經所述制度相比較；（制度以儒家爲詳，故以諸子所述制度與經比較尤要。）則非初學所能。故當先求其大義。諸家大義，有彼此相同者，亦有相異者。相同者無論矣，即相異者，亦仍相反而相成。宜深思而求其會通；然後讀諸子書，可謂能得其要。至於校勘疏解，偶有所得，亦宜隨時札記，以備他日之精研。讀書尙未終卷，即已下筆千言；詆排先儒，創立異說。此乃時人習氣，殊背大器晚成之道，深願學者勿效之也。

讀古書固宜嚴別眞僞，諸子尤甚。（秦漢以後之書，僞者較少，辨別亦較易，古書則不然。古書中之經，治者較多，眞僞已大略可覩，子又不然也。）然近人辨諸子眞僞之術，吾實有不甚敢信者。近人所持之術，大要有二：（一）據書中事實立論，事有非本人所能言者，即斷爲僞。如胡適之摘管子小稱篇記管仲之死，又言及毛嬙西施，立政篇闢寢兵兼愛之言，爲難墨家之論是也。（二）則就文字立論，如梁任公以老子中有偏將軍、上將軍之名，謂爲戰國人語；（見學術講演集評胡適之中國哲學史大綱）又或以文字體製之古近，而辨其書之眞僞是。予謂二法皆有可采，而亦皆不可專恃。何則？子爲一家之學，與集為一人之書者不同，前已言之。故讀子者，不能以其忽作春秋時人語，忽為戰國人之言，而疑其書之出於偽造；猶之讀集者，不能以其忽祖儒家之言，忽述墨家之論，而疑其文非出於一人。先秦諸子，大抵不自著書。今其書之存者，大抵治其學者所為；而其纂輯，則更出於後之人。書之亡佚既多；輯其書者，又未必通其學；（卽謂好治此學；然既無師授，卽無從知其書之由來，亦無從正其書之眞偽；卽有可疑者，亦不得不過而存之矣。）不過見講此類學術之書共有若干，卽合而編之，而取此種學派中最有名之人，題之曰某子云耳。然則某子之標題，本不過表明學派之詞，不謂書卽其人所箸；與集部書之標題為某某集者，大不相同。集中記及其人身後之事，及其文詞之古近錯出，固不足怪。至於諸子書所記事實，多有訛誤，此似誠有可疑；然古人學術，多由口耳相傳，無有書籍，本易譌誤。而其傳之也，又重其義而輕其事；如胡適之所摘莊子見魯哀公，自為必無之事。然古人傳此，則但取其足以明義，往見者果為莊子與否，所見者果為魯哀公與否，皆在所不問。豈惟不問，蓋有因往見及所見之人，不如莊子及魯哀公之著名，而易為莊子與魯哀公者矣。然此尚實有其事。至如孔子往見盜跖等，則可斷幷其事而無之。不過作者胸中有此一篇議論，乃託之孔子、盜跖耳；此則所謂「寓言」也。此等處若據之以談史實，自易繆誤；然在當時，固人人知為「寓言。」故諸子書中所記事實，乖繆者十有七八，而後人於其書，仍皆信而傳之。胡適之概斷為當時之人，為求利而偽造；又譏購求者之不能別白；亦未必然也。（誤之少且小者，後人或不能辨，今諸子書皆罅漏百出，繆誤顯然，豈有概不能辨之理）。設事如此，行文亦然。今所傳五千言，設使果出老子，則其書中偏將軍，上將軍，或本作春秋以前官名，而傳者乃以戰國時之名易之。此則如今譯書者，於書中外國名物，易之以中國名物耳。雖不免失眞，固與僞造有別也。又古人之傳一書，有但傳其意者，有兼傳其詞者。兼傳其詞者，則其學本有口訣可誦，師以是傳之徒，徒又以是傳之其徒；如今瞽人業算命者，以命理之書口授其徒然。此等可傳之千百年，詞句仍無大變。但傳其意者，則如今教師之講授，聽者但求明其意卽止；迨其傳之其徒，則出以自己之言；如是三四傳後，其說雖古，其詞則新矣。故文字氣體之古近，亦不能以別其書之古近也，而況於判其眞僞乎。如今各家學術，據其自言，皆有所本。說誠未必可信。（淮南子修務訓已言之。）然亦不能絕無關係。如管夷吾究但長於政事，抑兼長於學問，已難質言。卽謂長于學問，亦終不似著書之人。然今管子戒篇載流連荒亡之說，實與孟子引晏子之言同；（梁惠王下篇）晏子春秋亦載之；則此派學術固出於齊；既出于齊，固不能斷其與管仲無關也。（中小匡篇所述治制，卽或爲管仲之遺。）其他自謂其學出於神農、黃帝者視此。（孟子「有爲神農之言者許行，」梁任公謂其足爲諸子託古之鐵證。其意謂許行造作言語，託之神農也。然此語恐非如此解法。禮記曲禮下篇；「醫不三世，不服其藥，」疏引又說云：「三世者：一曰黃帝針灸；二曰神農本草；三曰素女脈訣，又云夫子脈訣。」然則「神農本草」四字，乃一學科之名。今世所傳神農本草經，非謂神農氏所作之本草經；乃謂神農本草學之經，猶今言藥物學書耳。世多以其有後世郡縣名，而訾其書非神農氏之舊，誤矣。月令：季夏之月，「毋發令以妨神農之事。」此「神農」二字，決不能作神農氏解。然則諸書所引神農之敎，如「一男不耕，或受之饑，一女不織，或受之寒」云云，亦非謂神農氏之敎，乃謂神農學之說矣。「有爲神農之言者」，爲當訓治，與漢書武紀「丞相綰奏所擧賢良方正。或治申，商，韓非，蘇秦，張儀之言。」句法相同。漢志論農家者流曰：「鄙者爲之，以爲無所事聖王，欲使君臣並耕」，正許行之說；初非謂其造作言語，託之神農也。）夫神農、黃帝、管仲，誠未必如託之者之言；然其爲此曹所託，亦必自有其故；此亦考古者所宜究心矣。要之古書不可輕信，亦不可抹煞。昔人之弊，在信古過甚，不敢輕疑；今人之弊，則又在一概吐棄，而不求其故。楚固失之，齊亦未爲得也。

明乎此，則知諸子之年代事迹，雖可知其大略，而亦不容鑿求。若更據諸子中之記事以談古史，則尤易致誤矣。蓋古書之存於今，而今人據爲史料者，約有數種：(一)史家所記，又可分爲四種：尙書，一也。春秋，二也。國語，三也。（孔子所修之春秋，雖爲明義而作，然其原本則爲記事之書。左氏眞僞未定，卽眞，亦與國語同類也。）世系，四也。此最可信。（二）私家紀事之作。其較翔實者，如孔門之論語；其務恢侈者，則如管子大中小匡三篇是也。前者猶可置信，後者則全不足憑矣。（古代史家所記之事，誠亦未必盡信。然較諸私家傳說，則其謹嚴荒誕，相去不啻天淵。試取大中小匡三篇一讀便見。此三篇中，大匡前半篇及小匡中「宰孔賜胙」一段，蓋後人別據左氏一類之書補入，餘則皆治法學者傳述之辭也。）（三）則諸子中之記事。十之七八爲寓言；卽或實有其事，人名地名及年代等，亦不可據；彼其意，固亦當作寓言用也。據此以考事實，苟非用之十分謹愼，必將治絲益棼。夫諸子記事之不可盡信如此；而今人考諸子年代事迹，顧多卽以諸子所記之事爲據；旣據此假定諸子年代事迹，乃又持以判別諸子之書之信否焉，其可信乎？一言蔽之，總由不知子與集之異，太重視用作標題之人，致有此誤也。）

吾謂整治諸子之書，仍當著重於其學術。今諸子書急待整治者有二：（一）後人僞造之品，竄入其中者。（二）異家之言，誤合爲一書者。蓋諸子既不自著書；而其後學之著書者，又未嘗自立條例，成一首尾完具之作；而其書亡佚又多；故其學術之眞相，甚難窺見。學術之眞相難見，則僞品之竄入自易，異家之誤會亦多。夫眞僞混淆，則學說湮晦；異家錯處，則流別不明；此誠足爲治諸子學之累；故皆急宜揀别。揀别之法，仍宜就其學術求之，既觀其同，復觀其異；即其同異，更求其說之所自來；而求其所以分合之由。如是，則諸子之學可明；而諸子之學之根源，及其後此之興替，亦可見矣。此法今人必譏其偏於主觀；然考校書中事實及文體之法，既皆不足恃，則仍不能不出於此也。

舊時學者，于吾國古書，往往過於尊信；謂西方學術，精者不出吾書。又或曲加附會，謂今世學術，皆昔時所已有。今之人則適相反，憙新者固視國故若土苴；即篤舊者，亦謂此中未必眞有可取；不過以爲舊有之物，不得不從事整治而已。此皆一偏之見。平心論之：社會科學之理，古人皆已引其端；其言之或不如後世之詳明，而精簡則遠過之。截長補短，二者適足相償也。且古代思想，恒爲後世學術風俗之原；昧乎其原，則於其流終難深曉。諸子爲吾國最古之學；雖其傳久晦，而其義則已於無形中蒸爲習尙，深入于人人之心。不知此者，其論世事，縱或持之有故，終不免隔河觀火之談。且眞理古今不異，苟能融會貫通，心知其意，古書固未必不周今用；正可以今古相證而益明也。惟自然科學，中國素不重視；即有發明，較諸今日，亦淺薄已甚，稍加疏證，不過知古代此學情形如何，當作史材看耳。若曲加附會，侈然自大，即不免夜郎之誚矣。

讀諸子者，固不爲研習文辭。然諸子之文，各有其面貌性情，彼此不能相假；亦實爲中國文學，立極於前。留心文學者，於此加以鑽研，固勝徒讀集部之書者甚遠。（中國文學，根柢皆在經史子中，近人言文學者，多徒知讀集，實爲舍本而求末；故用力多而成功少；予別有論。）即非專治文學者，循覽諷誦，亦足以祛除鄙俗，涵養性靈。文學者美術之一；愛美之心，人所同具；即不能謂文學之美，必專門家乃能知之，普通人不能領略也。諸子之文，既非出於一手，並非成於一時。必如世俗論文者之言，謂某子之文如何，固近於鑿；然其大較亦有可言者。大約儒家之文，最爲中和純粹。今荀子雖稱爲儒，其學實與法家近；其文亦近法家。欲求儒家諸子之文，莫如於小戴記中求之；前已論及。道家管老一派，文最古質。以其學多傳之自古，其書亦非東周時人所撰也。莊子文最詼詭，以當時言語程度尙低，而其說理頗深，欲達之也難，不得不反覆曲譬也。法家文最嚴肅。名家之文，長於剖析；而法家論事刻覈處，亦實能辨別豪芒。以名法二家，學本相近也。墨子文最冗蔓。以其上說下教，多爲愚俗人說法，故其文亦隨之而淺近也。（大約墨子之文，最近當時口語。）縱橫家文最警快，而明於利害。戰國策中，此等文字最多；諸子中亦時有之；說術亦諸家所共習也。雜家兼名、法，合儒、墨，其學本最疏通，故其文亦如之；呂覽、淮南，實其巨擘。而呂覽文較質實，淮南尤縱橫馳騁，意無不盡，則時代之先後爲之也。要之言爲心聲，諸子之學，各有專門，故其文亦隨之而異，固非有意爲之；然其五光十色，各有獨至之處，則後人雖竭力摹放，終不能逮其十一矣。以今語言之，則諸子之文，可謂「個性」最顯著，欲治文學者，誠不可不加之意也。

按：本文指示讀者研習諸子，須明派別、知淵源、求大義、辨眞僞、重學術、研文辭。尤須知選擇研習書籍與先後次第。字字現身說法，經驗之談，實爲研讀諸子之指津明燈。學者如能依次研讀，必可事半功倍。

後記

本書自民國五十三年印行以來，曾一再翻印，以應需要。惟當時為節省篇幅，以減少讀者閱覽時間計，凡所引述各家之文，類皆節取要點，難窺全豹。而全書除分論先秦諸子外，尚未有各家綜合之論評。亦未詳述秦漢以後諸子百家之典籍。雖曾幸獲嘉新文化基金會、五十七年度優良著作獎，仍有掛漏之感焉。

爰特增補綜論各家之文、十有五篇，並附述先秦以來諸子之重要典籍，予以提要說明。更將諸子書中、有代表性之篇章，分別附錄。俾讀者得一目了然於諸子百家之梗概。如再進而研讀其專書，或可迎刃而解，事半功倍焉。

中華民國六十年元旦宜興毛鵬基於臺北市旅次

國家圖書館出版品預行編目資料

增補諸子十家平議述要 / 毛鵬基編著. -- 初版. -- 臺北市：蘭臺,
2012.12 面；公分. -- (蘭臺國學研究叢刊. 第一輯；2)
ISBN：978-986-6231-53-7（平裝）
1. 先秦哲學
121 101022962

蘭臺國學研究叢刊 第一輯 2

增補諸子十家平議述要

著　　者：毛鵬基
編　　輯：郭鎧銘
封面設計：鄭荷婷
出 版 者：蘭臺出版社
發　　行：蘭臺出版社
地　　址：台北市中正區重慶南路1段121號8樓之14
電　　話：(02)2331-1675或(02)2331-1691
傳　　真：(02)2382-6225
E—MAIL：books5w@yahoo.com.tw或books5w@gmail.com
網路書店：http://store.pchome.com.tw/yesbooks/
http://www.5w.com.tw/lanti/
http://www.5w.com.tw、華文網路書店、三民書局
總 經 銷：成信文化事業股份有限公司
劃撥戶名：蘭臺出版社 帳號：18995335
網路書店：博客來網路書店 http://www.books.com.tw
香港代理：香港聯合零售有限公司
地　　址：香港新界大蒲汀麗路36號中華商務印刷大樓
C&C Building, 36,Ting, Lai, Road, Tai,Po, New,Territories
電　　話：(852)2150-2100　傳真：(852)2356-0735
出版日期：2012年12月 初版
定　　價：新臺幣1200元整（精裝）
ISBN：978-986-6231-53-7
套書定價：新臺幣12000元整（精裝）
ISBN：978-986-6231-56-8